MANUEL
DU CUISINIER
ET DE
LA CUISINIÈRE.

PARIS,
RORET, LIBRAIRE, RUE HAUTEFEUILLE,
AU COIN DE CELLE DU BATTOIR.

Manuel d'Arpentage, ou Instruction sur cet art et celui de lever les plans, par M. Lacroix, membre de l'Institut. 1 vol. orné de pl. 2 fr. 50 c.

Manuel d'Arithmétique démontrée, par M. Collin. 6ᵉ édit. 1 vol. 2 fr. 50 c.

Manuel d'Astronomie, par M. Bailly. 2 fr. 50 c.

Manuel Biographique, ou Dictionnaire historique abrégé des grands Hommes, par M. Jacquelin; revu par M. Noël. 2 gr. vol. 6 fr.

Manuel du Boulanger et du Meunier, par M. Dessables. 1 vol. 2 fr. 50 c.

Manuel du Brasseur, ou l'Art de faire toutes sortes de bière, par M. Riffault. 1 v. 2 f. 50 c.

Manuel des Habitans de la Campagne. 1 vol. 2 f. 50 c.

Manuel du Chasseur et des Garde-Chasses, suivi d'un Traité sur la Pêche; par M. de Marsan. 1 vol. 3 fr.

Manuel de Chimie, par M. Riffault. 1 vol. 3 fr.

Manuel de Chimie amusante, par le même. 1 vol. 3 f.

Manuel du Cuisinier et de la Cuisinière, par M. Cardelli. 1 vol. 2 fr. 50 c.

Manuel des Demoiselles, par madame Elisab. Celnart. 1 vol. orné de pl. 3 fr.

Manuel du Distillateur-Liquoriste, par M. Lebeaud. 1 vol. 3 fr.

Manuel du Fabricant de Draps, par M. Bonnet, anc. fabricant à Lodève. 1 v. 3 f.

Manuel des Garde-Malades, par M. Morin. 1 v. 2 fr. 50 c.

Le nouveau Géographe manuel, par M. Devilliers. 1 v. orné de 7 cartes. 3 fr. 50 c.

Manuel complet du Jardinier, dédié à M. Thouin; par M. Bailly. 2 vol. 5 fr.

Manuel du Limonadier, du Confiseur et du Distillateur, par M. Cardelli. 1 vol. 2 fr. 50 c.

Manuel des Marchands de Bois et de Charbons, suivi de nouveaux Tarifs du Cubage des bois, etc.; par M. Marié de l'Isle. 1 v. 3 fr.

Manuel de Médecine et de Chirurgie domestique. 1 vol. 2 fr. 50 c.

Manuel de Minéralogie, par M. Blondeau. 1 v. 3 fr.

Manuel du Naturaliste préparateur, par M. Boitard. 1 vol. 2 fr. 50 c.

Manuel du Parfumeur, par madame Gacon-Dufour. 1 vol. 2 fr. 50 c.

Manuel du Pâtissier et de la Pâtissière. 2 fr. 50 c.

Manuel du Peintre en bâtimens, du Doreur et du Vernisseur, par M. Riffault. 1 vol. 2 fr. 50 c.

Manuel de Perspective, du Dessinateur et du Peintre, par M. Vergnaud. 3 fr.

Manuel de Physique, par M. Bailly. 1 vol. 2 fr. 50 c.

Manuel du Praticien, ou Traité de la science du Droit, par M. D..., avoc. 3 fr. 50 c.

Manuel du Tanneur, du Corroyeur, de l'Hongroyeur, par M. Chicoineau. 3 fr.

Manuel du Teinturier, suivi de l'Art du Dégraisseur; par M. Riffault. 1 vol. 3 fr.

Manuel du Vigneron français, par M. Thiébaut de Berneaud. 1 vol. 3 fr.

MANUEL

DU

CUISINIER

ET

DE LA CUISINIÈRE.

Ouvrages qui se trouvent chez ROREY, *libraire.*

Manuel d'Arpentage, par M. Lacroix, membre de l'Institut. 1 vol. orné de pl.   2 fr. 50 c.

Manuel d'Arithmétique démontrée, par M. Collin. 1 vol.   2 fr. 50 c.

Manuel d'Astronomie, par M. Bailly. 1 v. 2 fr. 50 c.

Manuel du Boulanger et du Meunier, par M. Dessables. 1 vol.   2 fr. 50 c.

Manuel Biographique, ou Dictionn. historique abrégé des Grands Hommes, par M. Jacquelin. 2 vol. 6 fr.

Manuel du Brasseur, par M. Riffault. 1 v. 2 fr. 50 c.

Manuel du Chasseur et des Garde-Chasses, suivi d'un Traité sur la pêche, par M. de Meyson. 1 vol. 3 fr.

Manuel de Chimie, par M. Riffault. 1 vol. 3 fr.

Manuel de Chimie Amusante, par le même. 1 vol. 3 fr.

Manuel du Cuisinier et de la Cuisinière, par M. Cardelli. 1 vol.   2 fr. 50 c.

Manuel des Garde-Malades, par M. Morin. 1 v. 2 fr. 50

Le nouveau Géographe manuel, par M. Devilliers. 1 vol. orné de 7 cartes.   3 fr. 50 c.

Manuel des habitans de la Campagne, par madame Gacon-Dufour. 1 vol.   2 fr. 50 c.

Manuel complet du Jardinier, dédié à M. Thouin, par M. Bailly. 2 vol. avec fig.   5 fr.

Manuel du Limonadier, du Confiseur et du Distillateur, par M. Cardelli. 1 vol.   2 fr. 50 c.

Manuel de Médecine et de Chirurgie domestiques. 1 vol.   2 fr. 50 c.

Manuel des Marchands de Bois et de Charbons, suivi de nouveaux Tarifs du Cubage des bois, etc. Par M. Marié de l'Isle. 1 vol.   3 fr.

Manuel de Minéralogie, par M. Blondeau. 1 vol. 3 fr.

Manuel du Naturaliste préparateur, par M. Boitard. 1 vol.   2 fr. 50 c.

Manuel du Parfumeur, par Madame Gacon-Dufour. 1 vol.   2 fr. 50 c.

Manuel du Pâtissier et de la Pâtissière, par la même. 1 vol.   2 fr. 50 c.

Manuel du peintre en bâtimens, du Doreur et du Vernisseur, par M. Riffault. 1 vol.   2 fr. 50 c.

Manuel de Perspective, du Dessinateur et du Peintre, par M. Vergnaud. 1 vol. avec planches.   3 fr.

Manuel de Physique, par M. Bailly. 1 v. av. pl. 2 fr. 50

Manuel du Praticien, ou Traité de la science du Droit, par M. D....., avocat. 1 vol.   3 fr. 50 c.

Manuel du Teinturier, suivi de l'Art du Dégraisseur, par M. Riffault. 1 vol.   3 fr.

Manuel du Tanneur, du Corroyeur, de l'Hongroyeur, par M. Chicoineau. 1 vol.   3 fr.

Manuel du Vigneron français, ou l'Art de cultiver la Vigne, par M. Thiébaut de Berneaud. 1 vol. 3 fr.

MANUEL DU CUISINIER

ET

DE LA CUISINIERE,

A L'USAGE DE LA VILLE ET DE LA CAMPAGNE;

Contenant toutes les Recettes les plus simples pour faire bonne chère avec économie, ainsi que les meilleurs Procédés pour la Pâtisserie et l'Office;

PRÉCÉDÉ D'UN TRAITÉ SUR LA DISSECTION DES VIANDES;

Suivi de la manière de conserver les subtances alimentaires, et d'un Traité sur les vins ;

PAR P. CARDELLI,

ANCIEN CHEF D'OFFICE.

4e ÉDITION,

revue, corrigée, considérablement augmentée, et ornée de figures.

PARIS,

RORET, LIBRAIRE, RUE HAUTEFEUILLE,

AU COIN DE CELLE DU BATTOIR.

1826.

PARIS, IMPRIMERIE DE FAIN, RUE RACINE, N°. 4,
PLACE DE L'ODÉON.

AVERTISSEMENT.

En publiant la quatrième édition du *Manuel du Cuisinier et de la Cuisinière*, nous sommes persuadé qu'il est devenu d'une utilité assez générale, et qu'il ne peut pas manquer d'offrir encore de nouveaux avantages à toutes les personnes qui auraient l'occasion ou la volonté de le consulter. Outre le soin particulier que nous avons pris de l'augmenter de tout ce qui nous a paru nouveau, nous avons prié M. CARDELLI de vouloir bien encore y jeter un coup d'œil, et faire les changemens et les corrections nécessaires. L'auteur, en homme rempli de son sujet et dans le seul désir de ne pas laisser échapper une occasion qui lui a paru favoriser ses idées, a voulu l'augmenter de réflexions sur la nature, l'usage et l'effet de toutes les substances alimentaires dont il donne le mode de préparation; le temps qu'il a consacré à les observer, et surtout l'expérience ont été les seuls guides qu'il a suivis. Aussi après avoir lu tout ce qui a pu paraître de nouveau, il s'est de plus en plus convaincu que le *Manuel du Cuisinier et de la Cuisinière* se trouve encore être le plus rapproché du véritable but qu'il s'était proposé; soit en donnant les moyens de faire bonne chère en dépensant peu de choses, soit en faisant connaître l'action des alimens sur l'estomac, en détournant les indigestions, en les rendant plus rares, en augmentant les jouissances de la table; voilà pourquoi *M. Cardelli* se flatte que sa quatrième édition ne peut manquer d'être reçue du public aussi favorablement que les autres.

Si dès son origine le Manuel du Cuisinier se trouvait recommandable par les préceptes qu'il donne aux jeunes gens qui, lors de leur entrée dans le monde, veulent apprendre à bien découper à table, et présenter avec la méthode consacrée par l'usage, tout ce qui se trouve servi dans un repas, quel qu'il soit, il n'est pas moins utile aux bonnes ménagères, par les recettes économiques qu'il leur procure pour faire bonne chère avec le moins de dépense possible; il devient précieux pour les gourmands de toutes les classes, par les jouissances gastronomiques qu'il est susceptible de'n apr donner, et bien plus encore aux jolies femmes qui, lorsqu'elles sont à la campagne, aiment à se créer une occupation agréable en montrant leur adresse et leur savoir-faire; car il leur indique tout ce qu'on peut renfermer de doux et de sucré dans la pâtisserie légère; les gourmets en vin apprécieront aussi ce qu'il en dit. Puisse le *Manuel* devenir un livre obligé pour tout cuisinier curieux de méditer avec attention les divers objets qui constituent la base essentielle de son talent; qu'il soit encore le guide de la jeune fille robuste qui, au sortir de la campagne, se trouve stimulée par la noble ambition de rivaliser avec ces grosses cuisinières, devenues aussi rondes par la vapeur des sauces que par le mémoire de leur dépense; qu'il ne sorte pas des mains de tous ces jeunes imberbes qu'on élève à la hauteur du fourneau, et qui, après quatre ou cinq ans d'apprentissage, éprouvent encore de la peine lorsqu'il s'agit de bien retrousser une poularde, dépecer un lapin, larder une pièce de gibier, et faire, d'après les principes, une bonne fricassée de poulet parce qu'ils ont été négligés; qu'il soit enfin dans les mains de tous ceux qui, au désir de manger de bonnes choses, voudront encore connaître la manière d'en varier tous les assaisonnemens, autant pour soutenir et augmenter l'action de leur estomac, que pour prévenir les indigestions, éviter d'avoir recours à la médecine, et beaucoup plus encore aux médecins, l'auteur n'ayant pas d'autre ambition, son but sera parfaitement rempli.

Enfin, d'après l'opinion énoncée par un de nos savans, pendant les leçons qu'il faisait il n'y a pas encore bien long-temps, la santé considérée dans ses principaux attributs, est cet état dans lequel toutes les parties du corps ont une disposition, un degré de force tel que les fonctions vitales s'exécutent avec facilité, se succèdent avec ordre, s'enchaînent, se prêtent un mutuel secours et concourent chacune à l'entretien, à la conservation de l'existence; *la nutrition qui en fait partie* a donc aussi pour objet la préparation, l'entretien des matériaux du corps, par la manière dont elle s'exécute, elle indique non-seulement l'état des organes qui lui sont propres, mais encore l'énergie générale; enfin comme elle s'opère particulièrement par *la digestion* qui répare, échauffe, ou rafraîchit, entretient, excite, ou déprime les forces, détermine la santé, la longévité, elle tient à tout, et tout tient à elle. Voilà même pourquoi *les saveurs* ou impressions sapides ont presque toujours la plus grande influence sur les différens actes qui composent *la digestion, bonnes; agréables*, la sécrétion de la salive se fait bien, la mastication se prolonge, la déglutition, la chytlsification sont faciles, promptes; *mauvaises*, désagréables, répugnantes, la mastication est pénible, la déglutition difficile; tantôt il y a sécheresse et constriction des organes, tantôt un flux de salive froide, et aqueuse, quelquefois naucées, vomissemens; il n'y a pas jusqu'à l'odorat, la vue et même l'ouïe qui n'y soient pour quelque chose..... Ce n'est que dans la ferme intention de procurer à tous nos lecteurs *des impressions sapides, bonnes, agréables, leur faire prolonger la mastication, et rendre la déglutition aussi prompte que facile;* que nous publions cette quatrième édition du *Manuel du Cuisinier et de la Cuisinière,* la suite prouvera si nous avons rempli notre promesse.

MANIÈRE DE DÉCOUPER A TABLE.

DU BŒUF.

Bouilli.

Dans l'endroit le plus épais du morceau de bœuf, dépouillé des parties graisseuses, tendineuses et en travers des fibres musculaires, coupez des tranches plus ou moins épaisses et longues, placez-les sur une assiette en nombre suffisant pour celui des convives, ajoutez une fourchette, et faites circuler.

Bœuf à la mode.

Suivez le même procédé que pour découper et servir le bouilli.

Aloyau.

Dans un aloyau, enlevez d'abord les filets intérieurs et extérieurs, coupez-les en travers et par tranches plus ou moins épaisses, et en assez grande quantité pour tous ceux qui sont à table; placez-les sur une assiette, ajoutez une fourchette, et faites circuler. (*Voyez* fig. 1re, pl. 1re.)

Filet.

Le filet rôti et la langue, quelle que soit la manière dont on les ait préparés par la cuisson, se découpent aussi par tranches et en travers, et se présentent de même; comme celles du milieu sont toujours considérées les meilleures, parce qu'elles sont beaucoup plus tendres, on les offre préférablement aux personnes à qui l'on désire témoigner de la déférence.

DU VEAU.

Carré de veau.

Dans le carré enlevez d'abord le filet, puis le rognon; coupez-les par tranches plus ou moins épais-

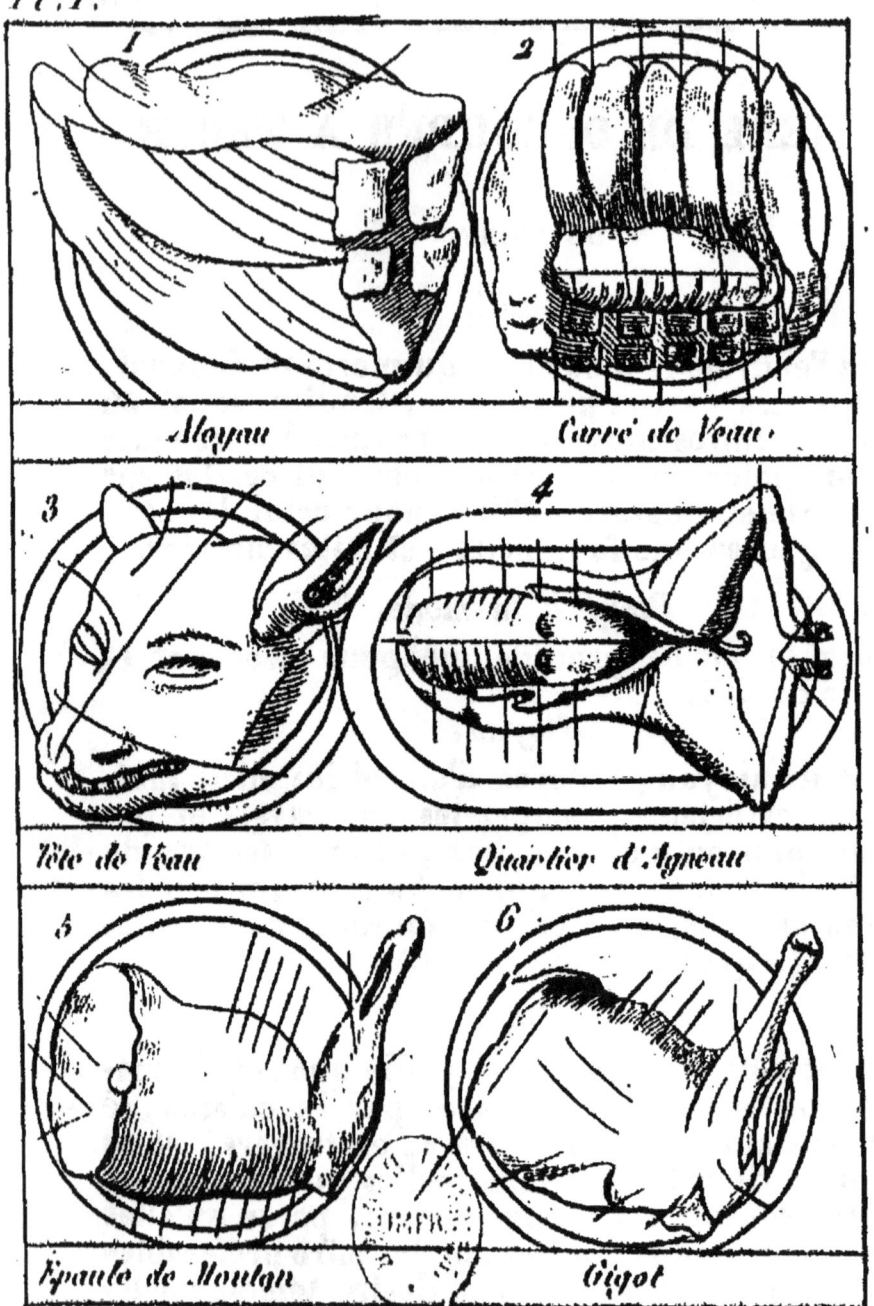

ses; comme les côtes et les portions de vertèbres auxquelles elles sont rattachées doivent toujours avoir été disjointes avant que d'être mises au feu, il sera très-facile de les séparer entièrement, et de les placer entre les morceaux du filet et du rognon déjà coupés, pour être présentés aux personnes qui voudront choisir sur l'assiette au moyen de laquelle on les fait circuler. (*Voyez* fig. 2, pl. 1re.)

Tête de veau.

De quelque manière qu'elle ait été préparée avant d'être servie, les parties préférables, les meilleures, et qu'on doit toujours offrir en premier lieu, sont les yeux et tout ce qui les environne; les joues en remontant jusqu'à l'oreille; séparez ensuite, et enlevez les os qui renferment la cervelle, pour la servir avec une cuillère sur chacun des morceaux que l'on aura coupés, à mesure qu'ils seront présentés. (*Voyez* fig. 3, pl. 1re.)

De la longe de veau.

Elle se découpe comme le carré, d'abord par filets, ensuite par tranches plus ou moins grosses et plus ou moins épaisses.

Le casis se sert ordinairement par morceaux plus ou moins gros, quelle que puisse d'ailleurs être leur forme.

La poitrine, en séparant les côtes des tendons; en faire des morceaux comme on le juge convenable, et les multiplier suivant le nombre de ceux à qui on veut les offrir.

DU MOUTON.

Gigot de mouton.

Placez-le en travers devant vous, prenez le manche d'une main, coupez perpendiculairement autant de tranches plus ou moins épaisses qu'il pourra s'en rencontrer dans sa longueur et son épaisseur; enlevez la portion musculaire de l'avant-pied (la souris), retournez-le et achevez comme dessus. (*Voyez* fig. 6, pl. 1re.)

Épaule de mouton.

Découpez aussi par tranches plus ou moins grosses ; cependant observez que la chair la plus rapprochée des os, ainsi que celle qui se trouve placée dans l'enfoncement formé par la crête de l'omoplate, est toujours la plus tendre et la meilleure ; qu'elle doit par conséquent être présentée la première, et par préférence. (*Voyez* fig. 5, pl. 1re.)

Carré de mouton.

Découpez-le de la même manière que celui du veau rôti.

Agneau.

Lorsqu'on le sert entier, coupez-le en deux parties dans toute sa longueur, passez ensuite le couteau entre chacune des côtes ; quant aux cuisses (les gigots), séparez-les du reste, coupez des morceaux plus ou moins gros et épais, observez en même temps de les laisser recouverts de la peau rissolée. (*Voyez* fig. 4, pl. 1re.)

DU SANGLIER ET DU COCHON.

La hure d'un sanglier, comme celle du cochon envoyée de Troyes, ordinairement servie entière, se partage en travers, un peu au-dessus des défenses ; coupez ensuite des tranches minces dans toute l'épaisseur, par en haut comme par en bas, rapprochez les deux parties qui restent l'une contre l'autre, pour empêcher le contact de l'air et entretenir leur fraîcheur.

Cochon de lait.

Séparez la tête près des épaules, coupez la peau rissolée, aussi rapprochée des os qu'il sera possible, servez-la partagée par morceaux plus ou moins gros. Beaucoup de personnes ne mangent que cette partie du cochon de lait, parce qu'il est généralement fade et peu agréable au goût ; mais le plus souvent cela ne dépend que de la manière dont il est préparé.

Jambon.

Gros ou petit, un jambon se coupe toujours par

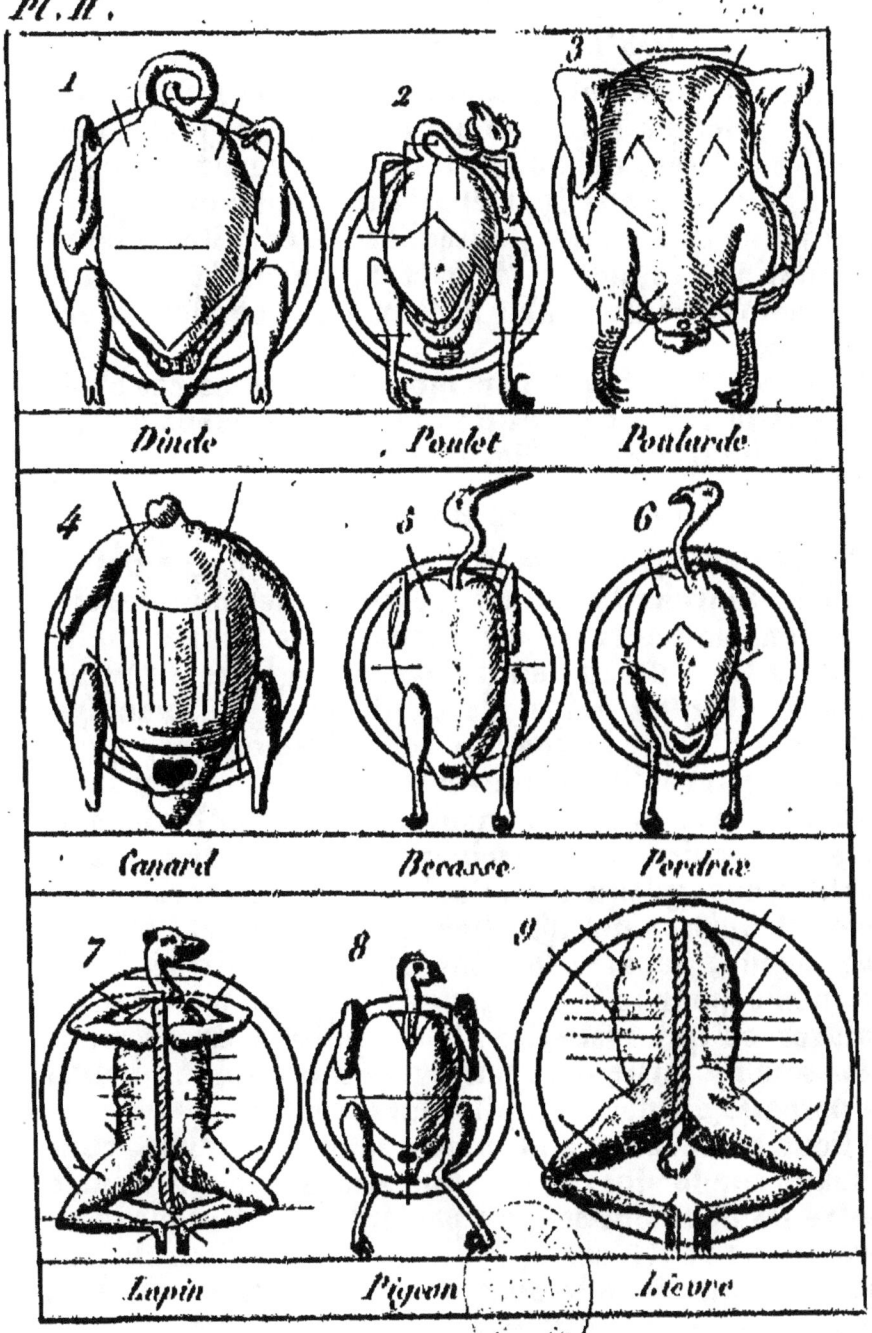

tranches minces et longues, prises en travers dans toute son épaisseur; on prend garde seulement qu'elles soient également grasses et maigres.

Du lièvre et du lapin.

Lorsqu'ils sont entiers, enlevez les deux filets sur le rable, depuis les côtes en prolongeant jusqu'auprès des cuisses; découpez-les en morceaux plus ou moins gros, suivant leur épaisseur; enlevez la partie charnue des cuisses, détachez-les ensuite de leur articulation, et mettez à part la queue et ce qui l'environne, pour l'offrir à ceux à qui on doit de la déférence.

Si on ne le sert que par moitié, dans ce cas c'est toujours le rable; faites de même qu'il vient d'être dit plus haut. (*Voyez* fig. 7 et 9, pl. 2.)

De la dinde.

Après l'avoir couchée sur le côté, enfoncez d'une main la fourchette dans l'épaisseur des muscles situés dans le pourtour de l'aile; avec l'autre main appuyez le couteau, en plongeant sa lame près du manche jusques dans l'articulation, de manière qu'en continuant la section sans désemparer, vous puissiez parvenir à l'enlever tout entière, en la soulevant un peu; piquez ensuite la fourchette dans le gros de la cuisse pour arriver, en passant le couteau par-dessous, jusqu'à l'articulation supérieure, soulevez et finissez de détacher ce qui la retient encore par-dessus, séparez le pilon d'avec la cuisse; faites de même pour le côté opposé; s'il est nécessaire, enlevez ce qui reste des blancs le long du sternum (les sots l'y laissent), partagez le croupion, brisez la carcasse en deux ou plusieurs parties.

Pour en conserver la moitié sans y toucher, couchez-le sur le dos, faites une section longitudinale entre les deux cuisses, en partant des côtes jusqu'au croupion; renversez et soulevez avec la fourchette, en appuyant avec le couteau sur le milieu du dos; séparez la partie inférieure et faites ce qu'on appelle vulgairement le bonnet d'évêque. (*Voyez* fig. 1re, pl. 2.)

Poularde, chapon, poulet.

Découpez et présentez les de la même manière que nous venons de dire pour la dinde. (*Voyez* fig. 2 et 3, pl. 2.)

De l'oie.

Enlevez les filets des deux côtés du sternum (l'os de la poitrine) dans toute leur longueur, partagez-les en deux, quatre ou six parties, en les prenant en travers, achevez de découper ensuite tout ce qui se trouve de charnu dans les ailes et les cuisses.

Du canard.

Lorsqu'il est rôti, découpez-le comme nous venons de l'indiquer pour l'oie; cuit tout autrement, séparez les membres sans enlever les aiguillettes.

Toutes les autres pièces de volaille ou de gibier se découpent par les mêmes procédés que ceux dont il vient d'être parlé. (*Voyez* fig. 4, pl. 2.)

Pigeon.

On le partage en quatre portions égales, les cuisses se présentent les premières, on les offre à ceux pour lesquels on marque de la déférence. (*Voyez* fig. 8, pl. 2.)

Perdrix.

Découpez-les comme les autres volailles dont nous venons de parler; dans celles-ci les ailes et leur alentour sont les morceaux préférés. (*Voyez* fig. 6, pl. 2.)

Bécasses.

Elles se découpent aussi de la même manière que nous venons d'indiquer plus haut. (*Voyez* fig. 5, pl. 2.)

DU POISSON.

Généralement, pour servir le poisson, on a soin de ne jamais le couper avec la lame d'aucun instrument tranchant, c'est toujours avec une cuillère, et mieux encore avec une truelle d'argent, qu'on a l'habitude de l'offrir et de le présenter à table.

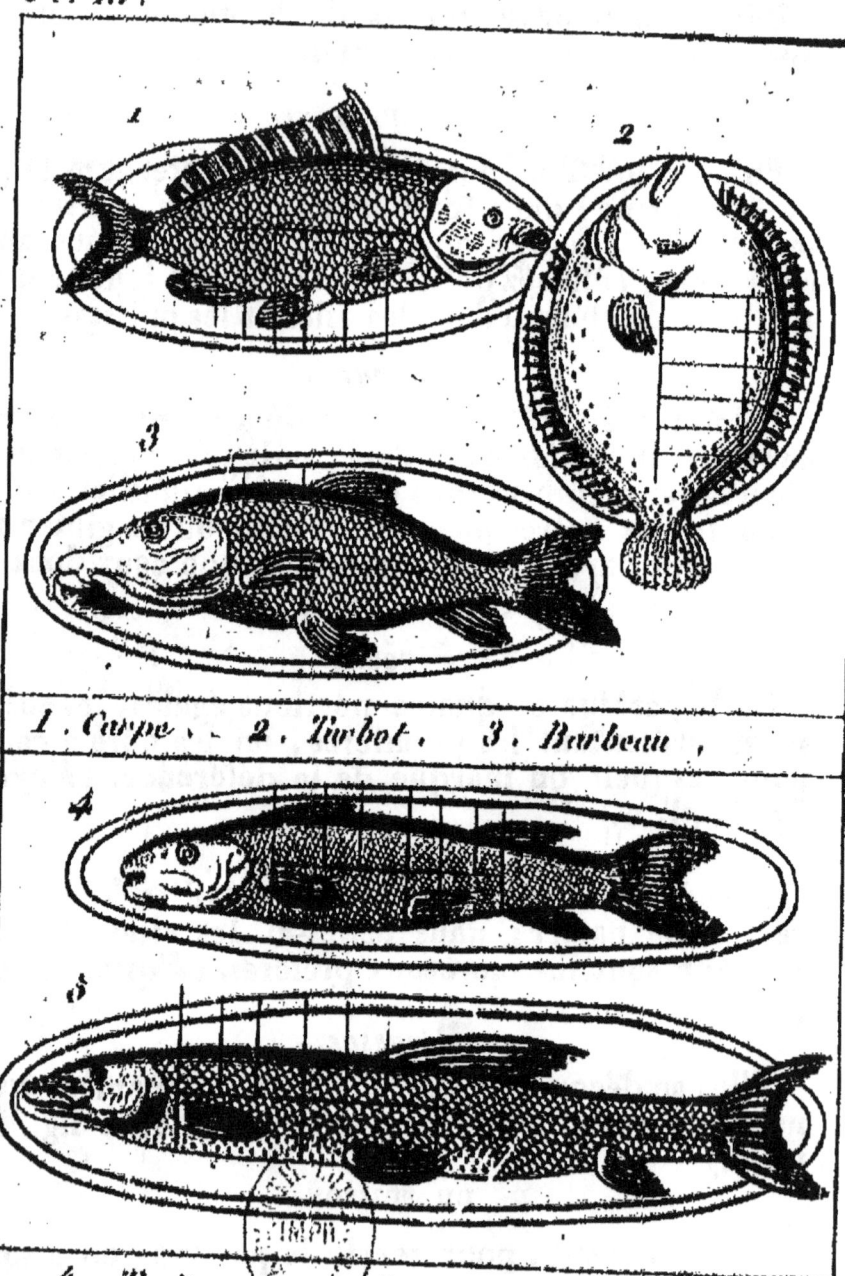

1. Carpe. — 2. Turbot. 3. Barbeau.

4. Truite. 5. Brochet.

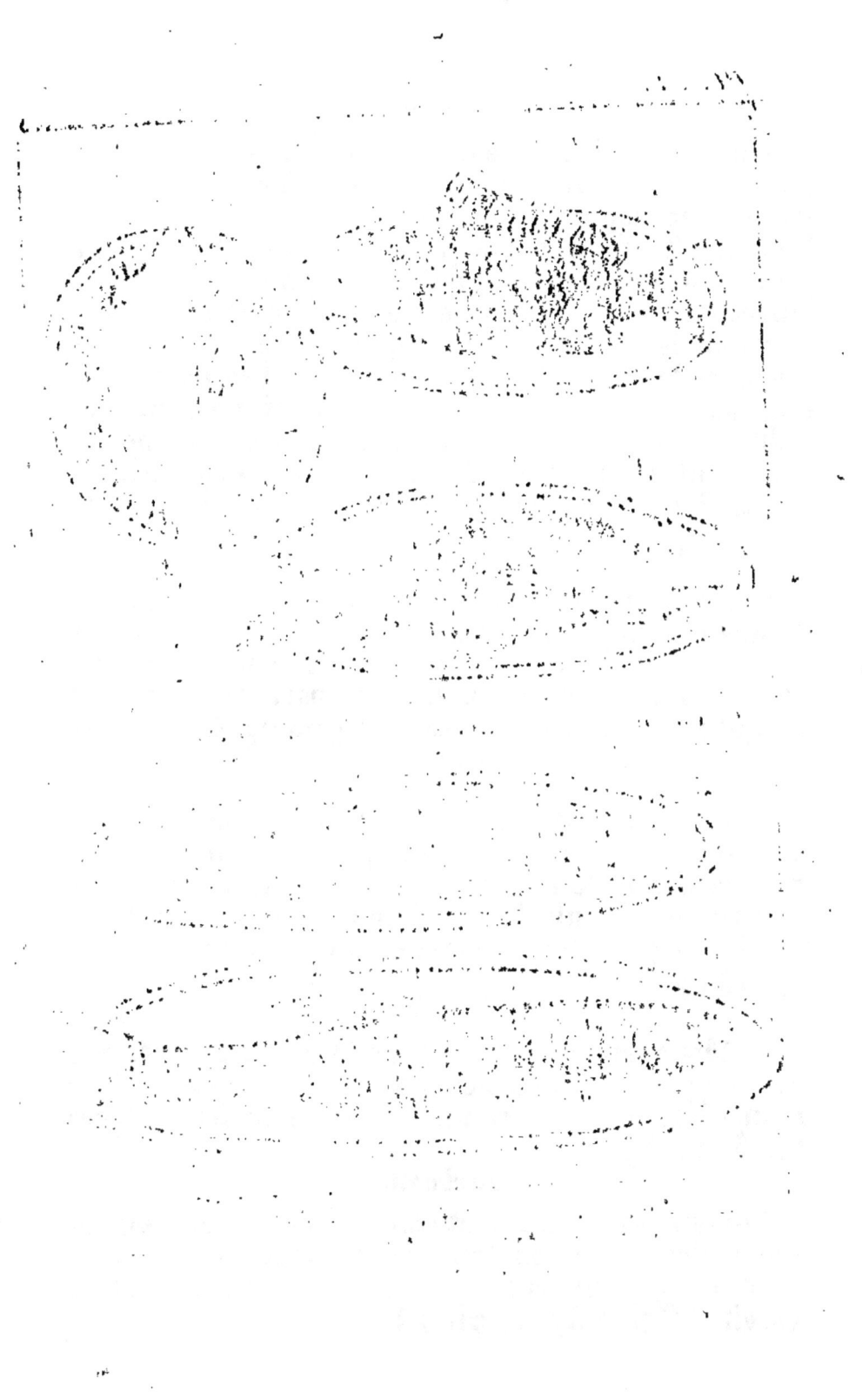

Turbot.

Ainsi donc, avec une cuillère ou bien une truelle, appuyez assez fortement pour pénétrer jusqu'à l'arête, et depuis la tête de ce poisson, tirez une ligne droite dans toute sa longueur, en descendant jusque près de la queue; faites-en de même plusieurs autres en travers, et servez la partie comprise entre chacune des lignes tracées; enlevez l'arête, et partagez de la même manière tout ce qui se trouve en dessous, et qui provient du dos; il ne faut pas oublier que dans un turbot les barbes et leur pourtour sont les morceaux qu'on offre les premiers, et par déférence particulière. (*Voyez* fig. 2, pl. 3.)

Truite.

Tracez pareillement sur la truite une ligne droite depuis la tête jusqu'à la queue; faites-en d'autres en travers, servez ce qui se trouve entre chacune d'elles, retournez le poisson, et partagez de même ce qui reste du côté opposé. (*Voyez* fig. 4, pl. 3.)

Carpe.

Séparez d'abord la tête, pour l'offrir aux personnes qui la recherchent, ou pour lesquelles vous pouvez avoir de la déférence; enlevez la peau qui la recouvre depuis la tête à la queue, et servez par portions également coupées comme la truite. (*Voy.* fig. 1re, pl. 3.)

Brochet.

La tête aussi séparée la première, on la présente comme celle de la carpe; pour tout le reste, suivez la manière indiquée comme pour la truite. (*Voyez* fig. 5, pl. 3.)

Barbeau.

Suivant sa grosseur et son volume, tirez également des lignes en long et en travers, et faites autant de portions que vous aurez de personnes à servir. (*Voyez* fig. 3, pl. 3.)

Observation.

Telle est, en peu de mots, l'exposition de la méthode à suivre dans la manière de découper à table, et de le faire avec autant d'aisance que de facilité. Nous aurions pu multiplier les détails ; la seule crainte de paraître minutieux nous en a empêché, au surplus, les gravures qui s'y trouvent annexées pour les faire comprendre, peuvent facilement suppléer à tout ce qu'on aurait pu dire.

SERVICE.

MENU POUR UNE TABLE DE SIX A HUIT COUVERTS.

Le potage.   La pièce de bœuf garnie.

Deux entrées.

Un chapon à la sauce blan-   Une matelotte.
che, ou bien une tourte.

Quelques Hors-d'œuvre.

Deux à manger chauds :   *Quatre à manger froids :*
Des rognons à la brochette. Du beurre frais, des radis.
Des pieds de cochon.   Des cornichons, des anchois.

Deux plats de Rôt.

L'un avec la viande de boucherie.   L'autre avec une pièce de volaille, de gibier, ou tout autre de petits pieds.

Quatre Entremets.

Des asperges, des petits pois.   Des olives, une salade.

Dessert.

Huit assiettes, ou tout au moins six, variées suivant la saison.

MENU POUR UNE TABLE DE DOUZE A VINGT COUVERTS.

Deux Potages.

Une julienne à la purée.   Un autre avec le riz au gras.

Deux Relevés de Potages.

La pièce de bœuf garnie et relevée avec une sauce.   Un brochet, ou tout autre poisson de mer avec une sauce.

Six Hors-d'œuvre.

Artichauds, radis, raves.   Beurre frais, cornichons, anchois.

XIV

Quatre Entrées.

Des perdreaux, des pigeons à la sauce.
Un filet piqué en fricandeau.
Un vol-au-vent.

Deux plats de Rôt.

Un levraut avec une salade de la saison.
Un quartier d'agneau et des olives.

Six Entremets.

Un pâté froid.
Des œufs à la neige.
Des choux-fleurs.
De la gelée d'oranges.
Une pièce de charcuterie.
Un plat de friture.

Dessert.

Douze assiettes variées.

MENU D'UNE TABLE DE VINGT-QUATRE A TRENTE COUVERTS.

Quatre Potages.

Une bisque d'écrevisses.
Potage à la reine, au lait d'amandes avec biscotes.
Une julienne aux pointes d'asperges.
Un consommé de volaille.

Quatre relevés de Potages.

Un brochet à la Chambord.
Une dinde aux truffes.
Un turbot.
Une culotte de bœuf au vin de Madère, garnie de légumes.

Douze Entrées.

Un aspic de filets de perdreaux.
Une jardinière.
Des filets de poularde piqués de truffes.
Des perdreaux au fumet.
Des filets de mauviettes sautés.
Des escalopes de poularde au velouté.
Des filets de lapereaux en turban.
Un vol-au-vent à la financière.
Des ailerons piqués à la chicorée.
Deux poulets au beurre d'écrevisses.
Des escalopes de saumon à l'espagnole.
Des filets mignons piqués aux truffes.

SECOND SERVICE.

Quatre grosses Pièces.

Une truite.   Des écrevisses.
Un pâté de foies gras.   Un jambon glacé.

Quatre plats de Rôt.

Un faisan.   Des bécassines.
Des éperlans.   Des soles.

Huit Entremets.

Une jatte de blanc-manger.   Deux jattes de gelée d'oranges.
Un miroton de pommes.
Des asperges.   Un soufflé à la vanille.
Des truffes à la serviette.   Des cardons à la moëlle.

Dessert.

Dix-huit à vingt assiettes variées.

Observation. Sans pousser aussi loin les recherches et la dépense d'un menu, on peut, d'après les circonstances ou les saisons, remplacer par des choses analogues celles qu'il serait difficile ou impossible de se procurer, et l'on arriverait de même au but désiré en pareil cas, celui de servir aussi bon et aussi excellent, très-chaud, et en abondance, afin que le convives puissent manger beaucoup, pendant un temps plus ou moins long et avec grand plaisir.

MENU POUR UNE TABLE DE QUARANTE A CINQUANTE COUVERTS.

Six Potages.

A la julienne.   A la reine avec purée de
Au riz. } à la purée.   marrons.
Au vermicelle.   Croûtes au pot gratinées.
    A la Caméraui.

Six relevés de Potages.

Une forte pièce de bœuf avec garniture.   Un jambon rôti.
    Une dinde aux truffes.
Un saumon à la genevoise.   Deux chapons à la sauce.
Un fort brochet à la Chambord.

xvj

Vingt-quatre Entrées.

Une poularde braisée.
Sauté de filets de perdreaux.
Quenelles de volaille.
Aspic de poisson.
Petits pâtés au salpicon.
Mauviettes en croustades.
Atelets de palais de bœuf.
Sauté de filets de merlans.
Pieds d'agneau à la poulette.
Pigeons à la Gauthier, sauce hollandaise.
Blanquette aux truffes.
Pâté chaud à la financière.
Cailles au gratin.
Ris de veau piqués et glacés.
Filets de lapereaux ou gibelotte.
Filets de soles à la mayennaise.
Vol-au-vent de turbot à la crème.
Perdreaux à la périgueux.
Filets de perdr. à l'écarlate.
Croquettes.
Filets d'agneau, sauce espagnole.
Ailerons de dindons frits.
Chartreuse de tendons de veau.
Petites bouches.

Quatre grosses pièces d'Entremets ou huit petites.

Deux pâtés froids.
Deux carpes au bleu.
Deux buissons d'écrevisses.
Deux plats de cardons.

Huit plats de Rôt.

Quatre poulets.
Un quartier de chevreuil.
Un levraut.
Six pigeons de volière.
Six bécasses.
Un quartier de présalé.
Deux lapereaux.
Un faisan.

Seize ou vingt Entremets.

Crème à la vanille.
Gelée de marasquin.
Petits pains à la duchesse.
Marrons aux pistaches.
Épinards à l'anglaise.
Asperges à la sauce.
Petites fèves lides.
Haricots verts aux fines herbes.
Deux omelettes soufflées.
Petits pots au café.
Gelée de citron.
Croque-en-bouche.
Petite pâtisserie blanche.
Petits pois.
Choux-fleurs.
Concombres à la crème.
Œufs pochés aux truffes.
Deux plats de ramequins.

Dessert.

Depuis trente jusqu'à quarante assiettes bien remplies de tous les objets qui entrent dans la composition du dessert, on peut offrir une variété aussi agréable pour l'œil, que stimulante au palais; des fleurs dans des vases sont admises quand même on ne serait pas à la campagne, des feuilles en été, des mousses bien vertes en hiver ajoutent encore à l'agrément. Au milieu une grosse pièce de pâtisserie du petit four; vers les extrémités différens fromages sont d'urgence, c'est par eux qu'on est excité à recommencer la dégustation des vins qu'on ne présente que dans cet instant. Par des confitures entremêlées avec les fruits de la saison ou rapproche les extrémités de l'année; avec les sucreries, les fruits les fruits secs à noyaux ou autres, on peut établir une variation d'autant plus à rechercher que jamais une assiette ne fait guère qu'une demi-tournée pour que tous les convives soient servis.

[page image is upside down and largely illegible]

MANUEL

DU

CUISINIER.

La digestion tient à tout, et tout tient à elle.

DES POTAGES.

Du Bouillon.

Comme dans le plus grand nombre des circonstances de la vie, savoir faire un bon bouillon n'est pas chose indifférente, nous commencerons par la meilleure manière de procéder pour l'obtenir ; c'est même dans la sensualité des personnes sobres que nous irons chercher les principes qui doivent constituer l'excellence d'un pot au feu et du bouillon qu'il renferme ; nous ne les trouverions pas ailleurs ; il est même prouvé qu'avec tout ce que l'art d'un chef peut inventer de grandiose et de recherché dans la cuisine d'un homme riche, il ne doit rien produire de semblable, rien qui puisse approcher de celui qui est soigné par une bonne ménagère, d'après les seules règles prescrites en pareil cas. Observons d'abord que dans le choix d'un morceau de bœuf, pris frais, résident les premières et les principales qualités du bouillon; qu'il faut, par conséquent, préférer *le gîte à la noix*, *le trumeau*, *la culotte*, *la tranche*, *la poitrine*, *le bas aloyau*, pour l'obtenir bon; et comme c'est par son moyen seulement qu'on fait toujours d'excellens potages, partout où l'on se servira du pot au feu pour mouiller d'autres ragoûts et tenir malgré cela la marmite également remplie, on n'aura jamais rien que de très-médiocre.

Ainsi, prenez depuis deux, quatre et jusqu'à six livres de bœuf, que vous mettrez dans quelque marmite que ce soit, avec une pinte d'eau par livre; placez devant le feu, que vous augmenterez peu à peu, pour en extraire tout ce qui reste de parties sanguinolentes, désignées sous le nom d'écume; enlevez-les à mesure qu'elles se présentent à la surface; lorsqu'il ne paraît plus rien, laissez devant le feu pendant au moins huit heures consécutives, le tout soumis à une chaleur égale et modérée; au bout de quatre heures, ajoutez-y trois carottes de moyenne grosseur, deux navets, quatre poireaux, un panais, tous coupés par leur milieu; joignez-y un bouquet de persil plus ou moins gros, un ognon brûlé dans lequel vous aurez implanté deux clous de girofle, du sel en suffisante quantité; remplacez, pendant tout le temps que le pot au feu sera soumis à la chaleur, l'eau qui s'en évapore, avec de l'autre que vous tiendrez auprès de lui dans une cafetière; que si vous y ajoutez une volaille entière, ne fût-ce même que la moitié d'une vieille poule, ou bien l'abatis d'un dindon, ou des os de mouton rôti, vous obtiendrez tout ce qu'il y a de meilleur en bouillon gras.

Le bouillon bien fait est la base essentielle de la nouriture principale, employée pour soutenir les forces d'un malade, et entretenir, dans un état d'activité continuelle, celui des personnes en bonne santé; on ne saurait donc trop recommander à tous ceux qui s'occupent de la préparation des alimens, d'y apporter la plus grande attention. Au milieu des trois cents espèces de potages fournis par les grands artistes en cuisine, choisissez les plus simples; ce sont les meilleurs et ceux qu'il convient de préférer en tout temps.

Potage au naturel.

Placez avec ordre, dans une soupière, suffisante quantité de croûtes de pain, un peu brûlées, les unes par-dessus les autres, puisez dans la marmite à l'endroit de l'ébullition, pour éviter la graisse; versez dessus le pain, à travers un tamis, assez de votre bouillon pour que les croûtes puissent s'en trouver imbibées; au moment de mettre ce potage sur la table, achevez de remplir la soupière, placez vos légumes sur une assiette à part, et servez les deux ensemble. (*D'un usage excellent.*)

Au riz au gras.

Lavez à plusieurs eaux de suite une once de riz par personne; après l'avoir laissé égoutter, placez-le sur un feu doux avec suffisante quantité de bouillon; entretenez-le au même degré de chaleur jusqu'à ce qu'il soit parfaitement cuit, ajoutez-y ensuite un peu de jus préparé avec le veau.

Celui-ci convient particulièrement aux personnes qu'une malencontreuse indigestion forcerait de garder la chambre et de ne plus aller dîner en ville; répété trois ou quatre fois dans une journée, son effet n'est pas long à se faire sentir par une cessation complète des accidens.

Au vermicelle au gras.

Dans du bouillon mis sur le feu, au moment où il se trouve prêt à bouillir, vous jetez le vermicelle froissé dans la main, sans qu'il soit cependant réduit en poudre; vous remuez ensuite jusqu'à l'instant d'un seconde ébullition; lorsqu'il est cuit, versez dans la soupière, pour le servir et le manger aussitôt que possible. (*Bon dans tous les temps.*)

A la semoule, aux pâtes d'Italie.

Ces potages se préparent de la même manière que le vermicelle. (*Aussi très-bon.*)

Au macaroni, aux lazagnes.

Ces potages se confectionnent en faisant cuire ces pâtes dans le bouillon seulement; il est nécessaire de les remuer souvent, pour qu'elles ne s'attachent pas l'une à l'autre; quelquefois on y ajoute du fromage de Gruyère, et mieux encore du Parmesan. (*Très-recherché.*)

Macaroni au gratin.

Faites cuire le macaroni avec du bouillon, du sel, du poivre, de la muscade râpée ; lorsqu'il cède facilement sous le doigt, retirez et le mettez dans une casserole avec du beurre, du fromage de Parmesan ou de Gruyère râpé, du gros poivre et un peu de crème ; quand le fromage file, ajoutez le macaroni, panez avec de la mie de pain mélangée de fromage râpé, arrosez de beurre tiède, et faites prendre couleur sous le four de campagne ou avec une pelle rougie au feu.

Croûtes au pot.

Sur une quantité plus ou moins considérable de la croûte bien colorée du dessus d'un pain, jetez assez de bouillon, pour laisser cuire sur un feu doux et réduire le tout sans arriver à siccité ; lorsque vous les jugerez assez gratinées, ajoutez-y encore un peu de bouillon bien dégraissé et servez.

A la suite d'un bain conseillé pour rétablir la perspiration cutanée, dans toutes les affections douloureuses portées sur l'estomac, faites usage de la croûte au pot ; elle produit d'excellens effets dans les délabremens : c'est le véritable moyen de restaurer toutes les personnes fatiguées.

A la julienne au gras.

Coupez en filets menus, ou bien en tranches minces, carottes, navets, panais, poireaux, céleri, pommes-de-terre, ognons, de chaque parties égales; hachez une laitue, oseille et cerfeuil, faites revenir le tout dans du beurre frais, et mouillez avec suffisante quantité de bouillon; placez sur un feu doux jusqu'à ce que le tout soit parfaitement cuit; versez dans une soupière dans laquelle, si vous le désirez, vous aurez ajouté du pain. On peut encore, avec des asperges ou des petits pois, au moment de leur saison, rendre ce potage beaucoup plus agréable. (*Très-recherchée.*)

A la julienne au maigre.

Il se prépare de la même manière que le précédent, en se servant d'eau ou de bouillon maigre (*voy* ce mot) au lieu de bouillon gras; mais il est alors nécessaire d'augmenter la quantité de beurre frais. (*Assez bonne.*)

Potage à la jambe de bois.

Avec un jarret de bœuf, dont on coupe les deux extrémités pour laisser dépasser le gros os à peu près d'un pied dans sa longueur, mettez dans une marmite une livre de tranche, ajoutez du bon bouillon fait d'avance, et deux litres d'eau ordinaire, faites écumer, et assaisonnez avec du sel, des clous de girofle, une douzaine de carottes, six ognons, dix à douze pieds de céleri, six navets, tous coupés par quartiers plus ou moins gros, auxquels vous ajouterez encore une vieille poule et deux perdrix, et que vous mettrez tous ensemble devant le feu, pendant douze heures au moins; d'un autre côté, faites cuire dans une casserole, rouelle de veau, deux livres; dix pieds de céleri, que vous mouillerez avec le bouillon de l'autre marmite, à mesure qu'il se fera et qu'il prendra de la consistance; dégraissez, et une heure au moins avant de vous en servir, ajoutez le produit de cette seconde cuisson à la première.

Tout étant parvenu à point convenable, mettez dans une casserole la quantité de pain à potage qui pourra vous paraître convenable, faites-le bien mitonner dans le bouillon, dressez-le ensuite dans un plat à soupe, entourez le tout avec les légumes cuits dans le bouillon, placez droit et dans le milieu l'os du jarret, coupé exprès, achevez de mouiller, et servez très-chaud ce potage, digne de figurer au milieu d'une table de noces, et capable d'empêcher de rien manger de tout ce qui peut le suivre. (*Potage de luxe.*)

Aux herbes.

Épluchez de l'oseille, de la laitue, ajoutez-y un peu de poirée et de cerfeuil, hachez le tout, et faites revenir sur le feu avec du beurre frais; lorsque ce mélange est bien amalgamé et assez cuit, mouillez avec suffisante quantité de bouillon, et versez sur le pain préparé dans la soupière. (*Pour les jours d'abstinence.*)

Aux choux.

Faites blanchir dans l'eau bouillante un chou, laissez égoutter, coupez-le par quartiers; ayez à part quelques carottes et des ognons aussi coupés par tranches, placez quelques bardes de lard dans le fond d'une casserole, mettez dessus les quartiers de chou, les carottes et les ognons; mouillez le tout avec suffisante quantité de bouillon gras; lorsque le tout sera convenablement cuit, dressez et servez. (*Pour les estomacs robustes.*)

Autre.

Faites cuire ensemble un morceau de petit salé, autant de poitrine de mouton, et un saucisson de moyenne grosseur; le tout étant bien écumé, ajoutez-y un chou plus ou moins gros, blanchi à part dans de l'eau bouillante, bien égoutté et coupé par quartiers; laissez arriver à cuisson parfaite; servez en plaçant le chou par-dessus.

Nous ne conseillerions aucun de ces potages maigres, ou avec les plantes potagères, à des personnes qui pourraient se trouver dans un moment de convalescence, surtout à la suite de quelque maladie de l'estomac; mais pour tous ceux qui sont bien portans, et que les potages préparés au bouillon gras dégoûteraient par leur continuité, ils sont aussi bons pour varier la nourriture qu'ils sont agréables parce qu'on n'y est pas habitué.

A la reine.

Broyez, pilez dans un mortier de marbre, des blancs de volaille rôtie, avec du riz crevé auparavant dans l'eau bouillante, et bien égoutté; faites du tout une purée claire, en y ajoutant du bouillon; passez-la à travers un tamis de crin; ce qui ne pourra point traverser de cette purée, ajoutez-le aux autres débris que vous réunirez avec les os comminués et brisés dans le mortier; placez ensuite le tout sur un feu doux, laissez mijoter ensemble au moins pendant une heure entière; retirez la casserole de dessus le feu, passez ce bouillon, et trempez le potage, composé de pâtes ou de de pain, à votre choix, et n'ajoutez la purée de blanc qu'au moment de servir.

A la Camérani.

Faites bien cuire dans une casserole, avec un bon morceau de beurre frais, des carottes, des navets, des panais, des choux, des poireaux, enfin une plus ou moins grande quantité de tous les légumes que pourra vous offrir la saison, tous coupés ou hachés le plus menu qu'il sera possible; ajoutez-y une douzaine de foies de volailles grasses, aussi coupés par petits morceaux; faites blanchir à part du macaroni que vous saupoudrerez de poivre, et que vous laisserez égoutter; prenez une soupière qui puisse aller sur le feu, mettez dans le fond un lit de macaroni, un lit de hachis, enfin un troisième lit de fromage de Parmesan râpé; continuez dans le même ordre jusqu'à ce que la soupière soit remplie, couvrez, et mettez sur un feu doux, pour laisser mitonner jusqu'à ce que le macaroni soit parfaitement cuit.

DES PURÉES.

En général toutes les purées sont préférables à l'usage des graines ou des plantes dont on les confectionne, parce qu'il n'en reste que la fécule, et que la pulpe qui les compose est toujours très-difficile à digérer; c'est pourquoi même on se garde bien de prescrire des purées aux malades ; quoi qu'il en soit, après de grands exercices et avec un estomac bien disposé, les purées ne peuvent faire aucun mal.

A la purée de pois secs.

Mettez dans une casserole, avec suffisante quantité de bouillon pour qu'ils puissent tremper, des pois verts secs, cassés et dépouillés de leur écorce ; à mesure qu'ils se réduiront en purée, ajoutez d'autre bouillon, remuez de temps en temps pour qu'ils ne s'attachent point ; lorsque cette purée sera parvenue au degré de cuisson convenable, ajoutez encore du bouillon pour la rendre claire, et laissez sur le feu pendant une heure entière ; versez ce potage sur du pain ou sur des croûtons faits avec des morceaux de mie de pain coupés de la grosseur d'un dez, précédemment frits dans du beurre. (*Echauffant.*)

A la purée de haricots, de lentilles, de pois verts.

Faites cuire avec du bouillon les haricots, les lentilles ou les pois ; ajoutez ensuite une carotte et un ou deux ognons, écrasez-les et passez au tamis ou dans une passoire ; la purée faite, ajoutez suffisante quantité d'autre bouillon, laissez bouillir ensuite pendant quinze ou vingt minutes, versez le tout sur le pain préparé d'avance dans la soupière. (*Idem.*)

Aux croûtons à la purée.

Taillez des morceaux de mie de pain plus ou moins gros et épais, et de telle forme que vous le désirerez, faites-les frire ensuite dans le beurre jusqu'à ce qu'ils aient acquis une couleur rousse plus ou moins foncée, mettez-les dans la soupière, et versez dessus la purée préparée avec les pois, les haricots, les lentilles ou autre. (*Idem.*)

A la Condé.

Versez, sur des croûtons, une purée cuite et passée avec des haricots rouges, préparée avec du bon bouillon, comme il vient d'être dit plus haut. (*Très-échauffant.*)

Aux purées des cinq racines.

Comme pour toutes les autres purées, on fait des potages avec chaque espèce de racine, que l'on fait cuire dans le bouillon, en suivant pour celles-ci les mêmes procédés que pour celles qui ont précédé. (*Rafraîchissant.*)

A la purée de marrons.

Prenez des marrons crus, enlevez la première écorce, faites-les bouillir un instant dans l'eau, pour achever de leur ôter la seconde pellicule; avec un morceau de mie de pain imbibé de bouillon, broyez-les dans un mortier, faites la purée, passez et y ajoutez du nouveau bouillon; laissez cuire, et versez sur des croûtons. (*Très-échauffant.*)

Aux purées maigres.

Pour faire ces potages, au lieu de bouillon n'employez que de l'eau ou du bouillon maigre, mais n'épargnez pas le beurre, et ayez l'attention de saler les légumes ou les racines pendant leur cuisson. (*Très-relâchant.*)

A la purée de gibier.

Pilez, broyez, et réduisez en purée, en mouillant avec du bouillon, la chair de toute espèce de gibier que vous aurez à votre disposition pour confectionner le potage; faites aussi cuire à part les os de ce même gibier, brisés et comminués avec d'autre bouillon; passez, tirez à clair, délayez la purée, et faites cuire pendant quinze à vingt minutes, pour la verser sur les croûtons. (*Échauffant.*)

A l'essence de volaille ou de gibier.

Brisez, pilez et broyez dans un mortier tous les débris de volaille ou de gibier que vous aurez pu rassembler, faites cuire ensuite avec du bouillon, pendant l'espace d'une heure; passez, tirez à clair, et formez votre potage. (*Très-échauffant.*)

Soupe à l'ognon.

Coupez l'ognon en tranches minces, faites-le roussir dans suffisante quantité de beurre; lorsqu'il est teint et coloré, versez de l'eau, assaisonnez avec du sel, un peu de poivre; lorsque le tout est prêt à bouillir, jetez sur le pain, auquel on ajoute souvent du fromage de Gruyère.

Potage usité dans tous les pays où l'usage du vin, porté un peu au delà des limites habituelles, produit de la fatigue à l'estomac et exige le lendemain quelques moyens aussi simples que faciles à employer pour le remettre dans son premier état.

Soupe à l'ognon au lait.

Préparez vos ognons comme ci-dessus, n'ajoutez qu'une très-petite quantité d'eau pour tremper le pain, faites bouillir le lait à part, et versez dessus à l'instant même.

Soupe à l'oseille.

Faites fondre, avec un bon morceau de beurre, une plus ou moins forte poignée d'oseille épluchée, lavée et coupée grossièrement; lorsqu'elle est cuite, ajoutez suffisante quantité d'eau et l'assaisonnement nécessaire; lorsque le tout est prêt à bouillir, ajoutez-y le pain, laisser mitonner un peu, et versez dans la soupière; au moment de servir ajoutez une liaison avec le jaune d'œuf. (*Rafraîchissant.*)

Panade.

Faites mitonner la quantité de pain nécessaire dans de l'eau ordinaire; lorsqu'il est cuit ajoutez-y du beurre, du sel pour assaisonnement; après quelques momens d'ébullition, ajoutez une liaison avec le jaune d'œuf, et servez.

Nourriture excellente pour les enfans et les vieillards. On ne saurait trop recommander en pareil cas de la faire bien cuire et de l'assaisonner convenablement, car si elle était fade, loin de soutenir l'action digestive de l'estomac, elle ne servirait au contraire qu'à le débiliter.

Potage au potiron.

Faire cuire dans l'eau suffisante quantité de potiron, épluché et coupé par petits morceaux ; lorsqu'il est cuit, laisser égoutter ; écrasez-le ensuite dans une passoire, mouillez avec du lait qui aura précédemment bouilli, assaisonnez avec du sel ou du sucre, faites bouillir, et versez sur le pain coupé très-mince. (*Difficile à digérer.*)

Aux concombres.

Suivez absolument le même procédé que pour le précédent. (*Idem.*)

Au lait.

Faites bouillir la quantité de lait que vous jugerez nécessaire, ajoutez du sel ou du sucre pour assaisonnement, et jetez-le ensuite bouillant sur le pain préparé d'avance ; au moment de servir, ajoutez une liaison. (*Bon.*)

Riz au lait.

Lavez une once de riz par personne ; mettez le lait sur le feu, lorsqu'il sera bouillant jetez le riz dedans ; faites cuire à petit feu ; ajoutez du sel ou du sucre, et remuez aussi souvent que possible.

Riz au maigre.

Au lieu de lait, on se sert d'eau ordinaire ; on ajoute ensuite l'assaisonnement et un bon morceau de beurre frais, et au moment de servir, une liaison.

Vermicelle au lait.

Au moment de l'ébullition du lait, ajoutez le vermicelle froissé dans la main ; remuez et agitez jusqu'à ce que le lait recommence à bouillir ; ajoutez ensuite l'assaisonnement convenable.

Vermicelle au maigre.

Comme le précédent ; mais au lieu de lait on n'emploie que de l'eau, en y ajoutant du beurre frais, l'assaisonnement et la liaison convenables.

Toutes les pâtes qui servent à confectionner les différens potages que nous venons d'indiquer, qu'elles nous viennent d'Italie ou d'Allemagne, ou de fabrique française, n'en sont pas moins très-bonnes à mettre en usage, pour varier la nourriture et confectionner la première partie d'un repas, si le bouillon dont on se sert n'a pas été détérioré. Pour alimenter les ragoûts ou les sauces inventées par le cuisinier, un bon potage au vermicelle, au riz, quand même on y ajouterait une julienne, ne peut que bien disposer l'estomac à recevoir les autres substances qui en sont la suite obligée ; plaignons ceux qui par dégoût ou fatigue n'en reconnaissent pas les avantages.

Lait d'amandes.

Jetez dans l'eau bouillante vingt-cinq ou trente amandes douces, deux ou trois amandes amères ; après quelques minutes, enlevez leur pellicule ; pilez dans un mortier, en les arrosant d'un peu d'eau, pour les empêcher de tourner en huile ; faites bouillir un demi-setier d'eau ou de lait, versez dedans les amandes pilées, en agitant ; passez à travers un linge ou un tamis, pour ajouter ensuite dans les potages au riz, au vermicelle ou autres, comme vous le désirerez, mais seulement à l'instant de les servir.

Moyen excellent pour soutenir un estomac délabré, à qui toute nourriture solide devient répugnante ; cependant, obligée de prendre quelque chose pour rétablir sa santé, la personne qui est dans le cas dont il s'agit fera toujours très-bien d'y avoir recours au moins trois ou quatre fois en vingt-quatre heures.

Bouillon maigre.

Coupez six carottes, autant de navets et d'ognons bien menus, un chou, un panais, un pied de céleri de même ; mettez le tout dans une marmite, et ajoutez une verrée d'eau ordinaire, un quarteron de beurre frais et un bouquet de persil ; faites bouillir jusqu'à ce que l'eau soit évaporée ; ajoutez ensuite un quart de litre de pois ou de haricots, et de l'eau la quantité nécessaire pour obtenir le bouillon dont vous aurez besoin ; laissez bouillir pendant trois heures, après avoir assaisonné convenablement ; passez le tout à travers le tamis ; vous pourrez vous servir de ce bouillon pour faire en maigre tous les potages dont il a été donné la recette en gras. (*Pour les jours de jeûne.*)

Bisque aux écrevisses.

Faites une purée d'écrevisses; après l'avoir passée au tamis, mouillez-la de bouillon gras ou maigre; versez-en un peu sur des croûtons pour les humecter, et n'ajoutez la purée qu'au moment de la servir. (*Échauffante.*)

Potage printanier.

Prenez quantité suffisante de laitue, pourpier, oseille et cerfeuil, un litre de pois verts; mettez le tout dans une marmite; ajoutez du beurre frais, du sel et du poivre, et laissez bouillir; passez pour en extraire une purée claire; jetez ensuite le pain dedans, laissez mijoter pendant un quart d'heure, ajoutez une liaison de jaunes d'œuf pour servir. (*En user modérément.*)

Potage à la Vierge.

Après avoir fait bouillir pendant quelques minutes, dans une chopine de bouillon gras, deux onces de mie de pain, pilez dans un mortier des blancs de volaille rôtie, six amandes douces, et autant de jaunes d'œufs cuits durs, que vous y ajouterez; après avoir mélangé le tout, passez à travers un linge ou un tamis, en y ajoutant une verrée de crème; assaisonnez, et conservez à la chaleur du bain-marie. Faites ensuite mitonner des croûtes du dessus d'un pain dans un peu de bouillon gras; au moment de servir, versez le coulis sans faire bouillir, parce qu'il tournerait. (*Très-nourrissant.*)

Potage au fromage.

Dans le fond d'une soupière qui puisse aller sur le feu, vous étendez du fromage de Gruyère coupé menu, et parsemé de petits morceaux de beurre frais; vous recouvrez ensuite avec des tranches de pain émincées, vous continuez alternativement le pain et le fromage, jusqu'à ce que vous jugiez qu'il y en ait assez, et vous terminez par une couche de fromage et de beurre; vous mouillez le tout de bouillon gras ou maigre, et laissez mitonner jusqu'au gratin et l'évaporation du bouillon; au moment de servir, vous en ajoutez du nouveau et un peu de poivre, en observant de le laisser un peu épais, ce qui est une des conditions de cette espèce de potage. (*Bon pour les amateurs.*)

Soupe à la tortue.

Faire cuire une tête de veau choisie, la désosser; ensuite, dans un roux bien fait, mettre dans une casserole un jarret de veau, avec un bouquet garni, des ognons, de l'écorce de citron râpée, du poivre et du sel; exprimer et passer au tamis; ajouter dans ce coulis la cervelle du veau, conservée à part, des huîtres, un peu d'essence d'anchois, du bon vin blanc, le jus de deux citrons, toute la tête de veau coupée par filets ou par émincées, et des blancs de volaille; faire cuire le tout à petit feu dans cet assaisonnement, après y avoir mélangé une douzaine de boulettes confectionnées avec des œufs, auxquels on en adjoint d'autres, faites avec de la viande, des blancs de volaille, des truffes et des morilles.

Les premières boulettes, qui figurent ici les œufs de la tortue, sont un mélange de jaunes d'œufs ordinaires cuits durs, écrasés et assaisonnés avec de la muscade, du jus de citron, du poivre et du sel, maniés et pétris avec du beurre frais, de manière à ce que la masse ait assez de consistance pour en faire des boulettes bien rondes, grosses comme des œufs de pigeon, qu'on ajoute un peu auparavant de servir.

Ce n'est même que par l'habitude qu'on a d'employer, au lieu de soupière, une écaille de tortue, pour lui faire prendre couleur au four et le servir, que ce ragoût a pris le nom de soupe à la tortue; mais, dans une timbale ou dans une croûte de pâté qui en aurait la forme, il n'en serait pas moins bon. Si, au lieu de poivre ordinaire, on se sert du poivre rouge, il ne doit y entrer qu'en très-petite quantité. (*Pour en user il faut avoir un estomac robuste.*)

Soupe à la provençale ou au poisson.

Coupez en filets très-minces des carottes, des ognons; faites-les revenir dans une casserole avec suffisante quantité de bonne huile d'olive; ajoutez un petit bouquet de persil, une ou deux feuilles de laurier et une gousse d'ail; mouillez avec un peu d'eau et assaisonnez; lorsque le tout sera suffisamment cuit, passez au tamis; dans ce bouillon, mettez d'abord le poisson que vous désirerez, tel que des soles, des merlans, limandes ou autres; lorsqu'ils seront cuits, retirez de ce bouillon la quantité convenable pour le potage; ajoutez-y, si vous le voulez, un peu de teinture de safran; placez au fond de la soupière des croûtes de pain bien colorées; versez dessus un peu d'huile et tout votre bouillon que vous ferez passer encore une fois dans le tamis, sans excéder ce qui est nécessaire pour bien imprégner tout le pain. On peut, dans ce cas, remplacer l'huile par le beurre frais, et faire pour le poisson préparé de cette manière telle sauce qui pourra paraître convenable. (*Rafraîchissante et quelquefois laxative.*)

Garbure aux choux.

Faites dessaler un morceau de jambon; mettez-le cuire dans une marmite avec autant de lard de poitrine; ajoutez des carottes, des ognons, un chou plus ou moins gros, que vous aurez coupé par quartier, après l'avoir fait blanchir dans l'eau bouillante; lorsque le tout sera cuit à propos, mettez au fond d'un plat creux des tranches de pain bien minces; placez le jambon dessus, ensuite un lit de chou, un lit de pain, un autre de chou; environnez le pourtour du plat avec le lard coupé par petits morceaux; mouillez ensuite avec le premier bouillon, et laissez gratiner sur un feu continu; pour le servir, égouttez, retirez la graisse et joignez dans un vase à part le reste du bouillon pour ceux qui en désireraient.

On peut remplacer le jambon par des perdrix, et se servir alors de bouillon gras. (*Très-échauffant.*)

Garbure aux ognons.

S'ils sont gros, coupez-les par rouelles; laissez-les entiers lorsqu'ils seront petits. Faites-les revenir et roussir dans du beurre jusqu'à ce qu'ils aient acquis une belle couleur brunâtre; mettez dans le plat alternativement un lit de pain, un lit d'ognons; mouillez le tout de bouillon gras ou maigre, et laissez gratiner sur un feu doux et continu.

Garbure maigre.

Faire un bon bouillon maigre avec les pois desséchés, les carottes, l'ognon, le céleri; le passer au tamis, faire suer dans une casserole d'autres carottes et céleri avec un morceau de beurre; dans ceux-ci à moitié cuits, ajouter le premier bouillon et laisser mijoter le tout jusqu'à cuisson parfaite; on peut encore y joindre des quartiers de tanche, de carpe, ou tout autre poisson, même des cuisses de grenouilles; ils ne peuvent que servir à rendre le bouillon meilleur; exprimez, passez au tamis; pour achever la garbure, faites comme il est dit pag. 16, excepté qu'au lieu de lard vous emploierez le beurre pour faire cuire les choux, et qu'au lieu de bouillon gras vous ne vous servirez que de votre bouillon maigre. (*Rafraîchissant.*)

Pilau, ou riz à la turque.

Dans une quantité suffisante de riz cuit un peu épais avec du bouillon gras, ajoutez de la teinture de safran et du piment en poudre;

lorsqu'il est à point de cuisson convenable, mettez-le dans une casserole beurrée dans son pourtour; placez sur un feu doux, retournez, renversez sur un plat pour servir; accompagnez d'un autre vase contenant du bouillon pour ceux qui voudraient en ajouter.

Riz aux différentes purées.

Le riz bien épluché, bien lavé à différentes eaux, égoutté et cuit dans le bouillon gras ou maigre, on y ajoute, au moment de le servir, toute espèce de purée que l'on a préparée d'avance, en le faisant bouillir pendant quelques minutes encore avant de le mettre dans la soupière.

DES PUDDINGS.

1º. *Indian pudding.* Dans un sac de toile, mettez de la farine de maïs ou blé de Turquie, du gras de cochon, du sel et du poivre bien délayé l'un avec l'autre, placez le sac dans une chaudière d'eau bouillante, et le laissez pendant quatre heures de suite.

2º. *Rice pudding.* Dans du riz crevé, faites le même mélange que pour le précédent, cuit de la même manière; on mange celui-ci avec une sauce de beurre fondu et de la mélasse.

3º. *Apples pudding.* Des pommes coupées très-menu, mêlées avec de la farine ordinaire, et cuites comme dans le premier cas, se mangent avec du beurre fondu et de la mélasse.

4º. *Bread puddings.* A du pain émietté, avec des œufs et du lait, pour le mouiller seulement, ajoutez de la cannelle, des clous de gérofle, des épices et un peu de beurre, mettez dans un plat, et faites cuire sous le four de campagne.

5°. *Meal pudding.* Délayer de la farine avec du lait et des œufs, y ajouter de la cannelle, enfermer le tout dans un sac de toile, et faire cuire pendant trois ou quatre heures dans l'eau bouillante.

6°. Les *Plumbs puddings* et *all others kinds of puddings*, se font comme le dernier, en y ajoutant des fruits coupés de toute espèce; ils se mangent avec du sucre fondu dans le beurre, avec de la mélasse, dans laquelle on ajoute toutes sortes d'épices.

Le *spoon milk*, ou *east pudding*, n'est fait qu'avec de la farine de blé de Turquie, délayée dans l'eau, mise dans un sac pour la faire bouillir; après quoi on la mange mélangée avec du lait.

7°. *Eggs pudding.* On délaye des jaunes d'œufs avec du sucre, on mêle les blancs avec de la farine et du lait pour amalgamer ensuite le tout ensemble, et faire cuire sous le four de campagne. (*Ragoûts anglais.*)

DES HORS-D'ŒUVRES.

Ils sont de deux espèces, les chauds et les froids; mais pour l'ordinaire on ne prend que les derniers : les autres servent d'entrées. Si vous avez quelquefois éprouvé des douleurs d'estomac, n'en mangez jamais ; si vous jouissez de toute la plénitude de ces fonctions digestives, usez sobrement des hors-d'œuvres.

Hors-d'œuvres chauds.

Pour la manière de les préparer, voyez chacun des articles auxquels ils appartiennent.

Bifteck.	Côtelettes d'agneau.
Saucisses.	Rognons à la brochette.
Boudins.	Caisse de foie gras.
Pieds de cochon.	Petits pâtés au naturel.
Rissole.	Petits pâtés au jus.

Hors-d'œuvres froids.

Bains de beurre.	Artichauts à la poivrade.
Petites raves.	Filets d'anchois.
Radis.	Sardines.
Olives.	Thon mariné.
Cornichons.	Saucissons.
Un melon.	Des figues.

On sert ordinairement le beurre frais en petits pains, en coquilles, en vermicelle, en le raclant avec la pointe d'un couteau, en le passant à travers un linge clair, épais et mouillé d'avance, pour qu'il ne se déchire pas par la torsion qu'on est obligé de faire pour l'obtenir.

Les sardines et les anchois se coupent en filets plus ou moins épais, après avoir été lavés à plusieurs eaux pour les dessaler; on les place en losange et l'on remplit les intervalles avec des jaunes d'œufs cuits durs hachés menu, et des fines herbes, de manière à former un carré jaune et vert.

Les saucissons, que l'on prend ordinairement crus, se coupent en tranches extrêmement minces.

DES SAUCES.

Mode de préparation particulière qui s'exécute, soit en faisant une nouvelle combinaison avec des substances étrangères aux alimens qu'il convient de préparer et dans lesquelles on les fait bouillir plus ou moins long-temps, soit avec l'extrait de celles dont on ne veut pas les séparer pendant leur cuisson. Mais dans ce cas, on y ajoute les stimulans nécessaires pour les rehausser et leur donner une sapidité quelconque, ce qui les rend échauffans ou rafraîchissans suivant leur degré d'action, sur les membranes de l'estomac.

Jus.

Mettez dans une casserole des bardes de lard, de la rouelle de veau coupée par tranches, des émincées de jambon, des issues de viande, de volaille ou de gibier; ajoutez des ognons, des carottes coupées par rouelles, un bouquet de persil, du sel, du poivre, une verrée d'eau, et mieux encore du bouillon gras; laissez réduire le tout pendant deux heures sur un feu doux; dégraissez et conservez dans un vase de faïence, pour colorer les potages, faire les coulis; on peut, au lieu d'eau ou de bouillon, se servir de vin de toute espèce, même d'eau-de-vie plus ou moins spiritueuse.

Essence de volaille.

Concassez dans un mortier tout ce que vous aurez de débris de volaille rôtie ou non; mettez-le ensuite dans une casserole; ajoutez un ognon, une carotte, un bouquet de persil; mouillez le tout avec du bouillon ou de l'eau seulement; assaisonnez d'une manière convenable; faites cuire à petit feu, et passez au tamis de soie.

Essence de gibier.

Suivez le même procédé avec tous les débris de gibier de toute espèce, tels que lièvre, lapin, perdrix, chevreuil et autres.

Roux.

Mettez dans une casserole un morceau de beurre plus ou moins gros; lorsqu'il sera fondu, ajoutez de la farine à proportion de sa grosseur; dès qu'il commencera à bouillir, ralentissez le feu et entretenez-le doux pendant à peu près trois heures; remuez souvent; une fois parvenu à une belle couleur blonde, retirez le tout de la casserole, et conservez dans un vase pour vous en servir au besoin.

Roux blanc.

De la même manière que le précédent, excepté qu'on le laisse moins long-temps sur le feu.

Blond de veau.

Placé dans une casserole des morceaux de cuissot de veau avec une verrée de bouillon; faites-les suinter pendant quelque temps sur un feu doux; ajoutez ensuite un peu de bouillon nouveau ou du consommé.

Coulis.

Mettez dans une casserole suffisante quantité de roux ; mouillez avec du bouillon lorsqu'il est chaud, en remuant avec une cuillère de bois, faites écumer et bouillir doucement pendant une heure au moins, après y avoir ajouté un bouquet de persil, passez au tamis de crin et dégraissez ; lorsqu'il est dans la terrine, il se forme une pellicule à la surface, qu'on enlève et qu'on jette, pour se servir du coulis lorsqu'on en a besoin.

Glace.

Avec des débris de viande et de volaille, faites un consommé que vous passerez au tamis ; remettez ensuite sur le feu, et y ajoutez deux ou trois blancs d'œufs battus en neige ; remuez jusqu'à ce qu'il soit bouillant ; retirez la casserole sur un coin du fourneau, et mettez du feu sur son couvercle ; après quelques minutes, lorsque les blancs d'œufs sont pris, passez à travers une serviette mouillée ; réduisez à grand feu ce que vous aurez obtenu, en remuant avec une cuillère de bois, pour empêcher qu'il ne s'attache ; la glace faite, versez dans un pot pour l'usage. Pour s'en servir, on en met un peu dans une petite casserole, sur un feu doux ; lorsqu'elle est chaude, on en applique une couche légère sur les entrées, au moyen d'un pinceau fait avec des barbes de plume de poule.

Consommé.

Aux débris de toute espèce de viandes,

ajoutez une poule, un jarret de veau, avec de l'eau en suffisante quantité; vers le milieu de la cuisson, faite à un feu doux, écumez et mettez des légumes, avec l'assaisonnement nécessaire; laissez réduire; lorsque le tout est cuit à point, dégraissez et passez au tamis.

Gelée.

Prenez une livre de trumeau de bœuf, un pied de veau entier, dont vous retirerez l'os principal, une livre de jarret du même, la moitié d'une poule; mettez le tout dans une marmite, avec suffisante quantité d'eau; écumez, salez convenablement, et y ajoutez deux carottes et deux ognons; la cuisson terminée, retirez les viandes qui peuvent encore servir, passez cette gelée au tamis de soie, clarifiez avec du blanc d'œuf comme pour la glace (*voy.* ce mot), en y ajoutant un peu de jus de citron; laissez refroidir, pour servir à la garniture de toute espèce d'objets.

Velouté, ou sauce tournée.

Hachez menu plusieurs champignons, du persil et des échalotes, faites revenir dans une casserole avec un peu de beurre, ajoutez un peu de farine, mouillez avec du bouillon ou bien un verre de vin blanc; faites bouillir lentement, et dégraissez avec soin.

Sauce aux anchois.

Après avoir bien lavé les anchois, après avoir ôté leur arête, on les hache très-menu, on les met dans une casserole, avec un coulis clair de veau et de jambon, poivre, sel, muscade et épices; on fait chauffer, réduire à consistance convenable; souvent pour lui donner une pointe on ajoute le suc d'un citron.

Elle sert encore pour les aloyaux rôtis, les lièvres à la broche; on la fait avec le jus de ces pièces, un peu de bouillon, des anchois hachés grossièrement, des câpres, estragon, poivre et vinaigre, et, en général, on sait que l'anchois s'emploie avantageusement dans toutes les sauces piquantes. (*Échauffant.*)

Sauce espagnole.

Faites bouillir et écumer dans une casserole une certaine quantité de coulis, auquel vous ajouterez de l'essence de gibier, de celle de volaille, ou même du bouillon; dégraissez, et passez au tamis.

Sauce italienne.

Faites un roux blanc, mouillez-le de bouillon, écumez lorsque la sauce est à son point, dégraissez et passez au tamis de soie.

Sauce allemande.

A de la sauce tournée ajoutez du bouillon, clarifiez et écumez, dégraissez et y ajoutez des champignons; lorsque le tout est assez réduit, ajoutez pour liaison deux ou trois jaunes d'œufs. On la sert sur du poulet ou des tendons de veau.

Sauce génevoise.

Délayez un peu de roux que vous mouillerez avec du vin rouge, finissez la sauce à l'ordinaire, dégraissez et passez au tamis. Elle sert pour toute sorte de poissons.

Sauce hollandaise.

Mêlez un morceau de beurre, un peu de farine, ajoutez un filet de vinaigre, un peu d'eau, du sel, de la muscade râpée et une liaison de jaunes d'œufs ; mettez ensuite sur le feu, en la tournant continuellement ; ayez soin de ne pas la laisser bouillir, parce qu'elle caillerait.

Sauce mayennaise.

Mettez une pleine cuillère à ragoût de sauce tournée avec des jaunes d'œufs ; assaisonnez, et remuez avec une cuillère de bois, en y versant doucement de l'huile d'olive ; au moment où elle prend consistance, ajoutez du jus de citron ou un filet de vinaigre.

Sauce à la provençale.

Dans deux jaunes d'œufs mettez une cuillerée de sauce allemande, du jus de citron, du piment en poudre, de l'ail pilé ; assaisonnez, et laissez sur la cendre chaude en tournant continuellement, et y ajoutant peu à peu de l'huile d'olive.

Béchamel.

Faites réduire à grand feu de la sauce tournée, mouillée avec de l'essence de volaille ou du consommé ; tournez continuellement pour qu'elle ne s'attache pas ; parvenue à sa consistance, ajoutez-y deux verrées de crème bouillante, et tournez toujours ; passez au tamis de crin, et servez.

Sauce à la crème.

Maniez dans une casserole un morceau de beurre frais et une cuillerée de farine, en mouillant avec une verrée de crème bouillante ; faites réduire en tournant, pour qu'elle ne s'attache pas ; versez ensuite peu à peu deux autres verrées de crème ; passez lorsqu'elle est cuite à point. On s'en sert ordinairement pour différens poissons, et pour les entremets faits avec les légumes et les œufs. On peut même l'assaisonner avec le sel, ou bien encore y ajouter du sucre, suivant le goût.

Sauce blanche.

Maniez ensemble un morceau de beurre et un peu de farine ; ajoutez du sel et de l'eau en suffisante quantité ; mettez sur le feu, et tournez continuellement ; parvenue au degré de consistance convenable, ajoutez du suc de citron, du vinaigre, ou bien un peu de muscade.

Sauce verte.

De la même manière que la précédente, en y ajoutant, au moment de la servir, un peu de vert d'épinards.

A la maître-d'hôtel.

Faire une sauce blanche, à laquelle on ajoute du jus de citron ou un filet de vinaigre et un peu de persil haché très-fin.

A la maître-d'hôtel froide.

On manie ensemble et à froid du persil haché menu, un morceau de beurre, du sel, du poivre en quantité convenable et le jus d'un citron. On s'en sert ordinairement pour le bifteck, les maquereaux, etc.

Au beurre noir.

Faites chauffer dans une poêle un morceau de beurre jusqu'à ce qu'il soit noir, sans cependant le faire brûler; écumez et versez dessus votre objet préparé; remettez la poêle sur le feu, et versez dedans un filet de vinaigre et un peu de sel; lorsqu'il est bouillant, répandez-le sur le beurre.

Sauce tomate.

Coupez dans leur milieu six tomates; exprimez l'eau qu'elles contiennent; mettez-les dans suffisante quantité de sauce tournée; ajoutez le quart d'un ognon, un bouquet de persil et un filet de vinaigre; faites bien bouillir le tout ensemble; passez, dégraissez et faites réduire.

Poivrade.

Faites réduire dans une casserole une grande verrée de vin blanc; ajoutez ensuite une échalote coupée menu, un bouquet de persil, du sel, du poivre et quantité suffisante de bouillon; clarifiez ensuite, et servez lorsqu'elle est de bon goût.

Remoulade.

Dans un vase de faïence, mettez deux cuillerées de moutarde, du sel, du gros poivre quantité suffisante ; ajoutez une cuillerée de bon vinaigre, du persil, des échalotes hachées menu ; faites d'abord ce premier mélange, que vous achèverez ensuite avec une cuillerée de sauce tournée et deux ou trois autres cuillerées d'huile d'olive ; battez bien le tout ensemble. Cette remoulade sert à manger l'anguille *à la tartare*, les volailles froides, etc.

Ravigote.

Joignez à une quantité suffisante de consommé une cuillerée de sauce tournée ; mettez dans une casserole ; dégraissez ; faites bouillir ; lorsqu'elle est de bon goût, ajoutez-y cerfeuil, persil, estragon, pimprenelle et civette, hachés, blanchis à l'eau bouillante, et bien égouttés sur un tamis ; mettez un filet de vinaigre, et servez.

Sauce à l'estragon.

Comme la précédente, en n'y mettant que l'estragon seul, au lieu de toutes les autres plantes aromatiques.

Sauce robert.

Passez au beurre des ognons coupés en petits dés ; lorsqu'ils ont acquis une belle couleur, mouillez avec la sauce espagnole ; arrivée au bon goût, et au moment de la servir, mélangez avec soin la moutarde que vous y ajouterez.

Sauce au raifort.

Après avoir enlevé sa première écorce, râpez le raifort aussi fin que possible; ajoutez ensuite du sel et du vinaigre. On le mange encore au naturel, avec une sauce blanche.

Sauce à la pluche.

Après avoir mouillé un peu de sauce tournée avec de l'essence de volaille, clarifiez; lorsque le tout est réduit à point, on ajoute un morceau de beurre, que l'on vanne; faites blanchir des feuilles de persil coupées par petits morceaux; lorsqu'elles sont rafraîchies et égouttées, on les met dans la sauce, avec une liaison de jaunes d'œufs et du jus de citron.

Sauce aux truffes.

Pour la faire au blanc, prenez de la sauce tournée, ajoutez une verrée de vin blanc; faites bouillir; ajoutez les truffes coupées par tranches minces; faites-les cuire dans la sauce; au moment de servir, ajoutez un morceau de beurre, en remuant sans l'exposer sur le feu.

La sauce au roux se fait de même; mais il faut se servir de la sauce espagnole.

Sauce à salmi.

Ajoutez à de la sauce espagnole une verrée de vin blanc, des échalotes et un bouquet aromatique; ajoutez des débris de perdreaux pilés avec un peu de consommé; dégraissez, réduisez à point et passez au tamis de crin. On peut encore y ajouter des truffes coupées par tranches minces ; mais on ne les fait bouillir que lorsque la sauce est tirée à clair.

Sauce aux câpres ou aux cornichons.

C'est une sauce blanche, dans laquelle on ajoute des câpres, ou des cornichons coupés par tranches, au moment de la servir.

Sauce piquante.

Mélangez une verrée de bouillon et de vin blanc ; faites réduire à moitié ; ajoutez du persil, des échalotes et toute autre espèce de fourniture que vous pourrez juger convenable ; assaisonnez ; faites bouillir pendant quelques minutes ; au moment de servir, ajoutez le suc d'un citron et un peu d'huile.

Sauce à la bonne femme.

Hâchez grossièrement champignons, carottes, ognon, panais, ciboule et persil ; faites revenir dans un bon morceau de beurre frais ; mouillez avec du bouillon ; assaisonnez ; après une heure d'ébullition, passez cette sauce au tamis, et y ajoutez, au moment de servir, de la mie de pain, que vous aurez fait bouillir dans du lait, et que vous aurez aussi passé au tamis.

Poêle.

Après avoir passé au beurre des morceaux de jambon et de lard, ainsi que des débris de veau, ajoutez une carotte et un ognon coupés par petits morceaux ; mouillez avec du bouillon ; adjoignez-y un bouquet de persil, et laissez bouillir pendant quelques minutes; cette sauce est très-utile pour toute sorte de volaille.

Blanc.

Mélangez une demi-livre de graisse de bœuf, autant de graisse de lard, un quarteron de beurre frais, deux carottes, deux ognons coupés par leur milieu, un bouquet aromatique, un peu de laurier, le suc d'un citron, du sel, du gros poivre et deux verrées de bouillon; faites bouillir pendant quelque temps; alors on peut y faire cuire toutes les viandes que l'on désire.

Beurre d'anchois.

Lavez bien les anchois, ôtez leurs arêtes, essuyez-les, hachez et pilez dans un mortier; lorsqu'ils sont réduits en pâte, incorporez la masse avec le double de son volume de beurre frais.

Beurre d'écrevisses.

On ne se sert que des coquilles, on les pile et on les met avec quatre fois autant de beurre; quand il est chaux sans être roux, on le passe à l'étamine, en le faisant tomber dans l'eau fraîche.

Beurre aux fines herbes.

Prenez une certaine quantité de cerfeuil, joignez-y moitié pimprenelle, estragon, civette, cresson alénois; faites blanchir le tout, et hachez fin, pour mélanger ensuite avec du bon beurre frais.

Beurre de piment.

Il se fait en incorporant avec le beurre frais suffisante quantité de piment en poudre.

Vert d'épinards.

Faites cuire des épinards, prenez et exprimez l'eau qu'ils contiennent, hachez-les très-fin, passez à l'étamine; c'est leur produit qui sert à verdir et colorer les sauces.

On peut encore le faire avec des épinards crus; après les avoir pilés, on en exprime le suc à travers un linge, on les fait bouillir, et l'on se sert de la partie colorante qui se sépare de l'eau.

Bouquet garni.

Réunissez une certaine quantité de persil, de thym, de ciboules, une feuille de laurier; repliez-les en deux, et liez fortement avec de la petite ficelle, pour qu'il ne s'éparpille pas.

Essence d'assortiment.

Dans un poêlon de terre placé sur le feu, mettez une demi-bouteille de vin blanc, une demi-verrée de vinaigre, le suc de deux citrons, trois onces de sel, une demi-once de gros poivre, un peu de muscade et de macis, quatre clous de girofle, autant de feuilles de laurier, un peu de thym, un bouquet de persil assez gros, une petite gousse d'ail, dix échalotes pilées, et une once de mousserons secs; lorsque le tout est prêt à bouillir, ralentissez le feu, et le laissez sur la cendre chaude pendant six ou sept heures; passez à l'étamine et filtrez, pour conserver dans des flacons bien fermés, et l'employer à petite dose dans une infinité de circonstances.

Essence d'ail.

Elle se fait de la même manière ; mais la dose est de six gousses d'ail, autant de clous de girofle, le quart d'une muscade, deux feuilles de laurier, pour une bouteille de vin blanc.

Vinaigre aromatique.

Dans quatre litres de bon vinaigre, laissez infuser pendant un mois, et à la chaleur de l'atmosphère, poivre en grains, deux gros ; girofle et muscade, de chaque un demi-gros ; sel, une poignée ; feuilles fraîches d'estragon, quatre onces ; échalotes, dix ; ail, une gousse ; thym, un gros ; fleur de sureau, quatre gros ; tanaisie odorante, une once. Filtrez et y ajoutez eau-de-vie ordinaire, une verrée, pour conserver ensuite dans des bouteilles bien bouchées et s'en servir au besoin.

Vinaigre d'estragon.

De même que le précédent, en mettant feuilles fraîches d'estragon, deux onces ; et en ajoutant par litre de vinaigre une petite verrée d'eau-de-vie.

Cornichons confits.

Brossez ou frottez d'un linge rude les cornichons, gros ou petits ; saupoudrez-les de sel ordinaire ; au bout de quelque temps, jetez-les dans l'eau fraîche ; retirez et laissez égoutter ; mettez-les ensuite dans un pot de faïence, de porcelaine ou de grès, en y ajoutant quantité suffisante de perce-pierre, d'estragon, poivre long, des petits ognons, et un peu d'ail ; remplissez avec du bon vinaigre bouillant ; retirez-le vingt-quatre heures après ; faites bouillir et versez de nouveau jusqu'à trois fois ; après avoir laissé parfaitement refroidir, couvrez les pots avec du parchemin mouillé, et conservez à l'abri de la lumière et de l'humidité.

Câpres et capucines confites.

On met tout simplement les câpres dans du bon vinaigre, avec addition d'un peu de sel ; et pour qu'elles ne puissent se gâter, il faut que le vinaigre les surpasse de deux pouces. Quant aux capucines, il n'est besoin que de les laisser flétrir à l'ombre, avant que de les projeter dans le vinaigre.

Cus d'artichauts.

Prenez ceux d'automne, ôtez le foin, coupez l'extrémité des feuilles à ras ; après les avoir parés et fait blanchir à l'eau bouillante, laissez égoutter ; placez-les sur des claies, et mettez-les au four, exposés à une chaleur modérée pendant l'espace d'une heure, pour les replacer dans un courant d'air ; répétez cette manœuvre jusqu'à ce qu'ils soient parfaitement desséchés, pour être conservés dans un endroit sec, et s'en servir au besoin.

Verjus.

Après avoir égrainé le verjus, après l'avoir broyé dans un mortier, enfermez le marc dans un linge assez fort pour le soumettre à la presse, et en exprimer entièrement tout le suc qu'il contient; passez ensuite à la chausse, et clarifiez; ajoutez quatre gros de sel blanc par chopine de fluide que vous aurez obtenu; imprégnez les bouteilles dans lesquelles vous le conserverez, d'une vapeur sulfureuse, pour l'empêcher de fermenter et de se gâter; pour cela, attachez à l'extrémité d'un fil de fer le quart d'une mèche soufrée; allumez et plongez jusqu'au milieu de la bouteille; fermez par le moyen d'un bouchon de liége adapté au fil de fer, et laissez remplir de vapeur; vous pourrez le conserver pendant bien long-temps, pourvu qu'il soit dans la cave.

Tomates.

Prenez une once de sucre par tomate; faites-le cuire jusqu'au caramel dans une bassine; ajoutez le dixième de leur poids d'ognons coupés en dés; lorsqu'ils auront pris couleur, jetez-y les tomates avec du sel, du gros poivre, des clous de girofle et de la muscade, à dose convenable; faites bouillir à grand feu; lorsque le tout sera cuit à consistance, passez au tamis; remettez sur le feu, jusqu'à ce que le mélange ait assez de fermeté et devienne solide en le jetant sur une assiette; versez cette marmelade dans des pots de faïence; couvrez de papier double, et conservez dans un endroit sec et à l'abri de la lumière. On peut la confectionner sans y ajouter de l'ognon; elle peut alors servir dans un plus grand nombre de sauces.

Caramel.

Dans un poêlon de cuivre non étamé,

mais très propre, mettez sur un feu assez vif une certaine quantité de sucre blanc; remuez, agitez jusqu'à ce qu'il ait acquis une belle couleur brune; retirez le poêlon du feu; ajoutez égale quantité d'eau; et remuez jusqu'à parfait mélange. On s'en sert ordinairement pour colorer le bouillon, les sauces, etc.

Ainsi, les jus, les essences de toute espèce, les coulis, les glaces, le consommé, le velouté, toutes les sauces assaisonnées de tant d'ingrédiens différens, aromatiques, acidules, sont extrêmement recherchés et mis en usage, pour stimuler et agacer les houppes nerveuses de la langue, *et faire venir l'eau à la bouche*. Mais nous ne cesserons pas de le répéter : soyez en sobres, ne chargez pas trop votre estomac, car ce n'est pas tout que de manger, il faut digérer; c'est par le moyen de cet organe central qu'on se donne des idées gaies, ou bien la mélancolie la plus noire; calculez d'après cela quelles peuvent être les suites d'une mauvaise digestion, ne fût-elle que lente ou pénible; ce que vous éprouverez à la suite d'un grand repas servira à vous rendre compte de notre assertion, qui n'est que trop fondée sur l'expérience.

GARNITURES ET RAGOUTS.

Purée de légumes secs.

Que vous ayez choisi des haricots, des pois, des lentilles dans leur état de sécheresse, faites-les cuire dans l'eau avec du sel et un bouquet; écrasez, comminuez-les dans une passoire, en y ajoutant l'eau qui a servi à leur cuisson; remettez sur le feu; ajoutez du beurre, et assaisonnez convenablement pour l'usage..... On peut confectionner ces purées, en les faisant cuire avec un morceau de lard et les mouillant avec du bouillon; elles seront alors au gras.

Purée de carottes.

Coupez des carottes quantité suffisante; ajoutez deux ognons émincés; passez le tout au beurre; mouillez avec du bouillon ou de l'eau ordinaire; faites cuire jusqu'à ce qu'elles puissent être écrasées pour traverser la passoire, en les mouillant avec un peu de leur premier bouillon; remettez sur le feu, avec du jus ou du beurre frais; faites réduire à consistance convenable; dégraissez avant de servir.

Purée d'ognons.

Comme la précédente, à l'exception qu'on y ajoute un peu de vin blanc, et qu'on a l'attention de ne point laisser ni la tête ni la queue de l'ognon qui pourraient lui donner de l'âcreté; mieux vaut encore les faire blanchir dans l'eau bouillante, et les laisser égoutter avant que de s'en servir pour faire la purée.

Purée de navets.

Même procédé que pour les deux précédentes.

Purée d'oseille ou farce.

Hachez l'oseille, en y ajoutant de la purée

et du cerfeuil en petite quantité, pour la mettre ensuite sur le feu dans une casserole, avec un morceau de beurre; lorsqu'elle sera réduite, mouillez avec du bouillon ou de l'eau; passez au tamis; remettez sur le feu, et ajoutez du jus ou des jaunes d'œuf.

On la fait au maigre, en la mouillant avec du lait, et y ajoutant aussi des jaunes d'œufs. (*Rafraîchissante, souvent indigeste.*)

Purée de marrons.

Faites cuire des marrons sans les griller, de manière seulement à leur enlever toute l'enveloppe qui les environne; passez-les au beurre dans une casserole, et mouillez avec une verrée de vin blanc; placez sur un feu doux; parvenus au point convenable, écrasez et passez; ajoutez du jus ou des fonds de cuisson; laissez réduire, et servez.

Nota. Quelle que soit la purée que vous voudrez confectionner, quelque goût que vous désiriez y ajouter, suivez en tout et pour tout les procédés que nous venons d'indiquer. (*Très-échauffantes.*)

Crêtes, rognons de coqs.

Coupez-les à leurs extrémités; et, pour les blanchir en les dégorgeant du sang qu'elles peuvent encore contenir, lavez-les plusieurs fois, et laissez-les dans l'eau chaude; retirez-les lorsque vous apercevrez que l'épiderme s'enlève; essuyez avec un linge propre, sans les écraser; faites cuire dans du bouillon un peu gras; ajoutez un jus de citron, pour les conserver dans leur blancheur. On ne mêle les rognons qu'au moment où les autres sont prêtes à être parfaitement cuites, quoiqu'on les ait fait dégorger en même-temps. (*Échauffans.*)

Ris de veau.

Parez cette espèce de glande, en enlevant ses membranes environnantes et les vaisseaux sanguins qu'elle renferme; faites dégorger à plusieurs eaux tièdes; parvenue à son degré de blancheur, mettez-la dans l'eau froide pour la raffermir; laissez égoutter, coupez par morceaux, et passez-la dans le beurre, en saupoudrant d'un peu de sel fin. (*Très-bon.*)

Financière.

Mettez un peu de consommé dans une sauce tournée (*voyez ce mot*); lorsqu'elle est presque réduite, mettez des champignons et des ris de veau passés au beurre; lorsqu'ils sont cuits, ajoutez des crêtes et des rognons de coqs, des foies de volailles coupés par lames et blanchis; suivant le goût, joignez-y des truffes coupées mince, des culs d'artichauts, des quenelles de volaille, et, au moment de servir, une liaison de jaunes d'œufs.

On fait la financière au roux en y ajoutant de la sauce espagnole et du consommé, plus une verrée de vin blanc. (*Plus recherchée que bonne.*)

Ragoût à la chapilotte.

Même procédé que pour la financière au roux, excepté qu'on y ajoute des marrons, des saucisses coupées en quatre, et du petit lard de poitrine. (*Idem.*)

Ragoût en tortue.

On le fait de la même manière que la financière au roux, en ajoutant à la sauce espagnole du piment rouge, une verrée de vin d'Espagne et tout ce qui se trouve dans la financière, des jaunes d'œufs cuits durs, des croûtons frits, des écrevisses et des petits cornichons entiers. (*Échauffant.*)

Farce cuite.

Coupez du lard et du veau dont vous aurez ôté tous les ligamens et les tendons, en petits morceaux gros comme un dé; passez au beurre après avoir saupoudré de sel et de poivre; retirez lorsqu'ils sont cuits, et laissez refroidir; hachez menu en ajoutant un morceau de mie de pain imbibée de bouillon; mêlez le tout avec une liaison de jaunes d'œufs, joignez-y des truffes, des champignons coupés fin et passés au beurre. (*Très-échauffante.*)

On peut confectionner cette farce avec de la volaille, du gibier, des filets de poisson.

Quenelles.

On les fait avec de la volaille, du gibier, du poisson ou du veau; hachez menu une demi-livre au moins de chacune de celles que vous aurez choisies; passez au tamis à quenelles, ajoutez de la mie de pain cuite dans du bouillon; broyez le tout ensemble dans un mortier avec du beurre, du sel, du poivre;

lorsque le mélange est parfait, cassez deux ou trois œufs dont vous ne prendrez que les jaunes ; amalgamez-les et incorporez-y les blancs fouettés en neige, au moyen d'une cuillère de bois.

Tout cela fini, faites chauffer du bouillon, ou de l'eau à laquelle vous ajouteriez alors du beurre et du sel ; lorsqu'elle bout, posez dedans les quenelles, en y procédant de la manière suivante : prenez une pleine cuillère à bouche de la farce préparée, unissez avec un couteau trempé dans l'eau chaude ; placez la cuillère sur l'eau tiède, et renversez sur un papier blanc ; lorsqu'il est rempli, faites bouillir le bouillon ; placez-y aussi doucement que possible le papier chargé ; les quenelles détachées, enlevez-le ; retirez la casserole, et dix minutes après sortez les quenelles.

Leur proportion consiste dans partie égale de pain et de viande, et un peu plus de beurre ; chacune d'elles doit être pilée à part, et ensuite toutes ensemble ; on essaie par une petite quantité du mélange : si elles sont trop fermes, ajoutez du beurre ; si elles étaient légères, remettez de la mie de pain, car elles exigent les plus grandes attentions pour être bien faites. (*Difficiles à digérer.*)

Godiveau.

Dépouillez un morceau de rouelle de veau de toutes ses membranes et tendons, ôtez toute la graisse, joignez-y le double de graisse de bœuf aussi dépouillée, et la plus sèche qu'il sera possible ; hachez et mêlez le tout, en ajoutant un peu d'eau et deux jaunes d'œufs; pilez dans un mortier avec un autre jaune d'œuf et de l'eau; assaisonnez d'une manière convenable, joignez-y du persil coupé menu, et pochez comme les quenelles. (*Aliment lourd.*)

Pâte à frire.

Dans de l'eau chaude ajoutez un peu de beurre et de sel, délayez la farine avec; parvenue à consistance liquide et convenable, ajoutez une cuillerée d'huile et des blancs d'œufs fouettés en neige. (*En user modérément.*)

Pommes pour friture.

Cassez et battez des œufs comme pour faire une omelette, une quantité proportionnée à ce que vous désirerez avoir de friture; trempez dedans ce que vous voudrez y soumettre, roulez ensuite dans la chapelure de pain bien sèche et bien fine, ayez la plus grande attention que tout soit parfaitement couvert; plongez et laissez le temps nécessaire pour atteindre une belle couleur. (*Idem.*)

Marinade.

Avec parties égales de vinaigre et d'eau, coupez les ognons par tranches, du persil, de l'ail, du sel et du poivre. Lorsqu'on désire mariner des légumes pour frire, comme des salsifis, du céleri, on supprime l'ail et l'ognon. On marine aussi avec de l'huile, avec la même addition d'assaisonnement. On peut encore le faire de la manière suivante : fondez un morceau de beurre dans une casserole, ajoutez une carotte et un ognon coupés en émincés, avec suffisamment de poivre, sel, ail, laurier et persil ; mouillez avec de l'eau ou du bouillon, et un tiers de bon vinaigre ; après cuisson convenable, passez au tamis. On peut mariner avec toutes les viandes ou volailles qu'on voudra faire frire. (*Comme stimulant.*)

Ognons glacés.

Épluchez de gros ognons sans endommager la tête, placez-en suffisante quantité dans une casserole, pour qu'ils puissent tenir les uns à côté des autres ; lorsque vous aurez fait fondre un morceau de beurre vous le mettrez dedans, avec un peu de sel et à peu près une once de sucre, et par-dessus une verrée de bouillon par douzaine ; lorsqu'ils sont cuits et qu'ils ont pris couleur, retournez-les, enlevez-les et placez-les autour de l'entrée à laquelle vous les avez destinés, au moyen d'une fourchette ; remettez un peu de bouillon ou de vin dans la casserole, pour détacher ce qui reste de glace ; versez le tout après l'avoir passé au tamis. (*Bons comme légumes.*)

Croûtons.

Avec de la mie de pain, dit de ménage, rassie et un peu ferme, coupez des tranches un peu épaisses, que vous découperez ensuite de telle forme qu'il vous conviendra ; faites fondre du beurre dans une casserole ; lorsqu'il est à une chaleur suffisante, jetez les croûtons, et laissez-les frire jusqu'à ce qu'ils aient acquis une belle couleur ; placez-les sur un linge pour égoutter, et servez partout où il en est besoin. (*Indigestes.*)

Pour peu qu'on voudrait s'écarter des principes que nous venons d'exposer d'une manière assez étendue dans ce chapitre pour confectionner les garnitures, les ragoûts, la friture, les purées et autres substances alimentaires qui y sont mentionnées, on courrait les risques non-seulement de les manquer, mais encore de les rendre plutôt nuisibles qu'agréables. Toutes sont plus ou moins faciles à digérer; il faudrait un traité particulier pour juger de chacune d'entre elles; nous nous contenterons de dire seulement que tous ceux qui auraient l'occasion d'en faire usage, doivent au moins savoir ou présumer d'avance ce qu'ils peuvent manger sans crainte, comme ce qu'ils doivent éviter ou prendre en plus ou moins grande quantité; il n'est personne qui ne soit à même de faire sur lui quelque observation journalière sur l'état de ses fonctions digérantes, depuis leur commencement jusqu'à leur entière terminaison; la tranquillité de l'esprit, celle du corps, l'exercice à pied sans fatigue, la distance d'un repas à un autre, une bonne ou une fâcheuse nouvelle, une verrée d'eau sucrée à la glace pendant les chaleurs, le travail du cabinet, les affections morales tristes, une disposition particulière de l'estomac, tout doit entrer en considération dans l'usage des alimens dont il est ici question.

DU BŒUF.

Bœuf bouilli.

A l'article *Potage au naturel*, nous avons indiqué les morceaux qu'on doit choisir et préférer pour faire de bon bouillon ; quant au bouilli, on le sert soit au naturel entouré de persil, soit à la sauce piquante, aux tomates, etc.

Il nous reste encore à donner des détails sur les diverses manières de pouvoir tirer le parti le plus avantageux d'un morceau de bœuf bouilli. (*Bonne nourriture, premier rang.*)

Bœuf aux fines herbes.

Dans un plat, dont le fond est garni de beurre avec des fines herbes hachées et de la chapelure, mettez le bouilli coupé en tranches aussi minces que possible ; ajoutez par-dessus des fines herbes, des petits morceaux de beurre et un nouveau lit de chapelure ; placez le tout sur un feu doux, recouvrez d'un couvercle sur lequel vous mettrez du feu ; lorsque le bœuf a gratiné, vous le servez. On peut y ajouter des cornichons ou des câpres. (*Recherché avec raison.*)

Miroton.

Faites revenir dans le beurre des ognons coupés par rouelles ; mouillez avec du bouillon ; jetez-y le bœuf coupé par tranches ; laissez bouillir un peu, et servez ; on peut y ajouter de la moutarde, ou un filet de vinaigre. (*Sujet à donner des rapports acides.*)

Hachis.

Hachez le bœuf très-fin; mettez sur le feu; ajoutez un peu de jus, un peu de graisse de volaille ou autre; mouillez avec du bouillon et un peu de vin blanc; faites mijoter, après l'avoir assaisonné convenablement; servez lorsqu'il est de bon goût. (*Idem.*)

Croquettes de bouilli.

Dans du bouilli haché très-fin, ajoutez un quart de chair à saucisse, quelques pommes-de-terre cuites à l'étouffée et bien écrasées, ainsi qu'une mie de pain trempée dans du lait, et des fines herbes; faites du tout une pâte dont vous ferez des boulettes que vous roulerez dans la chapelure très-fine; jetez-les dans la friture, ou laissez-les cuire dans une casserole avec du beurre; sortez-les et versez dessus une sauce piquante. (*Idem.*)

Vinaigrette.

Dans le fond d'un plat, mettez du sel, du poivre, un peu de moutarde et une cuillerée de vinaigre; battez le tout; ajoutez ensuite des fines herbes, des échalotes, des cornichons coupés très-fin; faites le mélange avec deux ou trois cuillerées d'huile d'olive, et tournez dedans votre bœuf coupé d'avance par tranches minces. (*Bonne.*)

Bœuf à la poulette.

Mettez dans une casserole le bœuf coupé par tranches minces avec un morceau de beurre; lorsqu'il sera fondu, ajoutez une forte pincée de farine; remuez et mouillez avec un peu d'eau ; assaisonnez avec du sel, du poivre et un bouquet de persil ; lorsque vous serez prêt à le servir, mettez une liaison de jaunes d'œufs et un filet de vinaigre. (*Bon.*)

Bœuf à la mode.

Piquez de gros lard un morceau de tranche, que vous épicerez et mettrez dans une casserole, avec des carottes, des ognons, un pied de veau désossé et tout l'assaisonnement convenable ; mouillez avec du bouillon ou du vin blanc ; entourez le couvercle avec un linge, et faites cuire à un feu doux et prolongé.

On peut le servir chaud ou froid ; mais on doit passer au tamis tout le jus qui en provient. (*Très-bon et aussi très-usité.*)

Côte de bœuf piquée et braisée.

Suivez le même procédé que pour faire le bœuf à la mode. (*Bonne lorsqu'elle est maigre.*)

Aloyau.

Parez-le bien, en ôtant d'avance toutes les parties membraneuses ou tendineuses qui ne présenteraient rien de bon lorsqu'elles seraient rôties ; faites mariner pendant vingt-quatre heures dans l'huile avec du sel fin, des ognons coupés par tranches, du persil, du laurier, etc. Ficelez et entourez de papier beurré ; mettez en broche ; un instant avant de l'en sortir, ôtez le papier pour qu'il puisse prendre couleur. On peut le garnir avec des pommes-de-terre frites, et une sauce piquante qui sera dans une saucière, pour le servir. (*Excellent, très-recherché.*)

Filet de bœuf rôti.

Après l'avoir fait mariner comme le précédent, et piqué de lard, mettez-le en broche de la même manière; on le sert aussi comme l'aloyau avec des pommes-de-terre frites, ou une sauce piquante dans une saucière (*Très-bon.*)

Filet de bœuf sauté au vin de Madère.

Coupé en travers, et de l'épaisseur du doigt, après avoir été aplati; faites mariner avec un peu d'huile, ou du beurre fondu et du sel fin; mettez ensuite un morceau de beurre dans un plat à sauter; placez dessus les morceaux de filet; exposez-les à un feu ardent; ayez soin de les retourner; lorsqu'ils sont cuits, dressez sur un plat, et détachez sa glace avec une verrée de vin de Madère. (*Luxe de cuisine.*)

Filet sauté dans sa glace.

Il se fait par le même procédé, en détachant la glace du filet avec un peu de bouillon et de glace. (*Voyez ce mot.*) (*Idem.*)

Filet sauté aux truffes.

Même procédé; lorsqu'il est cuit, jetez dans le plat la sauce aux truffes (*voyez ce mot*), qui s'incorpore avec le beurre et la glace du filet. (*Idem.*)

Filet à la braise.

Piquez-le comme pour le mettre à la broche; faites cuire comme la côte de bœuf; on peut le servir à toute espèce de sauce, suivant le désir ou la volonté. (*Idem.*)

Bifteck.

Coupez le filet de bœuf par tranches un peu épaisses et en travers; aplatissez et faites mariner dans l'huile ou le vinaigre avec un peu de sel fin; mettez cuire sur le gril exposé à un feu vif et ardent; mêlez d'avance du beurre frais, du sel, du persil haché fin, le jus d'un citron; placez le bœuf cuit par-dessus et servez; le plat doit avoir été chauffé auparavant.

On entoure le bifteck avec des pommes-de-terre frites, des cornichons coupés, du cresson; souvent on se sert de beurre d'anchois au lieu de le prendre aux fines herbes. (*Bon en tout temps.*)

Filet de bœuf en chevreuil.

Coupez en quatre ou cinq parties sur la longueur un morceau de filet du poids d'une livre à peu près; après l'avoir dépouillé de la graisse et des parties membraneuses ou tendineuses, aplatissez et piquez-les; faites mariner dans du vinaigre et un peu d'eau avec des ognons coupés en rouelles, du sel, du persil, du laurier et de l'ail. Au bout de vingt-quatre heures, retirez de la marinade et l'exprimez dans un linge; mettez ensuite du beurre dans le plat à sauter; lorsqu'il est fondu, placez vos filets du côté où se trouve le lard; quand ils ont pris couleur, on les retourne; lorsqu'ils sont assez cuits, faites égoutter sur un linge; dressez en mettant dessous un croûton de pain frit; versez dans le plat à sauter une poivrade, une sauce tomate ou piquante; faites bouillir pendant quelques minutes, et versez sur les filets. (*Bon.*)

Entre-côte grillée.

Après l'avoir aplatie, faites mariner dans l'huile avec du sel, des branches de persil, une ou deux feuilles de laurier et un ognon coupé par rouelles; au bout de vingt-quatre heures, exposez-la sur le gril placé sur un feu vif, et retournez, pour la retirer lorsqu'elle sera cuite à point et la servir avec du jus ou une sauce piquante, après l'avoir parsemée de morceaux de cornichons. (*Bonne sans graisse.*)

Entre-côte à la bourgeoise.

Après l'avoir fait revenir dans une casserole avec un morceau de beurre frais, couvrez le feu et laissez cuire doucement, après avoir assaisonné convenablement; cuite à point, retirez-la, dégraissez la glace, que vous détacherez avec un peu de bouillon, passez ensuite au tamis et versez sur l'entre-côte. (*Idem.*)

Entre-côte au vin.

Mettez votre entre-côte à la braise avec une verrée de vin de Madère ou de Malaga et autant de bouillon; lorsqu'elle est cuite, passez le fond au tamis de soie, dégraissez, faites réduire et versez par-dessus. (*Échauffante.*)

Bœuf à l'écarlate.

Prenez de la culotte; après l'avoir désossée et piquée de gros lard, frottez avec du sel, des épices en assez grande quantité ; placez ensuite dans une terrine avec du thym, du genièvre en grain, du basilic, du laurier, des clous de girofle, de l'ail coupé menu, de l'ognon coupé par rouelles ; couvrez la terrine en enveloppant le couvercle d'un linge pour empêcher le contact de l'air. Au bout de quatre à cinq jours, retournez et laissez encore autant de temps ; retirez et mettez-la dans un linge, ficelez et faites cuire dans une marmite, avec de l'eau, des ognons et un bouquet aromatique ; on peut servir cette pièce chaude avec une sauce espagnole froide, avec du raifort rapé et mis à part. (*Bon.*)

Filet de bœuf au vin de Madère.

Le filet étant piqué de lard fin, vous le tournez et l'attachez par les deux extrémités, pour qu'il reste contourné en rond ; placez-le dans une casserole avec ognons, carottes et un bouquet ; mouillez avec une verrée de consommé et deux verrées de vin de Madère ; pendant quelques minutes faites bouillir à grand feu ; ralentissez et laissez-le mijoter ; mettez du feu sur le couvercle pour dessécher le lard, retirez lorsqu'il est assez cuit ; passez ensuite le fond au tamis, après y avoir ajouté du beurre gros comme une noix. (*Échauffant.*)

Cervelles de bœuf.

Plongez la cervelle dans l'eau tiède, pour dégorger le sang et enlever la pellicule qui la recouvre; laissez-la encore dans une nouvelle eau tiède; jetez-la ensuite dans de l'eau bouillante pour la faire blanchir; au bout de quelques minutes, retirez-la pour la mettre de suite dans l'eau fraîche; faites cuire à point, avec suffisante quantité d'eau, le jus d'un citron, du sel, un ognon coupé par tranches, du persil, du laurier; retirez-la ensuite pour l'accommoder. (*Non consistante à l'estomac.*)

Cervelles en matelotte.

Dans un peu de sauce espagnole que vous ferez d'abord, ajoutez une verrée de vin blanc ou rouge; ajoutez des petits ognons passés au beurre, et des champignons; la sauce finie, jetez-y les cervelles coupées en morceaux; après un seul bouillon vous pouvez servir, en y adjoignant des culs d'artichauts, des écrevisses, des croûtons plus ou moins gros, des quenelles, etc. (*Échauffantes.*)

Cervelles à la poulette.

Placez les cervelles dans une casserole, avec du beurre quantité suffisante; saupoudrez de farine, mouillez avec un peu d'eau, ajoutez des petits ognons, des champignons et un bouquet; assaisonnez convenablement, et laissez cuire à petit feu; au moment de servir, mettez une liaison de jaunes d'œufs délayés avec un jus de citron. (*Idem.*)

Cervelles au beurre noir.

Faites cuire les cervelles dans la marinade, laissez-les égoutter; après les avoir dressées sur un plat, ajoutez une sauce au beurre noir. On les pare de persil frit. (*Difficiles à digérer.*)

Cervelles frites.

Après les avoir laissées égoutter au sortir de la marinade, trempez les cervelles dans de la pâte à frire (*voy.* ce mot), jetez-les dans la friture; lorsqu'elles seront d'une belle couleur, retirez et laissez égoutter sur un linge sec. On les sert entourées de persil frit, et coupées en morceaux de moyenne grosseur. (*Encore plus.*)

Observation.

On peut servir les cervelles avec toute espèce de sauce, soit aux tomates, à la mayennaise, etc.

Palais de bœuf.

Après avoir été plongés dans l'eau bouillante pendant quinze ou vingt minutes, on les met dans l'eau fraîche, on les retire, et on laisse égoutter; mis ensuite sur le gril, on les retire, lorsque la peau qui les recouvre se détache facilement; on en fait autant pour la substance noire qui les tapisse de l'autre côté; après les avoir parés on les fait cuire dans un blanc. (*Voyez* ce mot.) (*Assez bon.*)

Palais de bœuf au gratin.

Le palais de bœuf bien cuit, laissez égoutter, coupez-le en hatereaux que vous enduirez de farce cuite; au fond d'un plat, mettez une couche de farce, dressez dessus les hatereaux, remplissez leur intervalle avec de la farce, couvrez le tout d'un papier beurré, et faites gratiner sur le four de campagne; parvenu au point de cuisson convenable, dégraissez et versez au milieu une sauce financière. (*Idem.*)

Palais de bœuf à l'italienne.

Coupez en deux le palais de bœuf; lorsqu'il est retiré du blanc et bien égoutté, ôtez tout ce qui pourrait être resté de partie noire; faites une sauce italienne rousse (*voyez ce mot*), et le laissez mijoter dedans, coupé par petits morceaux carrés; servez-le ensuite, après l'avoir garni de croûtons. (*Idem.*)

Hatereau de palais de bœuf.

Après avoir fait cuire le palais de bœuf, l'avoir laissé égoutter, fendez-le en deux sur sa longueur et sa largeur, étendez par-dessus une couche de farce cuite, et roulez chaque morceau, que vous panez et faites frire. On le sert entouré de persil frit. (*Indigeste.*)

Blanquette de palais de bœuf.

Mettez dans une sauce allemande, lorsqu'elle est presque cuite à point, le palais de bœuf, que vous aurez coupé en petits morceaux carrés; au moment de servir, ajoutez une liaison de jaunes d'œufs avec un jus de citron. On peut le garnir avec des croûtons. (*Bonne.*)

Palais de bœuf à la Béchamelle.

Même procédé que ci-dessus, excepté qu'on

se sert d'une sauce à la Béchamelle. (*Voyez ce mot.*) (*Échauffante.*)

Croquettes de palais de bœuf.

Coupez le palais de bœuf cuit et paré en émincées, ou bien en petits dés ; jetez-le dans une sauce tournée que vous aurez laissée bien réduire, afin qu'elle soit plus consistante ; retirez et roulez dans de la mie de pain, pour les plonger dans un mélange d'œufs cassés et battus comme pour l'omelette ; saupoudrez fortement de chapelure fine, et faites frire. (*Idem.*)

Palais de bœuf en filets.

Le palais de bœuf cuit doit ensuite être coupé en filets de la grosseur et de la longueur du doigt ; on fait revenir ensuite des ognons avec un morceau de beurre, et on les jette dedans ; mouillez avec du bouillon, assaisonnez de bon goût ; ajoutez un bouquet, et au moment de servir, un peu de moutarde. (*Échauffant.*)

Palais de bœuf grillé.

Coupez des filets avec le palais de bœuf, lorsqu'il est cuit ; mettez pendant quelques heures dans une marinade composée d'huile, de sel, gros poivre, persil, ciboule, ognons coupés par tranches, et d'un jus de citron ; au bout de quelque temps retirez-les ; après les avoir panés, faites griller, et servez avec une sauce piquante. (*Idem.*)

Observation.

Pour peu qu'un cuisinier joigne l'adresse à

l'intelligence, il peut préparer des palais de bœuf à toutes les sauces et pour tous les goûts.

Langue de bœuf en paupiettes.

Détachez de la langue tous les cartilages qui sont à son extrémité la plus grosse; plongez-la pendant quelques minutes dans l'eau bouillante, pour la dépouiller de son épiderme, et faites cuire dans le pot au feu; retirez, laissez refroidir; coupez en tranches plus ou moins épaisses, que vous étalez sur de la farce cuite; roulez les morceaux enveloppés d'une barde de lard, et mettez en broche au moyen d'un hatelet; les bardes cuites à point, saupoudrez avec de la mie de pain; faites prendre une belle couleur, et servez avec une sauce piquante. (*Bonne à manger.*)

Langue de bœuf à la braise.

Dépouillée comme ci-dessus, piquez la langue avec du petit lard maigre; placez dans le fond de la casserole des bardes et la langue par-dessus, avec oignons, carottes, champignons coupés par morceaux, persil, laurier, poivre et sel; mouillez avec une verrée de bouillon et de vin blanc; couvrez encore avec d'autres bardes de lard; placez la casserole sur un feu doux, avec de la braise allumée sur le couvercle; au bout de six heures, retirez la langue cuite, fendez-la par son milieu dans la longueur, et servez avec une sauce piquante. (*Idem.*)

Langue de bœuf en papillotte.

La langue cuite, et coupée par tranches

plus ou moins épaisses, recouvrez-les de beurre manié aux fines herbes, champignons coupés fin, mie de pain, poivre et sel; enveloppez le tout dans du papier beurré, et faites griller sur un feu doux. (*Échauffante.*)

Langue de bœuf au gratin.

Après l'avoir fait cuire à la braise, laissez refroidir; coupez par tranches, mettez au fond d'un plat du beurre manié avec du persil, de la ciboule, de l'estragon, des câpres, des échalotes et des anchois menus; posez dessus des morceaux de langue, et alternativement couvrez le tout de ce qui vous reste, mouillez avec du bouillon et du vin, laissez gratiner ensuite. (*Idem.*)

Langue de bœuf à l'écarlate.

Après l'avoir parée et laissée blanchir à l'eau bouillante, essuyez et frottez avec du salpêtre pulvérisé, jusqu'à ce qu'elle en soit bien imprégnée; vous la mettez dans une terrine avec des clous de girofle, du poivre en grains, du basilic, du laurier et du thym; versez dessus ensuite de l'eau bouillante très-chargée de sel, laissez tremper pendant six jours; retirée au bout de ce temps, laissez-la cuire dans deux pintes d'eau avec carottes, ognons, thym, basilic, laurier, gros poivre, girofle, et un peu de la saumure; arrivée à point, versez dans une terrine avec le bouillon, et laissez refroidir le tout ensemble. (*A manger peu à la fois.*)

Langue en matelotte.

Braisez la langue, enlevez la peau qui la

recouvre, coupez-la ensuite par rouelle; passez le fond dans lequel elle aura cuit, dégraissez, placez le tout dans une casserole avec deux verrées de vin rouge, des petits ognons passés au beurre, des champignons et un morceau de beurre manié avec un peu de farine; la sauce réduite à point, dressez sur des croûtons coupés par lames, et versez la sauce par-dessus. (*Échauffante.*)

Observation.

Une langue de bœuf peut être cuite et préparée avec les épinards, les champignons, les racines de toutes espèces, etc.

Gras-Double.

Faites-le d'abord cuire, après l'avoir bien nettoyé, avec ognons, carottes, persil, thym, laurier, girofle, sel et gros poivre, et suffisante quantité d'eau; laissez égoutter et coupez par morceaux larges comme quatre doigts; couvrez ensuite de beurre manié avec persil, ciboule, un peu d'ail haché très-fin, sel et poivre; servez avec une sauce piquante.

On peut le faire cuire dans le blanc; le servir à la poulette, à l'italienne, à la sauce robert. (*Voyez ces articles.*) (*Pour les estomacs robustes.*)

Queue de bœuf à la Sainte-Menehould.

Faites blanchir dans l'eau bouillante une queue coupée par morceaux, mettez-la cuire dans le pot au feu, ou de la manière suivante: au fond d'une casserole couverte de bardes de lard, vous placez les morceaux de queue;

ajoutez sel, poivre, carottes, ognons et un bouquet; laissez refroidir, et trempez dans l'huile avec du sel, du poivre, persil et ciboule hachés fin; panez et faites griller pour servir avec toute espèce de purée que vous jugerez convenable.

On peut la servir encore lorsqu'elle est chaude, au sortir de sa braise, et avec les mêmes purées. (*Bonne.*)

Queue de bœuf à la matelotte.

Coupez-la par morceaux; faites cuire à moitié dans du bouillon; faites roussir une cuillerée de farine dans du beurre; mouillez avec le bouillon; placez les morceaux de queue avec des petits ognons passés au beurre, deux verrées de vin rouge, un bouquet aromatique, du sel et du poivre, et faites cuire à petit feu; le tout arrivé au point convenable, dressez au fond du plat avec des croûtes de pain, sur lesquelles vous les entourerez avec les petits ognons recouverts de la sauce au moment de la servir. (*Idem.*)

Tout individu dont l'estomac peut facilement digérer un morceau de bœuf préparé de quelque manière que ce soit, prise parmi celles que nous venons d'exposer, est certain, non-seulement de se procurer une jouissance inconnue pour ceux qui le dédaignent, mais encore de se faire un fond capable de lui permettre d'attendre ce qui pourra lui convenir dans le reste du repas où il est invité. L'habitude, le besoin surtout, qui est une seconde nature en pareil cas, obligent souvent à satisfaire le premier appétit par un morceau de bœuf bouilli; la volaille, le gibier, la pâtisserie, rien n'égale, rien ne peut procurer un état de bien-être semblable à celui qu'éprouve l'homme content d'une tranche coupée bien mince, assez copieuse pour apaiser la faim qui le stimule au commencement d'un grand, comme d'un médiocre dîner. On aura beau remplacer le bouilli par un turbot, une matelote, un filet rôti; par la tête de veau, le rostbif avec les pommes-de-terre, la poularde au riz, le chapon au gros sel, rien pour l'amateur ne pourra tenir lieu du morceau *de culotte*, coupé par tranches plus ou moins épaisses.

Pendant l'année 1824, il s'est mangé dans Paris, soixante-dix-neuf mille six cent vingt-sept bœufs, et dix mille neuf cent quarante-une vaches, sans comprendre la viande à la main, qui se monte à un million trois cent quatre-vingt-dix-sept mille quatre cent cinquante-deux kilogrammes, auxquels il faut encore ajouter les abats et issues qui montent à sept cent quatorze mille soixante-neuf kilogrammes. Quelle alimentation!

DU VEAU.

Tête de veau au naturel.

Lorsqu'une tête de veau est bien dégorgée, bien échaudée, laissez-la séjourner, pendant une demi-heure dans l'eau bouillante, et ensuite dans l'eau fraîche; sortie et essuyée, on la renverse sur une table, on ouvre les mâchoires inférieures et on ôte les deux os; vous faites de même pour les supérieures jusqu'aux arcades qui renferment les yeux et toute la partie supérieure de la tête; on rapproche tous les muscles, on l'enveloppe avec un linge propre, et on lie avec de la petite ficelle, après l'avoir frottée du jus de citron pour en conserver la blancheur, pour la faire cuire dans un blanc. (*Voyez* ce mot.) Au bout de trois heures d'ébullition, bien suffisantes pour qu'elle soit cuite, retirez; laissez égoutter; puis enlevez ce qui reste des os, et rapprochez la peau qui les recouvre; on la sert entière couchée sur du persil à l'entour, avec une sauce piquante dans une saucière; on la compose ordinairement d'échalotes, de persil, auxquels on joint du sel, du gros poivre qu'on fait bouillir dans du vinaigre.

Voici la manière de préparer une tête de veau, pour la faire cuire après : dans de l'eau très-chaude plongez la tête, sortez, et arrachez avec la main ou avec un couteau qui ne soit guère tranchant, tout le poil qui se trouve d'un côté; replongez, et faites de même de l'autre côté; laissez-la ensuite baignée dans l'eau froide, pour la dégorger entièrement et la blanchir; sortez-la, et essuyez pour lui donner la cuisson comme il est dit plus haut. (*Bonne.*)

Tête de veau farcie.

Blanchie et désossée, vous enlevez de la tête de veau la langue, la cervelle, ainsi qu'une portion des muscles partout où ils sont le plus épais; ajoutez un morceau de rouelle du même, pour augmenter la quantité de chair; un peu de graisse de bœuf et des fines herbes; vous hachez bien le tout et le pilez dans un mortier, en y ajoutant des jaunes d'œufs pour bien lier et donner de la consistance; assaisonnez, et joignez-y une verrée d'eau-de-vie; remplissez les enveloppes de la tête avec ce hachis; relevez et cousez avec du gros fil, en conservant sa première forme; enveloppez d'un linge fin, et faites cuire à petit feu dans un chaudron, dont elle puisse remplir la capacité entière, avec du bouillon, du vin blanc, auquel vous ajouterez carottes, ognons, panais, un bouquet garni, des clous de girofle, sel, gros poivre, et un citron coupé par tranches; après trois heures, retirez et dressez.

Passant ensuite au tamis une partie de la cuisson, ajoutez des champignons, des anchois hachés, un peu de jus; faites réduire, et au moment de servir exprimez le jus d'un citron, et coupez des cornichons une quantité suffisante. (*Bonne.*)

Tête de veau au four.

La tête de veau préparée comme il est dit plus haut, on remplit la place occupée par la cervelle et la langue qu'on a ôtées, avec de la farce cuite (*voyez ce mot*); quand la peau est rapprochée, on passe dans une panure (*voyez ce mot*); on l'arrose ensuite avec du beurre fondu, et saupoudre de nouveau avec la mie de pain posée sur une plaque; on lui fait prendre couleur au four; ainsi préparée, on la sert avec une sauce en tortue, dans laquelle on ajoute la cervelle et la langue coupées par morceaux; on place autour des écrevisses, des croûtons, des petits pâtés. (*Bonne.*)

Tête de veau en tortue.

Pour tout ce qui peut rester d'une tête de veau servie la veille, soit cuite au naturel et même farcie, faites un ragoût en tortue (*voyez ce mot*); après avoir tout coupé en morceaux plus ou moins gros, faites-les bouillir dedans pendant quinze ou vingt minutes, et servez.

On peut même servir une tête entière avec le même ragoût. (*Bonne.*)

Tête de veau frite.

Coupez de même par morceaux tout ce qui reste de la tête, mettez-les mariner, plongez-les ensuite dans la friture, après les avoir imprégnés de pâte préparée pour cet objet. (*Échauffant.*)

Tête de veau en matelotte.

Faites bouillir pendant quinze minutes les morceaux d'une tête de veau dans la sauce à matelote (*voyez ce mot*), et servez.

Même procédé pour les sauces tomates, à l'italienne, à l'allemande, etc. (*Échauffante.*)

Cervelles de veau en matelotte.

Après avoir fait dégorger les cervelles dans l'eau chaude, après avoir enlevé toutes les membranes qui les recouvrent, faites cuire dans moitié bouillon et moitié vin, ou dans l'eau avec du vinaigre, du sel et du poivre; cuites à point, vous les mettez de nouveau dans une casserole avec du vin et du bouillon, de chaque une verrée ; ajoutez ensuite un bouquet garni, du sel, du poivre, des petits ognons et des champignons passés dans le beurre ; après quelques momens d'ébullition, jetez-y du beurre manié de farine, laissez réduire, et versez cette sauce sur les cervelles dressées sur le plat.

Les cervelles de veau, comme celles de bœuf, peuvent se préparer absolument de la même manière, à la poulette, à la sauce verte, au beurre noir, à la sauce tomate (*voyez ces mots.*) (*Idem.*)

Oreilles de veau farcies frites.

Couvrez le fond d'une casserole avec des bardes de lard ; placez dessus les oreilles échaudées, propres et dégorgées ; recouvrez-les avec d'autres bardes, ajoutez-y carottes, ognons, un bouquet garni, un citron coupé par tranches minces ; assaisonnez et mouillez avec moitié bouillon et moitié vin blanc ; faites cuire à un feu doux ; laissez-les égoutter pour les remplir de farce cuite et les faire frire, après avoir été panées à l'œuf. (*Idem.*)

Oreilles de veau à la Sainte-Menehould.

Après avoir préparé et fait cuire les oreilles d'après les procédés dont nous venons de parler précédemment, après les avoir remplies de farce si on le désire, il faut les paner au beurre et à l'œuf, et les placer sous le four de campagne jusqu'à ce qu'elles soient d'une belle couleur. (*Idem.*)

Oreilles de veau à la ravigote.

Les oreilles cuites comme nous l'avons dit, on les égoutte; après avoir paré et fendu en lanières plus ou moins fines toute leur extrémité cartilagineuse, on les sert avec une sauce à la ravigote. (*Bonnes.*)

Langue de veau.

On la prépare comme celle du bœuf, par les mêmes procédés et de la même manière. (*Voyez ces articles.*) (*Bonne.*)

Amourette.

Après l'avoir dépouillée de toutes les membranes qui l'environnent, on la coupe par morceaux qu'on fait dégorger ensuite à l'eau chaude, on fait blanchir et frire comme la cervelle. (*Échauffante.*)

Fraise de veau

Dégorgée et blanchie à l'eau bouillante pendant l'espace d'un quart d'heure, on la retire, on la fait rafraîchir, on enlève tout ce qui paraît ne pas convenir, on laisse égoutter pour cuire à petit feu avec lard, ognons, un bouquet garni, poivre, sel, et moitié bouillon, moitié vin blanc; lorsqu'elle est assez cuite, retirez, faites réduire la cuisson, passez, et y ajoutez au moment de servir, des cornichons coupés et un filet de vinaigre. (*Rafraîchissante.*)

Fraise de veau frite.

Lorsque la fraise est cuite, on la coupe par morceaux qu'on fait ensuite baigner dans de la marinade tiède; après avoir laissé refroidir, on trempe dans une pâte à frire, et on jette dans la poêle. (*Indigeste.*)

Ris de veau en fricandeau.

Dégorgés à plusieurs eaux tièdes, on les jette ensuite dans de l'eau fraîche pour les raffermir; après avoir égoutté on les pique fin, pour être mis dans la casserole avec du bouillon et un peu de grace, et par-dessus un rond de papier; placez sur un feu doux par-dessous et en dessus, pour faire cuire le lard; arrivés à point, on les retourne pour leur faire prendre couleur seulement. On peut les servir ensuite à l'oseille, à la chicorée, à la purée d'ognons, à la sauce tomate, à la sauce verte, à la sauce aux truffes, etc. (*Assez bon.*)

Ris de veau à la poulette.

Les ris de veau blanchis, presque cuits, rafraîchis, égouttés, et placés dans une casserole avec un morceau de beurre qui, lorsqu'il est fondu, doit être ainsi que les ris de veau bien saupoudré de farine, remuez et mouillez avec suffisante quantité d'eau, assaisonnez, mettez un bouquet de persil; lorsqu'ils sont cuits à point, ajoutez des champignons et des petits ognons cuits à part; au moment de servir, ajoutez encore une liaison de jaunes d'œufs avec le jus d'un citron. (*Bons.*)

Ris de veau frits.

On les met dans une marinade tiède composée de beurre, de jus de citron, de fines herbes, échalotes et ciboules hachées, bouillon, poivre et sel, après les avoir blanchis auparavant; au bout d'une heure sortez de la marinade, laissez égoutter, trempez dans une pâte à frire, et jetez dans la poêle. On les sert entourés de persil passé dans la friture. (*Indigeste.*)

Ris de veau en papillotte.

Blanchis dans une sauce comme pour la langue, ou dans du bouillon, laissez refroidir, et formez des papillotes avec du papier fin huilé ou beurré. (*Bon.*)

Ris de veau en caisse.

Blanchissez et coupez par morceaux comme pour les fricandeaux; faites cuire de même et trempez dans une marinade; faites des caisses avec du papier fort, pour les y placer; imprégnez fortement de beurre fondu tiède, sur lequel vous jetez de la mie de pain; mis sur le gril placé sur des cendres très-chaudes, vous recouvrez par-dessus avec une pelle rougie ou le four de campagne. (*Bon, facile à digérer.*)

Sauté de ris de veau.

On les met dans un plat à sauter, dans lequel on a fait fondre du beurre; après les avoir fait blanchir, laissez égoutter et coupés par morceaux, après les avoir légèrement saupoudrés de sel fin, on fait grand feu; lorsqu'ils ont pris couleur, on les retourne et on y ajoute une sauce italienne, ou un ragoût de champignon, de truffes ou tout autre; on les sert garnis de croûtons. (*Bon, mais échauffant.*)

Ris de veau aux truffes.

Après les avoir blanchis, égouttés, on les fend par incisions, dans lesquelles on introduit des tranches de truffes minces ; faites cuire comme le fricandeau, et servez avec une sauce aux truffes. (*Échauffant.*)

Ris de veau en bigarure.

Ne sont rien autre que piqués par moitié avec du lard, une autre moitié avec des truffes ; on les fait cuire comme ci-dessus, et l'on sert avec toute espèce de sauce. (*Idem.*)

Ris de veau en pâté chaud de croûte de riz.

Dans du bouillon bien gras, faites crever un quarteron de riz ; assaisonnez ; retirez du feu, et écrasez-le avec une cuillère de bois ; laissez refroidir dans une terrine, et continuez de l'écraser, en ajoutant un peu d'eau froide ; faites tiédir et placez-en de l'épaisseur d'un doigt, sur lequel vous coucherez les ris préparés comme pour un fricandeau ; on les recouvre de riz et on leur fait une espèce de calotte qu'on rend lisse avec la main mouillée ; aux deux tiers de la hauteur, on trace une ligne circulaire dorée avec un œuf battu et saupoudrée de chapelure fine et blonde ; recouvrez avec le four de campagne ; lorsque le pâté est pris, vous enlevez sa calotte et versez dessus la garniture d'une tourte. (*Bon, facile à digérer.*)

Queues de veau braisées.

On coupe par morceaux, on les fait blanchir, on les accommode comme celles du bœuf. (*Bonnes.*)

Queues de veau à la Sainte-Menehould.

Mettez cuire à petit feu dans une casserole les queues de veau blanchies et coupées; ajoutez du bouillon, une verrée de vin blanc, du lard, un bouquet garni, de l'ognon, des carottes, des panais, du sel, du poivre, les tranches d'un citron entier, dont on aura enlevé toute l'écorce et les pepins. Retirez lorsqu'elles sont arrivées à point; laissez réduire la cuisson; passez et y ajoutez deux ou trois jaunes d'œufs, pour lui donner de la consistance; remettez-les dans la sauce et de là sous le four de campagne, pour les colorer. (*Bonnes.*)

Queues de veau à la poulette.

Blanchies et coupées par morceaux, mettez-les dans une casserole avec du beurre; saupoudrez de farine, et mouillez avec de l'eau; ajoutez un bouquet, des champignons et des petits ognons; au moment de servir, dégraissez; ajoutez une liaison avec les jaunes d'œufs, un jus de citron ou un filet de vinaigre. (*Bonnes.*)

Pieds de veau au naturel.

Les pieds de veau se nettoyent et se blanchissent comme la tête; on les fend pour enlever l'os principal; on les met cuire dans le pot au feu, et on les sert avec une sauce préparée avec du bouillon auquel on ajoute du sel, du poivre, du vinaigre et des fines herbes. (*Bons.*)

Pieds de veau frits.

Préparés, cuits à point, coupés par morceaux ou en filets de moyenne grosseur, les pieds de veau se mettent dans une marinade au vinaigre; égouttés, ensuite on les trempe dans une pâte à frire, on les jette dans la poêle et on les sert entourés de persil frit (*Échauffans.*)

Pieds de veau à la poulette.

Lorsqu'ils sont désossés et cuits, coupés par morceaux, on les met dans une casserole avec du beurre qu'on saupoudre de farine; mouillez avec du bouillon ou de l'eau; ajoutez un bouquet, des champignons, des petits ognons, du sel, du poivre, et l'on fait bouillir à petit feu; à la sauce réduite à moitié, on ajoute une liaison de jaunes d'œufs, avec le jus d'un citron ou un filet de vinaigre; pour que la liaison ne tourne pas, il faut avoir soin d'attendre que la sauce ne soit plus très-chaude.

On peut encore les arranger au roux, ou de telle autre manière qu'on le désire, aux tomates, à l'italienne, etc. (*Bons.*)

Foie de veau braisé ou à la bourgeoise.

Piquez avec du lard fin un foie de veau aussi blond que possible; mettez mariner dans du vin blanc pendant au moins douze heures; placez-le dans une casserole enveloppé de bardes de lard, avec des carottes, ognons, un bouquet, poivre, sel, et par-dessus tout une couche de bardes de lard; mouillez avec du bouillon et deux verrées de vin blanc ; ajoutez-y les tranches d'un citron auquel vous aurez ôté l'écorce et les pepins ; faites cuire à petit feu ; placez sur le couvercle de la casserole du feu ou de la braise allumée ; le tout cuit à bon point, faites réduire et servez avec des cornichons. (*Difficile à digérer.*)

Foie de veau à l'étouffade.

De même que le précédent ; lorsqu'il est cuit, on fait une sauce poivrade, dans laquelle on passe un peu du fond de la cuisson ; on fait réduire et on la sert. (*Idem.*)

Foie de veau sauté.

Coupez-le en morceaux de quatre à cinq pouces de long sur huit à dix lignes d'épaisseur ; aplatissez-les doucement en frappant légèrement avec un couperet ; faites fondre du beurre dans le plat à sauter ; mettez les morceaux dedans ; saupoudrez de sel et de poivre, et placez sur un feu très-vif ; lorsqu'ils sont colorés d'un côté, retournez-les ; lorsqu'ils ne suintent plus, dressez-les avec des croutons dans l'intervalle ; ajoutez un peu de sauce itallienne ou du vin blanc pour détacher ce qui reste au fond du plat ; lorsque le beurre est bien mêlé à la sauce, versez sur tout le contenu. (*Idem.*)

Foie de veau à la poêle.

Laissez fondre le beurre dans la poêle, faites-y revenir le foie coupé par petits morceaux ; saupoudrez de farine ; mouillez avec moitié bouillon et moitié vin blanc ; ajoutez du sel, du gros poivre, fines herbes hachées, et laissez cuire, ce qui se fait en très-peu de temps ; lorsqu'ils sont entièrement raffermis et qu'ils ne suintent plus, retirez-les. (*Idem.*)

Foie de veau à la broche.

Après l'avoir piqué de gros lard dans son intérieur, on le met en broche avec des hâtelets, et on le sert avec une sauce piquante, pour éviter de le piquer par-dessus, on le recouvre avec de longues bardes de lard ou de la panne un morceau assez large ; on l'arrose ensuite avec la sauce (*Idem.*)

Miroton de foie de veau.

Lorsqu'il reste du foie de veau pour le lendemain, on le coupe par morceaux de forme ronde, que l'on fait chauffer dans un peu de bouillon ; on les dresse ensuite avec des croûtons frits posés par intervalles, et l'on arrose d'une sauce aux champignons. (*Idem.*)

Gâteau de foie de veau.

Hachez et pilez ensuite un foie de veau, une demi-livre de graisse et autant de lard ; mêlez bien avec des champignons et des ognons coupés passés au beurre, six jaunes d'œufs avec les blancs fouettés, du sel, du poivre et un petit verre d'eau-de-vie ; garnissez le fond d'une casserole de terre ou de fer battu, avec des bardes de lard ; placez dedans tout le hachis avec des truffes coupées par tranches, et recouvrez de bardes de lard ; mettez sur un feu doux avec un couvercle garni de braise ardente ; lorsqu'il est cuit, retirez et laissez refroidir dans la casserole; trempez-là ensuite dans l'eau bouillante, et détachez le gâteau, en le renversant sur un plat pour enlever les bardes qui y adhèrent, et le saupoudrer ensuite de chapelure fine. (*Idem.*)

Mou de veau à la poulette.

Dégorgés à l'eau tiède, blanchis à l'eau bouillante, coupés par morceaux, rafraîchis et bien égouttés, les poumons du veau (le mou) se mettent dans une casserole avec du beurre qu'on saupoudre de farine, on les retourne souvent; on les mouille avec de l'eau ou du bouillon, on assaisonne; on ajoute un bouquet; cuits à point, on y ajoute une liaison de jaunes d'œufs et un filet de vinaigre. (*Assez bon.*)

Mou de veau au roux.

Préparés comme ci-dessus, on les fait revenir dans un roux; on mouille avec du bouillon ou de l'eau; on y ajoute des champignons, du sel, du poivre et des petits ognons. (*Idem.*)

Rognon de veau à la poêle.

Partagé en deux dans sa longueur, on le coupe en émincées; on le saute ensuite dans la poêle avec un morceau de beurre et un peu de farine; on mouille avec du vin blanc et du bouillon; on y ajoute du persil haché, sans le laisser bouillir, parce qu'il durcirait; cuit à point, on sert avec un jus de citron ou un filet de vinaigre. (*De difficile digestion.*)

Rognon de veau sauté.

Coupé comme ci-dessus, on le met dans le plat à sauter avec du sel et du beurre; quand il est cuit, on le retire; on détache le beurre avec un peu de sauce italienne, à laquelle on ajoute du jus de citron. (*Idem.*)

Rôties de rognon de veau.

Après l'avoir fait cuire à la broche, on fait une farce en le hachant avec sa graisse, après y avoir ajouté des champignons et des fines herbes hachées et passés au beurre, du sel, du poivre. On lie cette farce avec quelques jaunes d'œufs; on passe au beurre des tranches de mie de pain; quand elles ont pris couleur, on étend par-dessus de la farce préparée d'épaisseur d'un doigt; on recouvre avec de la chapelure ou de la mie de pain très-fine; on dore avec des œufs battus; on les repasse de nouveau, et on les met sur un plat, sous lequel sont des cendres chaudes, pour couvrir le tout d'un four de campagne; pour donner une belle couleur, on peut encore les mettre sur le gril et leur faire prendre couleur avec une pelle rouge. (*Idem.*)

Côtelettes de veau panées et grillées.

Lorsqu'elles ont mariné pendant une heure ou deux dans l'huile, avec des fines herbes, du sel, du poivre, un jus de citron ou un filet de vinaigre, on les retrempe dans la marinade, et on les saupoudre de mie de pain qu'on aplatit avec la main, pour les faire griller sur un feu doux, et les servir avec une sauce à la ravigote. (*Très-facile à digérer.*)

Côtelettes de veau en papillottes.

Faites-les mariner comme ci-dessus ; hachez des fines herbes avec du lard ; mêlez avec de la mie de pain ; saucez-les ensuite dans la marinade ; saupoudrez avec de la mie de pain, et enveloppez-les dans une feuille de papier huilée ou beurrée ; faites ensuite griller sur un feu doux, pour les servir dans le papier. (*Idem.*)

Côtelettes de veau piquées.

Après avoir paré les côtelettes, aplatissez avec un couperet mouillé ; piquez-les ensuite avec du lard fin, et faites cuire comme le carré de veau piqué et braisé ; on peut les servir avec toutes les sauces dont nous avons fait mention plus haut. (*Idem.*)

Côtelettes de veau braisées aux truffes.

Piquez-les, lorsqu'elles ont été parées, avec du gros lard et des truffes coupées en filets ; couvrez le fond d'une casserole avec des bardes de lard ; mettez les côtelettes dessus avec une ou deux carottes, un ognon, du sel, du gros poivre, un bouquet ; et recouvrez avec d'autres bardes ; mouillez avec du bouillon et autant de vin blanc ; faites cuire à petit feu ; arrivées au point de cuisson, retirez-les. Dégraissez la cuisson ; faites réduire ; ajoutez une cuillerée de jus, et, si cela convient, une cuillerée de tomates en marmelade ; versez dessus. (*Échauffantes.*)

Côtelettes de veau sautées.

Faites fondre un morceau de beurre dans le plat à sauter; mettez dedans les côtelettes, après les avoir parées, aplaties et saupoudrées de sel fin; placez-les sur un feu vif, et lorsqu'elles auront pris couleur d'un côté, retournez-les de l'autre; mettez-les, lorsqu'elles sont cuites, avec des croûtons coupés symétriquement sur un plat; on verse ensuite un peu de bouillon et de vin dans le plat où elles ont cuit pour détacher sa glace, on les recouvre avec.

On peut les servir avec une financière, avec un ragoût aux champignons, avec des truffes, ou tels autres légumes qu'on peut avoir à sa disposition. (*Idem.*)

Côtelettes de veau à la drue.

On les pique avec des morceaux de jambon et de lard ordinaire, entremêlés avec des truffes; on fait un rond de toute la largeur de la côtelette, en rétrécissant jusqu'à ce qu'elle soit toute piquée; on les met ensuite dans le plat à sauter avec du beurre; lorsqu'elles sont revenues, retirez-les, et laissez refroidir; on les pare en coupant l'extrémité des lardons, et en mettant l'os à découvert en les arrondissant; ensuite on les fait cuire à petit feu dans une casserole, en les mouillant avec un peu de glace, un bouquet avec du papier par-dessus, et couvrant le tout d'un couvercle chargé de braise allumée; quand elles sont cuites on les retire, on détache la glace avec un peu de beurre manié de farine, on dresse les côtelettes avec un croûton placé entre chacune d'elles, et l'on renverse la sauce par-dessus. On peut encore les servir avec toute autre espèce de sauce ou de purée qui peut paraître agréable, ou se trouver à sa disposition. (*Idem.*)

Côtelettes de veau à la lyonnaise.

Il faut les piquer avec du lard, des cornichons et des filets d'anchois; on les fait mariner après dans l'huile pendant une heure au moins, avec du sel, du gros poivre, des échalotes, des fines herbes et du persil hachés; enveloppez-les ensuite de bardes de lard, et faites cuire dans la marinade.

Mettez un peu de beurre et une pincée de farine dans une casserole, avec des fines herbes et des échalotes hachées; mouillez avec le fond de la cuisson bien dégraissé; et pour servir, ajoutez le jus d'un citron ou bien un filet de vinaigre. (*Idem.*)

Côtelettes de veau à la singara.

On les passe au beurre, après les avoir parées et piquées de lardons maigres; on met ensuite des bardes de lard dans le fond d'une casserole, et quelques tranches de jambon; on couche les côtelettes dessus, et on couvre le tout avec d'autres bardes; ajoutez deux carottes, deux ognons, un bouquet; mouillez avec du bouillon, et faites cuire à petit feu dessus et dessous; retirez-les lorsqu'elles sont cuites à point, passez le fond au tamis, faites réduire avec un peu de jus, et servez. On peut encore mettre dessous de la sauce tomate ou autre, un ragoût de champignons, etc., de la chicorée, des concombres. (*Idem.*)

Tendons de veau à la bourgeoise.

Faites blanchir de la poitrine de veau coupée par morceaux de grosseur égale, laissez rafraîchir et égoutter, faites revenir dans la casserole avec un morceau de beurre auquel on ajoute un peu de farine, mouillez avec l'eau qui a servi pour blanchir, passez-la auparavant au tamis, assaisonnez; ajoutez à tout cela des champignons et un bouquet; lorsque les tendons sont prêts à être cuits, mettez-y des petits ognons; dressez-les, passez la sauce au tamis, et ajoutez avec la liaison un jus de citron ou un filet de vinaigre. (*Faciles à digérer.*)

Tendons de veau aux pois.

Après avoir coupé le morceau de poitrine, après l'avoir fait blanchir et revenir dans le beurre, saupoudrez de farine, et mouillez avec du bouillon; ajoutez du poivre et un bouquet; lorsqu'ils seront presque cuits, mettez les pois et un peu de sucre, et au moment de servir une liaison de jaunes d'œufs avec un peu de crème. (*Idem.*)

Tendons de veau aux pointes d'asperges.

Faites blanchir, passez au beurre, et mouillez avec de l'eau et du bouillon, ajoutez un bouquet, et lorsqu'ils sont presque cuits, on les met avec des asperges coupées très-menu, ou seulement un ragoût fait d'avance.

On les prépare de même en macédoine, à l'allemande, à la purée d'oseille ou autre, aux champignons, à la financière, à la chicorée, etc. (*Idem.*)

Tendon de veau au kari.

Après avoir fait blanchir les tendons à l'eau bouillante, après les avoir fait revenir dans le beurre saupoudré de farine et mouillé avec du bouillon, mettez dans la casserole, en même temps que les tendons, des émincées de lard très-maigre ; assaisonnez avec la poudre de kari ; ajoutez sur la fin des culs d'artichauts ou des petits ognons, et servez-les avec une liaison de jaunes d'œufs.

On sert aussi avec le kari un pain de riz que l'on prépare de la manière suivante ; faire crever quatre onces de riz par personne, dans du bouillon ; faites égoutter ensuite sur un tamis ; beurrez une casserole, et y placez le riz sur un feu doux ; lorsqu'il est desséché, mettez sous le four de campagne, et renversez sur une assiette lorsqu'il est cuit. (*Bons à manger*.)

Poitrine de veau farcie.

Enlevez l'extrémité des os des côtes ; séparez la chair qui est dessous de celle qui est dessus ; introduisez dans l'intervalle une farce cuite et recousez les chairs ; mettez au fond d'une casserole ou d'une braisière des bardes de lard, et la poitrine par-dessus, recouverte par d'autres bardes ; ajoutez des carottes, des ognons, un bouquet, du sel, du poivre ; mouillez avec moitié bouillon et moitié vin blanc ; faites cuire à petit feu dessus et dessous; lorsqu'elle est cuite, passez le fond, et sur-ajoutez un peu de bouillon; faites réduire, et y mettez un peu de jus ou le suc d'un citron. (*Idem.*)

Poitrine de veau glacée.

Après avoir coupé la poitrine en carré, on enlève tout ce qui est sur les côtes, puis on découpe le plus longuement possible; on replie le tout en dedans, et on ficelle; on fait cuire avec carottes, ognons, un bouquet de persil, poivre, sel; on mouille avec une ou deux verrées de bouillon; les légumes cuits retirez-les, et la poitrine un peu avant que la cuisson soit parfaite; passez le fond au tamis de soie; dégraissez et faites réduire presque jusqu'à la glace; mettez la poitrine dedans pour lui faire prendre couleur; retirez de la casserole; enlevez la ficelle; dressez et colorez avec un pinceau trempé dans la glace; on sert dessus, pour garniture, des légumes, ou telle autre purée ou sauce que l'on désire. (*Idem.*)

Tendons de veau panés et frits.

Lorsqu'ils ont été blanchis et revenus dans le beurre, on mouille avec une petite quantité de bouillon mêlé d'un peu de farine; assaisonnez; faites cuire; lorsque la sauce est réduite et froide, on les enveloppe avec la farce; on les roule ensuite dans la mie de pain; on les pane encore à l'œuf et on fait frire, pour les servir avec du persil frit. (*Indigeste.*)

Tendons de veau frits.

Faites-les blanchir et revenir, mettez-les

ensuite dans une marinade cuite pendant le moins une heure et au plus pendant deux ; laissez égoutter ; roulez dans une pâte, et faites frire ; servez avec du persil frit. (*Idem.*)

Épaule de veau à l'étouffade.

Foncez une braisière ou une casserole avec des bardes de lard, placez dessus une épaule de veau avec des carottes, des ognons, un bouquet, du sel et du poivre ; mouillez avec du bouillon, ajoutez un filet de vinaigre ou des tranches de citron sans écorce et sans pepins, faites cuire à un feu doux dessus et dessous, passez, dégraissez et faites réduire le fond de cuisson pour servir ; on peut encore la désosser et la piquer à volonté. (*Facile à digérer.*)

Épaule de veau rôtie.

On enlève l'extrémité désignée sous le nom de manche, on l'embroche ensuite dans toute sa longueur, après l'avoir ficelée dans l'intérieur d'un papier beurré, qu'on arrose très-souvent ; ôtez le papier lorsqu'elle est presque cuite, afin qu'elle puisse prendre couleur, et servez avec du jus. (*Très-bonne.*)

Épaule de veau farcie.

Après l'avoir entièrement désossée, sans attaquer le dessus, couvrez-la en dedans avec une farce (*voyez ce mot*) ; roulez ensuite et ficelez ; enveloppez avec des bardes de lard, que vous fixerez aussi avec une autre ficelle ; cousez-la dans une toile claire ; foncez une braisière avec des bardes ; mettez l'épaule dessus avec des carottes, des ognons, un bouquet, du sel, du poivre, ainsi que les os brisés et un pied de veau ; mouillez avec moitié vin, moitié bouillon ; faites cuire à petit feu ; arrivée à point, retirez, ôtez le linge, la ficelle, et laissez refroidir ; passez le fond de la cuisson, clarifiez après avoir dégraissé, faites réduire ; passez de nouveau et laissez refroidir ; lorsque la gelée est prise, parez le morceau dans tout son entier. (*Idem.*)

Fricandeau.

Avec un morceau de rouelle épaisse de deux pouces, que vous aurez piquée et parée en dessus de lardons fins et placée dans une casserole avec un peu de beurre, du poivre, du sel et un bouquet, mouillez avec du bouillon, faites cuire à petit feu ; lorsqu'il est cuit, placez dans une autre casserole, le lard en-dessus pour le colorer, en y ajoutant un peu de sucre ; dégraissez la cuisson, dont vous vous servirez pour accommoder l'oseille, les épinards, la chicorée, etc. Pour servir placez le veau par-dessus. (*Bon, excepté les herbages.*)

Carré de veau rôti aux fines herbes.

Après avoir paré le morceau de veau coupé carré, après l'avoir piqué de lard fin, laissez-le dans une marinade aux fines herbes pendant l'espace d'une ou deux heures ; embrochez-le en le couvrant avec ce qui en reste dans une enveloppe de papier beurré ; lorsqu'il est cuit, ôtez le papier et les fines herbes, mettez-les dans une casserole avec du jus, un peu de beurre manié de farine, une verrée de bouillon et le suc d'un citron ; liez la sauce et passez de l'œuf battu sur le veau ; panez-le ensuite, faites-lui prendre couleur à un feu vif, et servez avec la sauce par-dessous. (*Facile à digérer.*)

Carré de veau piqué et rôti.

Paré et piqué de petit lard, faites-le mariner, mettez-le à la broche dans une feuille de papier beurré ; un moment avant de servir, ôtez le papier jusqu'à ce qu'il ait pris couleur, et servez avec une sauce tomate, une poivrade ou autre. (*Idem.*)

Carré de veau à la provençale.

Avec quatre onces d'huile d'olive, du sel, du poivre, un bouquet, vous mettez dans une casserole le morceau de veau que vous faites cuire sur un feu doux ; ayez soin de le retourner de temps en temps pour lui faire prendre couleur ; quand il est cuit, servez avec une sauce italienne, à laquelle vous ajouterez le fond de cuisson. (*Échauffant.*)

Carré de veau braisé.

Dans une casserole foncée de bardes de lard, placez le morceau de veau avec carottes, ognons, un bouquet, du sel et du poivre ; recouvrez avec d'autres bardes de lard et mouillez avec du bouillon ; ajoutez un papier par-dessus ; lorsqu'il est cuit, servez avec toutes sortes de légumes, avec toute espèce de sauce ou de garnitures. (*Nourrissant et bon.*)

Noix de veau à la gelée.

Mettez cuire la noix dans une casserole,

après l'avoir piquée de gros lard, et avec des carottes, des ognons, un bouquet, du sel, du poivre, des parures de viande et un pied de veau ; mouillez avec du bouillon ; lorsqu'elle est cuite, retirez et laissez refroidir ; passez la cuisson ; faites réduire et clarifiez ; lorsque la gelée est consistante et froide, on s'en sert pour parer la noix. (*Idem.*)

Noix de veau à la bourgeoise.

Lardée de gros lard ; faites cuire la noix avec des carottes, des ognons, un bouquet, le tout dans une casserole foncée de bardes de lard ; lorsqu'elle est cuite, retirez ; passez le fond de la cuisson ; faites réduire à glace, et remettez dedans la noix, pour lui faire prendre couleur. (*Idem.*)

Rouelle de veau dans son jus.

Passez au beurre et laissez cuire dans son jus, et à très-petit feu, la rouelle lardée de gros lard ; servez-la ensuite dedans, après l'avoir dégraissée. (*Idem.*)

Blanquette de veau.

Coupez en émincées ce qui vous reste de veau rôti ; mettez-le dans une casserole avec un morceau de beurre ; saupoudrez de farine ; quand il est fondu, mouillez avec suffisante quantité d'eau ; ajoutez du sel, du poivre, un bouquet ; dans la sauce réduite, vous mettez une liaison de jaunes d'œufs et un filet de vinaigre ; on peut y ajouter des champignons et des petits ognons. (*Très-bonne à manger.*)

Veau en caisse.

Avec du papier fort, faites une caisse de la grandeur du morceau de veau; il ne doit jamais avoir plus d'un pouce et demi d'épaisseur; après avoir huilé le papier, placez le veau avec des fines herbes, des champignons, des échalotes hachées menu, du sel et du poivre, un peu d'huile, sur le gril, et par-dessus un autre papier huilé; lorsqu'il est cuit d'un côté, on retourne de l'autre, pour le servir dans la caisse, en y ajoutant un jus de citron. (*Échauffant.*)

Casis à la provençale.

Après l'avoir mis dans l'huile, il faut suivre les mêmes procédés que pour le carré de veau. (*Idem.*)

Casis à la bourgeoise.

Même procédé que pour le carré. (*Idem.*)

Veau en paupiettes.

Lorsque le veau est coupé en tranches minces aplaties et taillées de la grandeur jugée convenable, on étend dessus de la farce cuite; après les avoir roulées les unes après les autres, et recouvertes d'une barde de lard attachée avec du fil, on les embroche dans des hâtelets, pour les retenir et les faire cuire; on les sert ensuite avec une sauce piquante. (*Bon.*)

Sauté de veau au suprême.

Coupez et aplatissez des morceaux de veau

de l'épaisseur du doigt ; donnez-leur la forme que vous jugerez convenable ; faites fondre un morceau de beurre dans le plat à sauter, et mettez les morceaux saupoudrés de sel ; retournez-les ; dressez-les avec des croûtons frits ; détachez le beurre avec un peu de sauce tournée et un peu d'autre beurre, et servez-la versée par-dessus le veau. (*Échauffant.*)

Veau rôti à la languedocienne.

Arrosez le veau avec une marinade faite avec de l'huile, des anchois, du sel, du poivre et le jus d'un citron, pendant qu'il est au feu ; lorsqu'il est arrivé à son point de cuisson, servez avec tout ce qui est dans la lèchefrite, après avoir bien dégraissé. (*Échauffant.*)

Rissoles de veau.

Coupez en dés du veau rôti ; passez au beurre avec une pincée de farine ; mouillez avec du bouillon ; ajoutez persil, ciboule hachés, sel, poivre ; faites réduire jusqu'à ce que la sauce s'attache à la viande ; retirez du feu, versez sur un plat ; laissez refroidir ; avec une pâte formée de farine, de beurre et de l'eau, dans laquelle on a fait fondre un peu de sel et ajouté un jaune d'œuf, formez une abaisse très-mince ; mettez dessus la viande en petits tas séparés ; couvrez d'une autre abaisse ; découpez la pâte autour des tas, et pincez ensemble le bord de chacun d'eux, pour les réunir, et faites frire. (*Idem.*)

Longe de veau rôtie.

C'est la portion du veau où se trouve attaché le rein (rognon); il est toujours utile d'ôter un peu de la graisse qui l'environne, et surtout de séparer les articulations des vertèbres (ou jointures); on roule ensuite toute la partie du flanchet qui le garnit et on le fait rôtir, recouvert d'une feuille de papier beurré, que l'on supprime un instant avant de servir, pour lui faire prendre couleur. (*Bonne nourriture.*)

Année commune, il se mange à Paris, depuis soixante-dix-sept, jusqu'à soixante-dix-huit mille veaux, qu'on y envoie de tous les environs. Nous n'avons pas craint de nous étendre un peu sur les différentes manières d'en préparer toutes les parties, soit qu'on veuille les rendre agréables au goût, soit qu'on ne désire rien autre chose que d'en faire un aliment aussi sain, qu'il peut être facile à digérer. Beaucoup de personnes, qui le considèrent comme rafraîchissant ou laxatif, s'abstiennent d'en faire usage; beaucoup d'autres, au contraire, ne trouvent aucune autre viande rôtie capable de le remplacer; quoi qu'il en soit, dans l'une comme dans l'autre de ces circonstances, il faut toujours faire choix de ce qui peut convenir aux forces de l'estomac, car bien souvent on attribue à la nature des alimens qui sont d'un usage ordinaire, les légères incommodités qui dépendent d'une toute autre disposition; aussi nous regardons, d'après l'expérience, la chair des jeunes animaux en général, comme un des alimens les plus faciles à digérer, et le veau se trouve dans ce cas.

DU MOUTON.

Cervelles de mouton.

Elles se préparent absolument de la même manière que celles du bœuf et du veau; mais elles sont bien moins délicates, et par conséquent moins recherchées.

Langues de mouton en papillottes.

Après les avoir parées et fait blanchir à l'eau bouillante, laissez égoutter et faites cuire avec des carottes, des ognons, du poivre et du sel, un bouquet; de l'eau et du bouillon; arrivées à point convenable, on les dépouille de la peau qui les enveloppe; après les avoir fendues dans leur longueur, on les entoure de papier huilé; et après les avoir plongées dans une sauce à langue, on les met sur le gril. (*Très-bonnes.*)

Langues de mouton à la liégeoise

Après les avoir fait cuire comme on vient de le dire ci-dessus, on coupe en tranches deux ou trois ognons; on les passe au beurre avec une pincée de farine; on mouille avec du vin blanc et du bouillon; on ajoute échalotes, persil, champignons et ciboules hachés très-fins, du sel, du poivre, un jus de citron ou un filet de vinaigre; on y place les langues et l'on fait réduire à point. (*Idem.*)

Langues au gratin.

Faites-les cuire et dépouillez-les de la peau qui les recouvre; on met sur un plat qui aille au feu, de la farce cuite, un pouce d'épaisseur à peu près; on pose dessus les langues, la grosse extrémité en dehors; on remplit les intervalles avec de la même farce, on couvre les langues de bardes de lard et sous un double papier beurré, pour mettre gratiner sur un feu doux couvert par le four de campagne.

Quand le gratin est formé on enlève le papier, les bardes, on dégraisse et on les sert avec un ragoût aux truffes ou une sauce italienne. (*Idem.*)

Langues braisées.

Les langues blanchies et piquées avec du lard fin, sont mises dans le fond d'une casserole garnie de bardes, sur lesquelles on les place; après les avoir encore couvertes d'autres bardes, on y ajoute des carottes, des ognons, un bouquet, du sel et du poivre; on mouille avec du bouillon ou de l'eau, pour faire cuire à un feu doux; lorsqu'elles sont à point, passez la cuisson au tamis, faites réduire; et servez en y ajoutant des cornichons et des câpres. (*Idem.*)

Langues de mouton aux tomates.

Quand elles sont préparées et cuites comme il a été dit pour les langues en papillote, on les dresse en couronne avec un croûton frit dans les intervalles, pour les couvrir d'une sauce tomate, ou toute autre qui peut convenir ou paraître agréable. (*Échauffantes.*)

Langues de mouton grillées.

Après avoir été préparées et cuites comme il est dit plus haut, on les dépouille de la peau épaisse qui les enveloppe, pour les fendre en deux dans leur longueur; on les trempe dans une marinade à l'huile et aux fines herbes; on les pane à l'ordinaire, pour les faire cuire sur le gril et les servir avec une sauce piquante. (*Bonnes.*)

Rognons de mouton au vin de Champagne.

La pellicule qui les enveloppe doit avant tout être enlevée, pour les couper en deux et les émincer; jetez les morceaux dans le plat à sauter avec un peu de beurre, saupoudrez de farine; lorsqu'ils sont presque cuits, mouillez avec une verrée de Champagne; assaisonnez, et y ajoutez des fines herbes hachées très-fines. (*Échauffans.*)

Rognons à la brochette.

Après les avoir dépouillés, après les avoir fendus sans les séparer entièrement, on les traverse avec une petite brochette, pour les contenir étalés et bien ouverts; mettez ensuite un peu de beurre dans le fond d'une casserole, et les rognons dedans; placez le tout sur un feu vif; lorsqu'ils sont cuits, dressez-les en garnissant leur intérieur d'une boulette de beurre manié avec des fines herbes, ou du beurre d'anchois et un peu de jus de citron. (*Idem.*)

Queues de mouton braisées.

Dans une casserole foncée de lard, mettez les queues de mouton avec des carottes, des ognons, un bouquet, du sel, du poivre, une verrée de vin blanc, autant de bouillon ; faites cuire à petit feu ; arrivées à point il faut les retirer, les laisser égoutter pour les servir avec des laitues, de la chicorée, des racines, avec toute espèce de purée, et même accompagnées d'un ragoût financier. (*Bonnes.*)

Queues de mouton grillées.

Lorsqu'elles sont cuites comme ci-dessus, on les trempe dans l'huile, et, après les avoir panées, on les met sur le gril, exposées sur un feu doux ; on les sert ensuite avec une ravigote. (*Idem.*)

Queues de mouton frites.

Cuites et préparées comme il a été dit plus haut, on les coupe par morceaux plus ou moins gros, on les passe au beurre et une seconde fois à l'œuf ; on les fait frire pour les entourer de persil frit ; au lieu de mie de pain, on peut les plonger dans la pâte à friture. (*Échauffantes.*)

Pieds de mouton à la poulette.

Les pieds de moutons échaudés, faites-les blanchir à l'eau bouillante, enlevez avec soin ce qui reste de poil, et les faites cuire au blanc ; retirez-les et enlevez les gros os ; passez la cuisson, laissez-la réduire après y avoir ajouté des champignons, du sel, du poivre et du persil haché fin, un morceau de beurre et du bouillon ; remettez les pieds de mouton dans la sauce, et avant de servir ajoutez une liaison de jaunes d'œufs avec un jus de citron. (*Faciles à digérer.*)

Pieds de mouton à la lyonnaise.

Après les avoir fait cuire comme ci-dessus, après les avoir coupés par morceaux, et retiré les gros os, coupez des ognons très-minces, que vous ferez revenir dans la casserole avec du beurre et une pincée de farine ; lorsqu'ils sont roux et que la farine est mêlée, mouillez avec du bouillon, dégraissez, faites réduire, et jetez-y les pieds de mouton avant que de servir. On peut encore les servir à la purée d'ognons, avec des croûtons frits. (*Échauffans.*)

Pieds de mouton à la Sainte-Menehould.

Cuits dans l'eau seulement, ôtez le gros os, mettez-les dans une casserole avec du beurre, des fines herbes hachés, du sel, du poivre ; faites réduire, retirez ensuite pour laisser refroidir ; trempez-les dans la sauce, et après les avoir panés et mis sur le gril, exposés à un feu doux, servez avec une sauce piquante. (*Idem.*)

Pieds de mouton frits.

Il faut les préparer de même que lorsqu'on veut les faire cuire à la poulette, et suivre les mêmes procédés que pour les pieds de veau. (*De pénible digestion.*)

Pieds de mouton au gratin.

Lorsqu'ils sont cuits, faites un gratin (*voyez* langue de mouton), et les mettez sous le four de campagne. (*Idem.*)

Pieds de mouton sauce italienne, tomate, etc.

Après avoir fait toute espèce de sauce que l'on désire, ou qui peut paraître convenable, on y met les pieds de mouton désossés et cuits comme nous l'avons dit, en suivant le procédé indiqué pour les préparer à la lyonnaise (*Idem.*)

Côtelettes de mouton au naturel.

Pour qu'elles soient tendres, laissez mortifier le morceau de mouton dans lequel on doit les couper; parez-les en enlevant le gros os de l'extrémité, les peaux, les tendons, la graisse; aplatissez avec un couperet mouillé, avec le couteau donnez-leur une forme arrondie, débarrassez l'os de la chair musculaire qui l'enveloppe, laissez le bout de la côte à nu, pour qu'on puisse facilement la prendre avec les doigts lorsqu'elle est cuite; faites-les sauter dans une casserole avec du beurre, ou cuire sur le gril exposé au feu. (*Excellentes.*)

Côtelettes panées et grillées.

Trempez dans de l'huile ou du beurre fondu les côtelettes parées, mettez-les sur le gril, après les avoir panées d'avance. (*Idem.*)

Côtelettes à la Soubise.

Faites-les cuire dans le plat à sauter, dressez-les en couronne et un croûton frit dans chaque intervalle, versez dans le milieu une purée d'ognons blancs. (*Idem.*)

Côtelettes à la sauce tomate.

On les prépare comme les précédentes, et l'on y ajoute une sauce tomate bien finie. Faites de même aussi pour les côtelettes à la sauce italienne, allemande, etc. (*Idem.*)

Côtelettes à la chicorée.

Même procédé, excepté qu'on les dresse sur de la chicorée bien cuite et bien assaisonnée d'avance. On peut faire de même pour les épinards. (*Idem.*)

Côtelettes aux laitues.

Au lieu de croûtons, placez entre chacune des côtelettes, une laitue cuite au jus, et servez avec un ragoût de racines, ou bien une sauce espagnole. (*Idem.*)

Côtelettes à la financière.

Leur préparation ne diffère en rien des autres, à l'exception que dans leur milieu on verse un ragoût financier; on peut aussi le faire aux truffes, aux champignons, à toutes les purées. (*Idem, mais de luxe.*)

Côtelettes piquées et glacées.

Il est absolument nécessaire de les couper très-fortes; après les avoir parées et piquées fin avec des lardons de jambon, on les passe au beurre pour les raffermir ; laissez égoutter ; parez de nouveau lorsqu'elles sont froides ; laissez l'extrémité découverte, et coupez les lardons à raz de la côtelette ; remettez dans la casserole avec un morceau de la glace préparée dont nous avons donné la recette, un peu d'eau et mieux encore peu de bouillon, et un papier beurré pour entourage ; parvenues à une belle couleur, lorsqu'elles sont bien glacées, dressez avec des croûtons frits dans l'intervalle ; servez ensuite avec toute sauce ou ragoût agréable. (*Bonnes.*)

Oreilles de mouton farcies.

Après les avoir fait dégorger et blanchir, on met cuire les oreilles dans un blanc ; on laisse égoutter pour les remplir de farce, après les avoir passées au beurre fondu, panées et mis par-dessus des œuf battus ; après les avoir panées une seconde fois, faites frire et servez avec du persil frit. (*Bonnes.*)

Haricot de mouton.

Coupez en petits morceaux un carré de mouton ; faites revenir ; saupoudrez de farine ; mouillez avec de l'eau ou du bouillon ; ajoutez un bouquet, du sel, du poivre ; lorsqu'il est à moitié cuit, ajoutez les navets passés au beurre et colorés ; dégraissez avant de servir, et y ajoutez du caramel ; ou peut aussi y mettre des pommes-de-terre et même des marrons. (*Idem.*)

Selle de mouton braisée.

Enlevez la pointe des vertèbres attachées au filet, le flanchet et la graisse; après avoir roulé la selle et ficelé, foncez une casserole de bardes de lard, dans lesquelles vous la placerez avec des carottes, des ognons, un bouquet, des parures de viandes, s'il y en a; recouvrez avec d'autres bardes; faites cuire à petit feu dessus et dessous; arrivée au point de cuisson, déficelez, enlevez les membranes qui recouvrent, parez et glacez convenablement; servez ensuite avec un peu de fond de la cuisson passée au tamis, avec tel ragoût de légume ou purée qui puisse être agréable. (*Très bonne.*)

Selle de mouton à l'anglaise.

Cuite de la même manière que la précédente, laissez refroidir; enlevez la peau qui recouvre; versez par-dessus la surface entière une sauce anglaise, dans laquelle il doit y avoir un peu plus de jaunes d'œufs; parez; arrosez de nouveau avec du beurre fondu; recouvrez encore de mie de pain; faites prendre couleur au four de campagne, et servez avec une sauce espagnole. (*Échauffante.*)

Poitrine de mouton à la Sainte-Menehould.

Mettez la poitrine de mouton dans une casserole foncée de bardes de lard, avec des ognons, des carottes, un bouquet, du sel, du poivre, et mouillez avec du bouillon; lorsqu'elle est cuite à petit feu, enlevez les os; saupoudrez de poivre et de sel fin; dorez avec du beurre fondu; panez avec de la mie de pain; mettez ensuite sur le gril pour servir, accompagnée d'une sauce piquante.

On peut la faire cuire dans le pot au feu, pour la préparer ensuite et la servir à toute espèce de légumes, purées ou ragoûts. (*Échauffante.*)

Carré de mouton au persil.

Après avoir enlevé les membranes, les peaux qui recouvrent le morceau de carré, piquez-le avec des branches de persil; faites ensuite mariner dans l'huile avec du sel et du poivre, pour le faire rôtir et le servir avec une sauce composée de câpres, persil, ciboules, échalotes et anchois hachés bien menu; ajoutez deux jaunes d'œufs cuits durs, du sel et du poivre bouillis pendant quelques instans dans du bouillon; avant de servir, joignez-y le jus d'un citron. *Idem.*

Épaule de mouton braisée.

Cassez les os par-dessous avec le dos du couperet; faites cuire dans la braisière foncée de bardes de lard; ajoutez-y ce que vous aurez de parures de viande, des carottes, des ognons, un bouquet; mouillez avec du bouillon; on la sert avec sa cuisson réduite, ou sur de la chicorée ou autres légumes, ou sur telle espèce de purée qu'on peut désirer. (*Très-bonne.*)

Épaule de mouton en saucisson.

Désossée et étendue le plus qu'il est possible, recouvrez-la avec telle espèce de farce que vous jugerez convenable, même avec de la chair à saucisses, en y ajoutant des champignons et des cornichons hachés ; roulez-la sur elle-même cousez dans un linge blanc ; faites cuire avec des carottes, des ognons, un bouquet, du sel et du poivre mis dans du bouillon ; quand le tout est cuit, retirez l'épaule ; passez la cuisson au tamis ; dégraissez ; faites réduire en y ajoutant un peu de jus, et servez-la comme un saucisson. (*Échauffant.*)

Gigot de sept heures.

Désossez le gigot ; piquez de gros lard ; ficelez sur lui-même ; foncez la braisière avec des bardes ; posez dessus ; couvrez de nouvelles bardes ; ajoutez des carottes, des ognons un bouquet, du thym, du laurier, les os du gigot et des parures de viande ; mouillez avec deux verrées de bouillon et une de vin blanc ; faites cuire à très-petit feu dessus et dessous ; arrivé au point de cuisson, dressez-le ; mettez à l'entour les légumes ; passez le fond dans lequel il a cuit ; faites réduire, et versez dessus.

On peut encore le servir à la chicorée, aux haricots, à la purée d'ognons, etc. Le gigot à l'eau, comme le gigot braisé, se prépare de la même manière. (*Très-bon.*)

Gigot aux truffes.

Après avoir désossé le gigot, après avoir enlevé de son milieu une demi-livre à peu près de la chair qu'il renferme dans son intérieur, hachez des truffes avec, pour le garnir ensuite et remplacer ce qui a été enlevé ; piquez de gros lard et ficelez ; piquez-le ensuite avec des truffes coupées en filets ; laissez-le se mortifier pendant vingt-quatre heures dans le garde-manger ; au bout de ce temps, faites-le cuire à petit feu, entouré de bardes de lard, et mouillez avec du vin blanc, passez la cuisson, faites réduire et servez. (*De luxe.*)

Gigot à la bonne femme.

Otez l'os du casis, pliez le manche, après en avoir coupé l'os très-court ; faites-le revenir dans le beurre ; mouillez avec un peu de bouillon, assaisonnez ; ajoutez un bouquet ; faites cuire à petit feu ; on le sert sur des pommes-de-terre, des haricots ou autres légumes, accommodés avec la graisse qui en sort. (*Bon.*)

Gigot à la flamande.

Ployez le manche raccourci ; faites cuire dans une marmite avec du bouillon, du sel, du poivre ; une gousse d'ail et un bouquet garni ; on le sert avec une sauce piquante ou toute autre. (*Idem.*)

Gigot à l'anglaise.

Après avoir cousu dans un linge très-serré le gigot, on le plonge dans un chaudron plein d'eau, à laquelle on ajoute des carottes, des navets et du sel; deux heures après qu'il a bouilli on le sort du linge qui le renferme, et on le dresse avec des légumes autour, pour le servir accompagné d'une sauce au beurre fondu et d'un huilier garni. (*Assez bon.*)

Gigot en terrine.

Coupez en tranches, d'à peu près deux doigts d'épaisseur, un gigot désossé; piquez-les de lard un peu gros; mettez au fond d'une terrine qui puisse seulement le renfermer, des bardes de lard maigre, posez dessus une tranche de votre gigot, couvrez-la d'une couche de fines herbes et de champignons hachés, du sel, du poivre et même des truffes; mettez une nouvelle tranche, une nouvelle couche, et successivement jusqu'à ce que la terrine soit remplie; couvrez le tout de bardes de lard; mouillez avec une rasade de vin blanc; lutez le couvercle et faites cuire à petit feu; arrivé à point, passez et dégraissez la cuisson; faites réduire, et servez-la avec un jus de citron. (*Idem.*)

Rôti sans pareil.

Farcir une belle olive avec des câpres et des anchois; après l'avoir fait mariner dans l'huile, l'enfermer dans un bec-figue, ou tout autre oiseau dont la délicatesse est connue, pour le mettre ensuite dans un plus gros tel qu'un ortolan; prendre une mauviette, dont on supprimera les pates et la tête, pour entourer les deux autres et la recouvrir d'une barde de lard très-mince. Mettez la mauviette dans l'intérieur d'une grive, parée et troussée de même, la grive dans une caille, la caille dans un vanneau, celui-ci dans un pluvier, pour l'envelopper d'un perdreau; enfermez ce perdreau dans une bécasse, celle-ci dans une sarcelle, pour passer à un pintadeau, ensuite à un jeune canard sauvage, de là dans une poularde, arrivez au faisan, que vous recouvrirez avec un oie, après quoi vous mettrez le tout dans une poule-dinde que vous enfermerez dans une outarde. Que si, par hasard, il se trouvait quelque chose de vide à remplir, vous auriez recours aux truffes, marrons et saucisses, dont vous feriez une farce. Placez le tout dans une casserole de suffisante capacité, avec des petits ognons piqués de clous de girofle, des carottes, du jambon coupé en petits morceaux, du céleri, un bouquet garni, mignonnette, quelques bardes de lard, poivre, sel, épices fines, coriandre, une ou deux gousses d'ail, mettez cuire sur un feu doux continué pendant vingt-quatre heures, ou, mieux encore, dans un four un peu chaud; dégraissez et servez sur un plat chaud.

Abstraction faite d'une complication aussi grande, on peut varier à l'infini, suivant les lieux et les saisons, cette manière de préparer plusieurs objets dans un seul. (*Fantaisie.*)

Gigot à la serviette.

Après l'avoir enveloppé dans un linge ou une serviette blanche et fortement serrée, plongez le gigot dans une marmite pleine d'eau bouillante, que vous laisserez continuer de bouillir pendant une heure et demie; si son poids est de quatre livres, on conseille un quart d'heure de plus et si on veut le manger encore saignant; une demi-heure pour ceux que l'on désire avoir bien cuits, sans aucune autre préparation, en laissant ensuite au goût des amateurs tous les assaisonnemens qu'ils seraient tentés d'y ajouter. (*Excellent.*)

Gigot rôti.

Il est nécessaire de le choisir court, d'une chair brunâtre et mortifiée; mettez-le à la broche, et faites rôtir; ayez soin d'arroser souvent; par-dessous on sert des haricots, des pommes-de-terre, de la chicorée, de la purée, d'ognons accommodés avec son jus, etc.; lorsqu'il reste du gigot rôti, on fait avec les plats suivans. (*Excellent.*)

Émincée à la bourgeoise.

On ajoute à du bouillon le jus du gigot, des échalotes et des fines herbes hachées, une verrée de vin blanc, du sel, du poivre et du beurre; on fait bien cuire les échalotes; la sauce finie, on y jette les restes du gigot coupés par morceaux, que l'on fait seulement chauffer sans bouillir, pour être ensuite servis avec un filet de vinaigre et des cornichons. (*Bon.*)

Émincée à la chicorée.

Après avoir faire cuire et préparé la chicorée (*voyez ce mot*) de manière à ce qu'elle soit prête à être servie, on y met l'émincée sans la faire bouillir, et l'on sert avec des croûtons; faites la même chose avec tous autres légumes. (*Bonne.*)

Émincée aux concombres.

Coupez les concombres par morceaux de moyenne grosseur, jetez-les dans une friture nouvelle, bien chaude; lorsqu'ils ont pris couleur on les retire et on les met dans une sauce espagnole; réduite à point, on y jette l'émincée, qu'on fait chauffer sans bouillir, et l'on sert avec des croûtons. (*Pénible à digérer.*)

Hachis de mouton rôti.

Après avoir ôté de l'alentour des chairs toutes les membranes et les tendons, hachez-les très-fin en y joignant des pommes-de-terre cuites, ou des marrons grillés, des fines herbes et des champignons passés au beurre avec une cuillerée de farine, que vous laissez roussir; mouillez avec du bouillon et ajoutez le hachis; lorsqu'il est de bon goût, servez avec des croûtons à l'entour. Il est nécessaire que la sauce où l'on met le hachis soit épaisse; on peut même, au lieu de croûtons, mettre dessus des œufs pochés. (*De facile digestion.*)

Boulettes de hachis frites.

Après avoir haché très-fin le mouton, ajoutez le quart de son poids en chair à saucisse, une mie de pain trempée dans du lait, des pommes-de-terre cuites, des fines herbes hachées, du sel, du poivre et deux ou trois jaunes d'œufs; mâniez le tout ensemble et formez des boulettes, que vous roulerez dans la mie de pain pour les faire frire; on peut les servir avec une sauce piquante ou aux tomates. (*Échauffantes.*)

Près de trois cent quatre-vingt-quatre mille moutons, mangés dans l'intérieur de Paris pendant une seule année, peuvent bien, selon nous, passer pour une preuve incontestable de la bonne qualité et de l'excellence même des diverses préparations que nous venons de décrire, pour rendre leur chair susceptible d'alimenter les estomacs, depuis la simple côtelette posée pendant quelques instans sur les charbons ardens, jusqu'au superbe gigot parfumé avec l'ail; tout est bon, pourvu que la cuisson et l'assaisonnement répondent au goût et à l'appétit de ceux qui veulent se nourrir avec l'innocent quadrupède. Quant à l'agneau qui vient après lui, c'est manger son bien en herbe, que de vouloir le soumettre aux préparations susceptibles de le rendre mangeable. Il sera, quoiqu'on en dise, toujours considéré comme une viande gélatineuse, plus ou moins difficile à digérer; les substances acides, les aromates, et tout ce que l'art du cuisinier a pu imaginer pour lui donner de la sapidité, serviraient encore à prouver que sans un pareil secours, il n'y aurait pas moyen d'en faire usage; il serait plus convenable d'attendre qu'il soit arrivé à l'adolescence, pour jouir en même temps de toute sa tendreté, ainsi que du fumet particulier qui délecte les vrais gourmands, comme les convalescens à qui le médecin, par faveur, ou par signe de guérison, vient de permettre d'en faire usage!

AGNEAU.

Les cervelles, les oreilles, les langues, les côtelettes, les tendons et les pieds d'agneau se préparent de la même manière que ceux ǝp mouton ; il est inutile de se répéter.

Tête d'agneau.

Otez la mâchoire inférieure et désossez la tête jusqu'au dessous de l'œil, faites blanchir, et ensuite mettez cuire dans un blanc pour la servir avec un ragoût aux champignons, en tortue avec une sauce à l'italienne ou à l'allemande. (*Reldchante.*)

Agneau rôti à la bernoise.

Après avoir piqué un quartier d'agneau, du côté de la peau, avec des lardons fins, du côté opposé vous étendez du beurre fondu ; panez avec de la mie de pain, des fines herbes, du sel, du poivre ; enveloppez le tout d'un papier beurré, et lorsqu'il est presque cuit, ôtez l'enveloppe, recouvrez encore le côté pané avec une nouvelle mie de pain, faites prendre couleur, et servez en arrosant de jus de citron. (*Idem.*)

Épaule d'agneau en ballon.

Après l'avoir désossée et coupée en rond, de manière à lui donner une forme ballonnée, faites blanchir et piquez de lard fin, pour la mettre cuire sur une braise peu ardente ; cuite à point, déficelez, laissez égoutter pour glacer ensuite, et la servir sur de la chicorée, de la purée d'ognons, ou toute autre sauce. (*Idem.*)

Épaule d'agneau aux truffes.

Désossez l'épaule, piquez en dedans avec

des truffes coupées en lardons, assaisonnez; donnez-lui une forme ronde; piquez le dessus avec du lard fin; faites cuire dans une braisière à petit feu, avec assaisonnement convenable; servez-la avec sa cuisson réduite. (*Idem.*)

Galantine d'épaule d'agneau.

Enlevez les chairs jusqu'à la peau qui les recouvre; après l'avoir désossée, ajoutez-y volume égal de lard; hachez le tout pour le broyer dans un mortier avec du sel et du poivre; étendez la peau enlevée sur un linge blanc, et la farce par-dessus, puis des lardons, des truffes et des cornichons coupés fins; roulez-la ensuite en l'enveloppant avec le linge; ficelez et faites-la cuire braisée, en y ajoutant un pied de veau; arrivée au point de cuisson, déficelez, laissez refroidir, coupez par tranches plus ou moins épaisses, que vous garnissez de la gelée. (*Idem.*)

Épigramme d'agneau.

On prend le quartier du devant entier, on enlève l'épaule que l'on met cuire à la broche; on sépare les six côtelettes; on met cuire la poitrine dans une braisière; quand elle est cuite, on la coupe en six morceaux que l'on taille comme des croûtons en lames; on les pane; on les fait griller; on fait cuire les côtelettes dans le plat à sauter, on les dresse avec un croûton frit, un des morceaux de poitrine, et successivement. On verse dessus une sauce tournée dans laquelle on a mis la chair de l'épaule coupée par émincées, et quelques champignons. (*Idem.*)

Pasqueline.

Prenez toutes les issues d'un agneau, faites cuire la tête et les pieds comme ceux du veau; ajoutez le foie et les poumons (le mou); coupez par petits morceaux les pieds, le foie et le mou dans un ragoût de champignons; ajoutez une liaison de jaunes d'œufs, et versez tout le mélange sur la tête. (*Ident.*)

DU COCHON.

Du boudin.

Coupez des ognons en petits dés, passez-les au beurre ou au saindoux sans qu'ils prennent couleur; coupez aussi très-fin de la panne, une livre par pinte de sang; mêlez le tout ensemble, en y ajoutant des fines herbes hachées menues, du sel, des épices, de la crème; remplissez les boyaux, auparavant nettoyés et bien raclés sur un entonnoir, ficelez par un bout, et remplissez le tout avant de mettre une seconde ficelle; ayez soin de ne pas le faire trop long; faites cuire dans l'eau tiède jusqu'à ce qu'en le piquant avec une épingle le sang ne sorte plus; retirez, laissez égoutter et sécher; coupez par morceaux plus ou moins longs; ne faites pas bouillir l'eau parce qu'il crèverait. On le cuit sur le gril ou dans la poêle.

Préparation extrêmement indigeste, quoique recherchée, qui, sans les épices et autres substances dont on mêle le sang de l'animal immonde, ne pourrait pas se manger en aucune manière; placé dans le hors d'œuvre, il serait à désirer qu'il fût placé tout-à-fait hors de nos goûts, surtout depuis que les charcuitiers le confectionnent avec le sang de tous les autres animaux tués pour la boucherie.

Boudin blanc.

Mêlez des blancs de volaille pilés avec pareille quantité de panne, des ognons coupés en petits dés et cuits dans du bouillon, du sel, des épices et de la mie de pain cuite avec de la crème; pilez encore le tout ensemble pour qu'il soit bien amalgamé, ajoutez des jaunes d'œufs et de la crème, remplissez les boyaux, et faites cuire dans l'eau avec moitié lait; arrivé à point, piquez, et faites griller dans une caisse de papier huilé. (*On le digère mal.*)

Saucisses.

Hachez du porc frais bien en chair avec autant de lard, moitié l'un moitié l'autre; ajoutez du sel, des épices, et mettez le tout dans des boyaux (on se sert ordinairement de ceux du mouton), ficelez à longueur que vous désirez; on les pique avant de les mettre sur le gril. On peut encore les faire cuire à la poêle. (*Idem.*)

Crépinettes ou saucisses plates.

On les fait avec la même chair et de la même manière que les précédentes, excepté qu'on les enveloppe avec l'épiploon (crépine ou toilette.) (*Idem.*)

Andouilles.

On choisit les gros intestins ou boyaux les plus gros du cochon, après les avoir lavés et bien nettoyés et fait dégorger pendant vingt-quatre heures dans l'eau fraîche, laissé égoutter et essuyer; on les partage en filets avec de la chair coupée aussi de même, et de la panne hachée en petits morceaux; ajoutez du sel, du poivre, des plantes aromatiques pilées; et remplissez d'autres boyaux avec ce mélange; faites les de la grosseur convenable, liez-les aux deux bouts et mettez dans le saloir. (*Idem.*)

Andouilles de Troyes.

Faire cuire une fraise de veau comme nous l'avons indiqué, y ajouter une tétine; laissez égoutter, et coupez en filets; hachez des champignons, du persil, des échalotes, coupez des truffes en morceaux, passez le tout au beurre, mouillez avec du vin blanc auquel vous ajouterez un peu de jus ou de fond de cuisson; assaisonnez; faites réduire, ajoutez la fraise et la tétine, et des jaunes d'œufs une demi-douzaine, pour lier le tout ensemble; faites chauffer sans bouillir, et en remuant sans discontinuer; remplissez alors des boyaux avec ce mélange, liez les deux bouts sans trop remplir, et donnez-leur une forme carrée. On les fait cuire à un feu doux, dans du vin, dans du bouillon; on les met sur le gril comme celles du cochon. Elles ne peuvent guère se garder que pendant l'espace de quelques jours seulement. (*Idem.*)

Cervelas.

Choisissez la chair entrelardée, hachez-la avec du persil, de la ciboule, un peu d'ail suivant le goût; assaisonnez le tout convenablement; remplissez de ce mélange des boyaux de grosseur et de longueur convenables, liez les bouts, mettez-les pendant quelques jours dans la cheminée pour les fumer; et pour les manger, faites-les cuire pendant deux ou trois heures. (*Échauffant.*)

Cervelas à l'italienne.

Hachez de la chair maigre de cochon avec son quart en poids de lard ordinaire; assaisonnez avec des épices, du sel, de la coriandre et de l'anis en poudre fine; versez sur ce mélange moitié vin blanc et moitié sang de cochon encore chaud; faites des filets avec la chair de la tête de l'animal, pour les introduire avec le reste dans des boyaux que vous lierez à grandeur convenable; faites cuire, et exposez-les à la fumée. (*Idem.*)

Saucissons.

Faites un choix de la chair maigre et courte du cochon; ajoutez moitié son poids de filet de bœuf et autant de lard que vous couperez en dé, tandis que vous hacherez ensemble les deux autres; assaisonnez pour six livres de chair préparée, cinq onces de sel, un gros de poivre en poudre, autant de mignonnette et de poivre en grains, trois gros de salpêtre; mêlez le tout exactement; le lendemain, remplissez des boyaux de bœuf ou autres gros intestins que vous pourrez avoir ; foulez bien la chair avec un morceau de bois uni ; ficelez comme une carotte de tabac ; lorsqu'ils sont bien remplis, mettez-les dans le saloir ; laissez-les pendant huit jours baigner dans le sel mélangé avec une partie égale de salpêtre ; faites sécher ensuite à la fumée ; enduisez-les de lie de vin, dans laquelle vous aurez fait bouillir de la sauge, du thym, du laurier et du basilic ; lorsqu'ils sont secs, enveloppez-les de papier pour les conserver dans de la cendre. (*Idem*.)

Langues fourrées.

On peut les faire avec des langues de cochon, de veau ou de bœuf ; après les avoir parées, ôté tous les cartilages qui sont à l'extrémité la plus grosse, après les avoir fait blanchir à l'eau bouillante, on enlève la peau qui les recouvre, on les met dans un pot de grès sur une couche de sel mêlée d'un sixième de salpêtre et de plantes aromatiques hachées ; on saupoudre les langues avec ce mélange et successivement jusqu'à ce que le pot soit aux deux tiers plein ; on recouvre avec un plateau de bois qu'on charge pour forcer les langues à baigner continuellement dans la saumure ; on les y laisse pendant huit jours ; après les avoir retirées et laissé égoutter, on les recouvre d'un boyau de bœuf, de veau ou de cochon, qu'on attache aux deux extrémités ; celles-ci se fument en les exposant au-dessus des branches de genièvre vert pendant leur combustion. (*Pour manger en petite quantité.*)

Hure de cochon.

Désossez la tête avec le plus grand soin; dépouillez la langue et coupez-la en filets; joignez-y des morceaux de chair maigre et du lard gras; faites mariner le tout pendant quelques jours; faites une farce avec laquelle vous remplirez le fond de la hure, en mêlant des morceaux de langue et de chair marinées, en y ajoutant des truffes coupées; recousez la tête, en lui redonnant autant que possible sa première forme; enveloppez-la d'un linge blanc; faites cuire dans une braisière avec les os brisés; ajoutez du thym, du laurier, de la sauge, du basilic, un bouquet de persil, des clous de gérofle, du sel, du poivre, de l'eau et une bouteille de vin, de manière à ce que le tout baigne entièrement; faites cuire à petit feu; au bout de sept à huit heures, piquez avec une lardoire pour savoir si elle est assez cuite; retirez la braisière du feu; sortez la hure; lorsqu'elle ne sera plus que tiède, pressez-la fortement, pour extraire la cuisson; laissez entièrement refroidir, pour la développer et la couvrir dans toute sa surface avec de la chapelure passée au tamis. (*Idem.*)

Fromage de cochon.

Après avoir désossé entièrement une tête de cochon, coupez toute la chair qu'elle contient en filets plus ou moins longs et gros; séparez le gras du maigre; coupez de même les oreilles; mêlez le tout avec du laurier, du thym, du basilic, de la sauge et du persil haché très-fin, des épices, du sel, du poivre, de la muscade râpée, le zeste et le jus d'un citron ; étendez la peau de la tête dans un saladier, et arrangez par-dessus les filets, en entremêlant le gras et le maigre, un peu de panne, de la langue à l'écarlate, des truffes coupées en filets ; enveloppez le tout de la peau, cousez-la serrée ; faites cuire ce fromage dans une marmite, comme il a été dit pour la hure ; quand il est cuit à point, qu'il est retiré du feu et encore tiède, on le met dans un moule de fer-blanc ou d'étain, pour lui donner une forme agréable. (*Idem.*)

Fromage d'Italie.

Pilez et broyez un foie de cochon avec deux tiers de lard et un tiers de panne ; mêlez exactement en assaisonnant de poivre, sel, épices, thym, sauge, laurier, basilic, persil haché, coriandre et anis pilés, muscade râpée ; couvrez les bords et le fond d'un moule de fer-blanc avec de l'épiploon (crépine) ; mettez le fromage au milieu ; recouvrez le tout d'autres bardes de lard, et faites cuire au four ; quand il est cuit, laissez refroidir dans le moule, et retirez en le trempant dans l'eau bouillante. (*Idem.*)

Pieds de cochon à la Sainte-Menehould.

Après les avoir fendus en deux, et enveloppés d'une bande de toile, mettez-les cuire dans une marmite avec carottes, ognons, persil, thym, sauge, laurier, basilic, sel et poivre ; mouillez avec moitié vin et moitié eau ;

faites cuire à un feux doux pendant vingt-quatre heures. (*Échauffans*.)

Pieds de cochon aux truffes.

Cuits de la manière précédente et désossés, on les remplit avec la farce suivante : faire bouillir dans du bouillon de la mie de pain et de la tétine de veau hachée ; lorsqu'elle est réduite et épaissie, ajoutez des blancs de volaille, des truffes coupées par tranches, quelques jaunes d'œufs, du sel, du poivre ; mêlez bien le tout ensemble, enveloppez le bout du pied avec de l'épiploon (crépine), pour que la farce ne s'échappe pas, panez et dorez au beurre et une seconde fois à l'œuf. (*Encore plus échauffant.*)

Jambons de Bayonne.

Raccourcissez les jambons en attachant avec une forte ficelle le manche avec la noix ; après les avoir mis en presse pendant vingt-quatre heures entre deux planches chargées de quelque chose de lourd, saupoudrez-les de sel mélangé d'un douzième de salpêtre ; remettez-les en presse pendant deux ou trois jours de suite ; après cela, faites bouillir avec du vin étendu à moitié d'eau, auquel on a ajouté du genièvre en grains, du laurier, du thym, du basilic, de la sauge, de la coriandre, de l'anis, du sel et du poivre ; tirez cette saumure à clair et versez sur les jambons, que vous arrangerez dans un saloir de manière à ce qu'ils baignent entièrement ; saupoudrez de sel par-dessus, et laissez le tout ainsi arrangé pendant trois semaines au plus ; quinze jours au moins; retirez-les pour les faire sécher et les exposer à la fumée du bois de genièvre pendant qu'il brûle; ajoutez-y des plantes aromatiques; frottez-les avec de la lie de vin; faites-les sécher enveloppés de papier, et conservez-les sous la cendre. (*Difficile à digérer.*)

Jambons de Mayence.

Plongez les jambons dans l'eau de puits pendant un jour ou deux; laissez-les égoutter pour les mettre dans un saloir; versez dessus la saumure suivante, dans laquelle vous les laisserez séjourner pendant trois semaines, au bout duquel temps vous les retirez pour achever comme les précédens.

La saumure de ceux-ci se fait en mettant bouillir deux livres de sel dans suffisante quantité d'eau, quatre onces de salpêtre, huit onces de cassonade et quatre gros de calamus aromaticus qu'on enveloppe dans un linge. (*Moins difficile à digérer que l'autre.*)

Petit-Salé.

Pour le faire bon, on prend le filet et la poitrine; on met une couche de sel dans un pot de grès; on pose dessus la chair coupée par morceaux plus ou moins gros; on recouvre d'une couche de sel, puis on en fait une autre avec les morceaux, ainsi successivement jusqu'à ce que la chair soit employée; recouvrez le tout d'une couche de sel, et mettez par-dessus un linge, un plateau de bois et quelque chose de lourd. On peut faire cuire ce

petit salé au bout de six, sept ou huit jours.
(*Pénible à digérer.*)

Lard.

Enlevez toute la chair qui peut recouvrir le lard, frottez et imbibez toute sa surface avec du sel bien fin, une livre pour dix livres de lard ; ajoutez au sel cinq onces de salpêtre par livre ; mettez-le à la cave entre deux planches ; par-dessus celle qui le recouvre ; posez quelque chose de très-lourd ; au bout d'un mois suspendez-le au grand air, dans un endroit frais, pour le dessécher entièrement. (*Idem.*)

Saindoux.

Coupez la panne par morceaux assez petits, après avoir enlevé toutes les membranes qui la recouvrent ; mettez le tout dans un chaudron, avec un peu d'eau pour la faire fondre ; on reconnaît qu'elle est assez cuite lorsque les cretons sont colorés jaunes, lorsqu'ils sont secs et cassans sous les doigts ; on passe ensuite au tamis. (*N'en mangez pas !*)

Oreilles de cochon braisées.

Nettoyez et flambez les oreilles ; placez-les dans une braisière sur des bardes de lard, avec des carottes, des ognons, un bouquet ; mouillez avec du bouillon ; lorsqu'elles sont cuites et assaisonnées, on les sert avec une purée, ou une sauce quelconque. (*Assez bonnes.*)

Oreilles à la Sainte-Menehould.

Cuites de la manière précédente et refroidies, dorez-les avec du beurre tiède, saupoudrez de mie de pain, et les panez une seconde fois à l'œuf, pour leur faire prendre couleur sous le four de campagne, et les servir avec une rémoulade. (*Idem.*)

Oreilles de cochon frites.

Après les avoir fait cuire, braisées et coupées par filets, on les marine comme celles du veau, pour les faire frire de même. (*Échauffantes.*)

Oreilles de cochon à la lyonnaise.

Mettez dans une sauce faite avec des ognons émincés et passés au beurre, les oreilles braisées et coupées par filets; ajoutez un peu de farine; mouillez avec du bouillon et faites réduire; servez en y mettant un filet de vinaigre ou le jus d'un citron, avec ou sans croûtons passés dans la friture. (*Idem.*)

Queues de cochon braisées.

On les place dans une braisière lorsqu'elles sont nettoyées, pour les faire cuire à petit feu, pour les mettre ensuite sur le gril, lorsqu'on les a passées au beurre au sortir de la braisière. On peut s'en servir comme garniture sur toute espèce de purée, et y ajouter toute espèce de sauce. (*Indigestes.*)

Cervelles de cochon.

Elles se préparent de la même manière que celles du bœuf, et toutes les autres dont nous avons déjà fait mention. (*Idem.*)

Rognons de cochon.

Mettez-les dans le plat à sauter, après les avoir émincés ; ajoutez un morceau de beurre, du persil, des échalotes, du sel, du poivre et des champignons, le tout haché menu ; faites revenir et saupoudrez avec de la farine ; mouillez avec une verrée de vin blanc ; lorsqu'ils sont cuits, on les sert avec des croûtons ; il faut seulement avoir attention de ne pas les laisser bouillir, parce qu'ils durciraient. (*Mauvais aliment.*)

Côtelettes de cochon à la poêle.

Coupées, parées et aplaties, mettez les côtelettes dans la poêle, avec un peu de beurre ; pendant leur cuisson, couvrez-les de mie de pain mélangée avec du sel, du poivre et des fines herbes ; arrivées au point convenable, retirez-les, ajoutez à leur jus de la chapelure, un peu de farine et une verrée de vin blanc ; laissez réduire, et versez dessus en y ajoutant des cornichons coupés par tranches. (*Assez bonnes.*)

Côtelettes grillées.

Mettez-les sur un feu clair, au moyen d'un gril bien mince et séparé convenablement ; lorsqu'elles ont été retournées, et arrivées au point de cuisson, saupoudrez de sel et de poivre, pour servir avec une sauce piquante ou préparée avec la moutarde. (*Idem.*)

Échine de cochon rôtie.

Après avoir paré le morceau, après avoir

enlevé la plus grosse graisse, on la met en broche pour laisser bien cuire; car le cochon ne se mange que de cette manière, et avec une sauce robert. (*Idem.*)

Cochon de lait rôti.

Lorsqu'il est échaudé, retroussé, et bien enduit dans l'intérieur avec du beurre manié de fines herbes, du sel, du poivre, on le met en broche et on l'arrose avec de l'huile, pour rendre la peau plus délicate et plus croquante. (*Chair relâchante.*)

Cochon de lait en blanquette.

Les restes du cochon de lait rôti se coupent par morceaux plus ou moins gros; on les passe au beurre, et après avoir mouillé avec de l'eau ou du bouillon, on ajoute un bouquet, du sel ou du poivre; la blanquette finie, ôtez le bouquet, et remplacez-le par une liaison de jaunes d'œufs, le jus d'un citron pour servir. (*Idem.*)

Galantine de cochon de lait.

Échaudé et désossé en entier, excepté la tête, remplissez la peau d'une farce confectionnée avec un foie de veau et autant de lard, bien assaisonnée; recouvrez-la ensuite avec des filets de jambon, de truffes et de langues à l'écarlate, etc.; rapprochez en cousant pour lui faire reprendre sa première forme, enveloppez d'un linge blanc pour faire cuire à petit feu dans une braisière; arrivé à point, retirez-le, et avant qu'il soit refroidi tout-à-fait, pressez-le avec les mains pour extraire tout ce qu'il contiendra de liquide; on ne le sort de son enveloppe qu'au moment de le mettre sur table, étalé sur une serviette (*Idem.*)

Cuisson du jambon.

Après avoir enlevé du pourtour d'un jambon tout ce qui est jauni par la rancidité, coupez le jarret et mettez dessaler pendant deux ou trois jours dans l'eau froide; laissez égoutter, et après l'avoir bien essuyé laissez-le cuire dans le mélange suivant, après l'avoir enveloppé d'un linge blanc, avec de l'eau et du vin, moitié l'un moitié l'autre, des carottes, des ognons, du thym, du laurier, des clous de gérofle, un bouquet; on reconnaît qu'il est à point de cuisson convenable, en le piquant avec une lardoire qui le traverse facilement. Sorti de la cuisson, enlevez l'os du milieu; refroidi entièrement, soulevez la couenne, et recouvrez la graisse qui l'entoure avec un mélange de chapelure et de fines herbes. (*Assez bon en petite quantité.*)

Manière de piquer.

Dans un morceau de lard carré de cinq à six pouces de large, on passe le couteau dans le milieu, de manière à laisser du côté de la couenne autant de graisse qu'on en enlève de l'autre côté; partagez ensuite en morceaux, suivant la longueur que vous voudrez les lardons; faites-en autant pour l'épaisseur, en enfonçant le couteau jusqu'à la couenne, que vous ne coupez pas; enlevez les lardons, qui doivent autant que possible se trouver carrés.

Tout ce qu'on veut larder, piquer, doit être paré d'avance; aux morceaux de viande de boucherie on ôte les membranes, la graisse, les tendons; on ne laisse à découvert que les muscles qui la composent; pour le gibier à poil on fait de même; quant à la volaille et autre gibier, on ôte les plumes, on flambe pour raffermir les chairs; enfin pour le poisson, on le dépouille de sa peau toute entière.

Prenez de la main gauche et sur un linge, la pièce que vous aurez à piquer; enfoncez la lardoire de manière à ce que les deux extrémités du lardon puissent paraître, insinuez-le dans son ouverture extérieure; retirez la lardoire sans laisser dépasser plus d'un côté que de l'autre; continuez à distance bien égale, et de manière à former des lignes droites; la seconde rangée doit croiser avec la première, la troisième avec la seconde, et ainsi de suite, jusqu'à ce que toute la pièce ou le morceau soit entièrement couvert.

Dans le cochon que les charcutiers préparent à Paris, ils assurent que tout en est bon depuis les pieds jusqu'à la tête. De quelque endroit que puisse arriver un porc, nous sommes bien loin d'y attacher la même idée, et sans entrer dans les motifs qui en avaient fait la stricte défense aux juifs, qui ne veulent même pas encore le manger, quoiqu'ils ne soient plus dans les climats qu'ils occupaient alors; nous ne pouvons nous empêcher d'avertir tous ceux qui voudraient en faire leur nourriture principale, qu'ils aient à apporter la plus grande attention : 1º. à ce que la viande provienne d'un jeune animal, quoiqu'on ne les laisse que très-rarement vieillir ; 2°. de ne pas la choisir trop grasse ; 3°. qu'après avoir été salée comme il convient, on ait soin de l'enfumer suivant la coutume dans plusieurs contrées ; 4°. que si malgré tout, ou par nécessité absolue, ils ne voulaient y joindre aucune autre nourriture, il faut absolument que leur estomac soit robuste, vigoureux, ou qu'ils soient soumis à des travaux rudes et pénibles, pour ne pas en éprouver quelque maladie ; 5°. enfin, que si par habitude on a considéré le lard comme un véhicule nécessaire pour associer les autres assaisonnemens, il convient d'apporter la plus grande réserve dans les préparations de cuisine ; et malgré cela la consommation de Paris pour cette année, est de quatre-vingt-dix mille porcs ou sangliers.

DU GIBIER.

Potage au gibier.

Levez les gros filets de six perdreaux, les chairs les plus épaisses d'un lapereau, que vous mettrez à part ; faites un consommé avec leurs débris et deux ou trois livres de jarret de bœuf, dans lequel vous ajouterez les légumes et l'assaisonnement ordinaires. Après avoir enlevé toutes les parties membraneuses ou tendineuses des morceaux, séparez, après les avoir pilées dans un mortier et passées ; faites une panade avec la mie de pain, un peu du consommé et deux jaunes d'œufs ; laissez-la devenir très-épaisse et gratinée, en l'agitant continuellement, mélangez ce que vous aurez broyé avec partie égale de panade et un morceau de beurre frais ; quelques-uns conseillent de suppléer au beurre par un morceau de tétine de veau cuite dans un blanc ; ajoutez du sel, du poivre, de la muscade râpée, des truffes ou des champignons, broyez le tout dans le mortier, en y ajoutant encore deux jaunes d'œufs et un blanc battu et fouetté en neige ; divisez la pâte en boulettes, plus ou moins grosses, que vous placerez sur une assiette plate, pour les glisser toutes à la fois, et le plus doucement possible, dans le consommé bouillant, dégraissé, et prêt à être servi, les boulettes cuites, placez le tout dans une soupière, ajoutez du bouillon quantité suffisante ; et servez. (*Trop nourrissant.*)

SANGLIER.

Presque toutes ses préparations sont les mêmes que celle du cochon ; cependant, lorsqu'il est mâle, il faut avoir le plus grand soin d'enlever les testicules, parce qu'ils lui donnent une odeur et une saveur qui n'est rien moins qu'agréable ; sa hure, ses jambons, ses côtelettes, se trouvent indiqués pour la manière de les faire cuire à l'article du cochon (*voyez ces mots*) ; tout ce qu'on veut faire rôtir des morceaux d'un sanglier, doit toujours avoir été mariné d'avance. (*Bon, lorsqu'il est jeune.*)

DU CHEVREUIL.

De toutes les parties d'un chevreuil dépouillé, fendu par son milieu et coupé par quartiers, ceux de derrière sont préférables.

Quartier de chevreuil à la broche.

Laissez mariner pendant trois ou quatre jours dans de l'eau mélangée de vinaigre, à laquelle on ajoute des ognons coupés par tranches, du thym, du laurier, du basilic, du persil, de l'ail et du sel, le morceau de chevreuil destiné à être rôti, après avoir été paré d'avance; retiré de la marinade, enveloppez-le de papier pour le mettre en broche; au moment d'être cuit, ôtez l'enveloppe pour lui faire prendre couleur, et servez avec la sauce poivrade. (*Bon, mais frais et jeune.*)

Carré de chevreuil à la broche.

Réunissez les deux carrés, enlevez les os qui tiennent au filet, ainsi que les membranes qui les recouvrent; faites mariner comme ci-dessus, embrochez; lorsqu'ils sont cuits, servez-les avec une sauce poivrade ou tomate. (*Idem.*)

Quartier de chevreuil en daube.

Ficelez le quartier, après l'avoir piqué de gros lardons; placez-le dans une daubière avec ognons, carottes, thym, laurier, un bouquet, du sel, des épices; mouillez avec autant de vin que de bouillon; ajoutez des couennes de lard, et faites cuire à petit feu pendant l'espace de cinq à six heures; arrivé à point retirez, et servez avec une sauce robert ou poivrade, et même à la sauce piquante, toutes faites avec la cuisson, passée au tamis. (*Idem.*)

Hachis de chevreuil.

Otez entièrement les membranes et les tendons de ce qui reste d'un morceau de chevreuil rôti, hachez-le fin; passez au beurre des champignons, du persil, des échalotes coupés menu, saupoudrez de farine, mouillez de vin blanc et de bouillon; lorsque le tout est bien assaisonné, ajoutez le hachis, que vous servirez ensuite avec des croûtons. (*Idem.*)

Côtelettes de chevreuil sautées.

On les fait et on les prépare absolument de la même manière que celles du veau. (*Idem.*)

LIÈVRE.

On distingue trois degrés d'accroissement dans un lièvre : le levraut, lorsqu'il est très-jeune; lièvre trois-quarts, celui qui a encore le petit tendon saillant au-dessus de la première articulation ou jointure des pates du devant; enfin ceux qu'on désigne sous le nom de capucins, ce sont les vieux. (*Tous assez bons.*)

Civet de lièvre.

En vidant un lièvre, quel qu'il soit, après l'avoir dépouillé, séparez le foie que vous ajouterez au reste du sang qui pourra encore se trouver dans tout son intérieur; faites-en des morceaux plus ou moins gros; les épaules se partagent en deux; on enlève ensuite toute la peau musculaire qui forme les parois du ventre; on coupe le râble au-dessus des cuisses, la poitrine en plusieurs parties, les cuisses, séparées à l'articulation, se partagent en deux; on laisse entier avec la queue l'intervalle qui les réunit; la tête reste entière; on peut aussi la partager en deux..... Prenez une demi-livre de lard de poitrine coupé menu, faites-le revenir dans le beurre, ajoutez tout le lièvre coupé, que vous remuerez avec, saupoudrez de farine, mouillez avec du vin rouge, de l'eau ou du bouillon, mettez un bouquet de persil, du sel et du poivre; lorsque le tout est bouillant, retirez et écumez, jetez-y des champignons, et une demi-heure après de petits ognons passés au beurre, au même instant le foie, après en avoir retiré la vésicule du fiel (l'amer), dégraissez; lorsque le tout est réduit à point et de bon goût, passez le sang au tamis, et ne le versez qu'au moment de servir, lorsque le civet n'est plus bouillant, parce qu'il se caillerait. (*Idem.*)

Lièvre rôti.

De même que le précédent; lorsqu'il est dépouillé, vidé, qu'on a gardé le sang qui reste dans un vase à part, on brise les os au milieu des cuisses, on l'aplatit avec le couperet, depuis le cou jusqu'à l'extrémité du rable; on le fait revenir en l'exposant un moment à l'ardeur de la braise; piquez de lard fin le rable et le gros des cuisses; mettez en broche, en soutenant par un morceau de bois pour le tenir écarté à sa plus grosse extrémité; allongez les pates de devant sur le cou, et retenez-les en place avec une ficelle; arrivé au point de cuisson requis, mettez fondre un morceau de beurre dans la casserole avec un peu de farine; mouillez avec autant de bouillon que de vin; ajoutez du sel, du poivre, du persil, de l'ail; faites réduire avec le foie écrasé et que vous aurez fait revenir dans le beurre; passez le tout au tamis; faites bouillir pendant quelques minutes et retirez du feu; ajoutez le sang en remuant soigneusement, et servez dans la saucière. (*Idem.*)

Lièvre en daube.

Après l'avoir désossé entièrement, placez-le dans une casserole ou une braisière; ajoutez du sel, du poivre, des carottes, des ognons, un bouquet; mouillez avec du bouillon et partie égale de vin blanc; faites cuire à petit feu pendant une heure et demie, après y avoir ajouté avant tout, les os brisés et la moitié d'un jarret de veau, ainsi que des bardes de lard, par-dessus et par-dessous; lorsqu'il est cuit, retirez-le, passez au tamis le fond de cuisson; faites réduire et servez chaud. On peut encore le laisser refroidir et le servir avec la gelée dans son pourtour. (*Idem.*)

Filets de levraut piqués et sautés.

Enlevez les filets crus; dépouillez-les des membranes qui les recouvrent; faites-les mariner comme du chevreuil; lorsqu'ils le sont assez, laissez égoutter, et pour les bien essuyer, pressez-les dans un linge; mettez-les dans un plat à sauter; lorsqu'ils sont cuits, dressez-les avec des croûtons entre chacun d'eux; et par-dessus une sauce poivrade ou tomate.

On peut encore à volonté les faire cuire

sans avoir mariné d'avance, et les servir sur de la chicorée, avec des truffes ou des champignons. (*Mets recherché.*)

Filets de levraut glacés.

Levez les filets, faites-les mariner comme ci-dessus, mettez cuire avec du bouillon et un peu de glace dans une casserole recouverte de papier beurré et placée sur un feu doux tout autour et par-dessus; lorsqu'ils sont cuits à point, retournez-les pour les glacer; dressez et servez avec une sauce tomate. (*Idem.*)

Cuisses de levraut piquées.

Après avoir enlevé les cuisses près du rable, ôtez l'os jusqu'à la première articulation; piquez de lard fin, et faites-les cuire avec carottes, ognons, un bouquet de persil, du sel, du poivre, des couennes et des débris de lard placés dessous; mouillez avec du bouillon et recouvrez le papier beurré; arrivés à cuisson, dressez-les et glacez avec un pinceau; servez ensuite avec une sauce convenable (*Idem.*)

Levraut à la minute.

Sur les morceaux d'un jeune levraut dépouillé et vidé, passés au beurre avec du sel et du poivre pour les raffermir, ajoutez des champignons, du persil, des échalotes hachés ensemble, et une forte cuillerée de farine; après les avoir bien retournés, mouillez avec du vin blanc et du bouillon; lorsqu'ils commencent à entrer en ébullition, retirez du feu pour les servir de suite. (*Bon.*)

Escalope de levraut.

Après avoir levé les filets et les avoir dépouillés des membranes qui les recouvrent, on les coupe en lames, on les pare et on les aplatit un peu, pour les mettre ensuite sur le plat à sauter avec un peu de beurre ; saupoudrez de sel et faites cuire à un feu vif.

Faites une sauce avec un cuillerée de farine revenue dans le beurre ; mouillez avec de l'eau et mieux encore avec moitié vin et moitié bouillon ; ajoutez des échalotes, un bouquet, du laurier et une gousse d'ail ; faites bouillir, passez au tamis, ajoutez des champignons et des petits ognons passés au beurre ; faites réduire ; et à l'instant de servir, ajoutez le sang tamisé ; ayez soin de tourner, afin que le mélange soit exact ; dressez les escalopes sur un plat entremêlé de croûtons frits, et servez en jetant la sauce par-dessus le tout.

On peut encore suppléer à celle-ci par la sauce aux truffes, celle à l'italienne, etc. (*Échauffant.*)

Pâté chaud avec du gibier.

Sautez dans le beurre avec une une poignée de fines herbes, du sel, du poivre, un bon assaisonnement, différentes pièces de petit gibier, telles que mauviettes, cailles et grives, bien parées et troussées. Ensuite, avec de la farine, faites une pâte très-épaisse et aussi dure que possible ; après l'evoir maniée et disposée en plateau, placez dans son milieu le gibier sauté, ramenez les bords de manière que le tout soit enfermé comme dans une bourse, enveloppez cette masse dans un linge bien blanc, et suspendez-la au milieu d'un chaudron plein d'eau bouillante; au bout d'une heure, bien suffisante pour cette opération, retirez du linge et entrouvrez la pâte, pour y glisser un bon coulis, ou une sauce à l'espagnole, on peut alors servir ce pâté comme entrée. (*Difficile à digérer.*)

Gâteau de lièvre.

Désossez et parez en enlevant toutes les membranes et les tendons, un lièvre rôti d'avance; hachez d'abord grossièrement et pilez ensuite dans un mortier toutes les chairs réunies; ajoutez en pilant une tétine de veau cuite; rassemblez le tout avec une mie de pain bouillie avec du bouillon, à laquelle vous ajouterez du sel, du poivre, du persil, des échalotes, du thym, du laurier hachés-fins; liez la sauce avec des jaunes d'œufs; pilez le tout l'un avec l'autre. Garnissez un moule de fer-blanc avec des bardes de lard; mettez dessus le hachis; couvrez avec d'autres bardes; faites cuire au four ou au bain-marie; parvenu à son degré de cuisson, retirez le gâteau, laissez refroidir; pour l'enlever, mettez le moule dans l'eau bouillante; en le dressant, enlevez les bardes et couvrez de chapelure. (*Idem.*)

DU LAPIN.

Le lapereau se distingue du lapin de la même manière que le levraut; celui de garenne est préférable, comme il est toujours préféré; cependant on peut rendre le lapin domestique bon et même délicat en le nourrissant, pendant une quinzaine avant de le tuer, avec des plantes aromatiques, telles que le thym, le serpolet, le romarin, la petite sauge, le basilic, etc.; ou bien encore, en le faisant cuire; il faut y ajouter alors un bouquet de mélilot dans la casserole, et dans l'intérieur du ventre, si on le met en broche. (*Assez bon.*).

Gibelotte de lapin.

Pour dépouiller un lapin, enlevez ses quatre pates à la première articulation, fendez la peau en travers des pates de derrière, faites passer les cuisses à travers, coupez la queue, renversez la peau tout le long du dos et du ventre, retirez les épaules l'une après l'autre, continuez jusqu'aux oreilles, que vous couperez à la naissance de leur cartilage; parvenu à moitié de la mâchoire, séparez par un coup de couteau. Après l'avoir vidé et partagé, mettez dans une casserole avec du beurre, environ une demi-livre de petit lard, faites-lui prendre couleur et retirez-le; ajoutez une cuillerée de farine que vous ferez roussir très-légèrement, dans lequel vous passerez les morceaux de lapin; mouillez avec moitié bouillon et autant de vin blanc ou rouge; lorsqu'il bout, mettez-y le lard, des champignons et un bouquet; un quart-d'heure avant de le retirer, ajoutez des petits ognons passés au beurre, dégraissez, faites réduire, et servez.

A cette gibelotte on ajoute souvent des tronçons d'anguille, des culs d'artichauts, des croûtons. (*Idem.*)

Lapin à la poulette.

Lorsque le lapin est vidé et coupé par morceaux, on le fait blanchir à l'eau bouillante; après l'avoir retiré et laissé égoutter, faites revenir dans du beurre saupoudré de farine, sans qu'il soit nécessaire de le laisser roussir; mouillez avec du bouillon et moitié vin blanc, ajoutez un bouquet, des champignons, du sel et du poivre; au milieu de la cuisson on met des petits ognons, et au moment de servir, après avoir dégraissé lorsqu'il ne bout plus, une liaison de jaune d'œufs, un jus de citron ou de vinaigre. (*Idem.*)

Lapin aux fines herbes.

Coupé par morceaux, faites-le revenir dans le beurre avec des champignons, du persil, du laurier, du thym, du basilic hachés fins; ajoutez une cuillerée de farine, mouillez avec autant de vin que de bouillon, assaisonnez de sel et de gros poivre; au moment de servir on ajoute le foie, que l'on a fait cuire avec le ragoût, et on le mêle avec la sauce. (*Échauffant.*)

Lapin rôti.

Dépouillé, vidé, et piqué avec du petit lard, on le met en broche pour le servir avec une sauce piquante. (*Bon.*)

Lapereau sur le gril.

On le fend sur toute sa longueur, lorsqu'il a été dépouillé et vidé; après l'avoir aplati avec le couperet, on le met sur le gril, enveloppé d'une feuille de papier beurré; arrivé au point de cuisson, on enlève le papier pour le servir sur du beurre manié de fines herbes, ou si l'on en a, avec du beurre d'anchois. (*Idem.*)

Lapin en galantine.

Désossé et piqué de lard fin, on en désosse encore un autre, dont on mélange la chair avec volume égal de lard, pour le hacher grossièrement; assaisonnez et mêlez des truffes coupées par petits morceaux; couvrez tout le lapin entier avec cette farce entremêlée de filets de jambon, de lard et de truffes; lorsqu'il est rempli, rapprochez les chairs du ventre, ficelez et enveloppez dans un linge blanc; garnissez le fond d'une braisière, et placez dessus le lapin, que vous entourerez avec des carottes, des ognons, du laurier, un bouquet de persil, du thym, du sel, du gros poivre; mouillez avec autant de vin que de bouillon, ajoutez encore les os des deux lapins, qui auront été brisés; couvrez le tout d'autres bardes de lard, faites cuire à petit feu; arrivée à point, retirez la galantine, laissez refroidir et ôtez le linge; passez la cuisson au tamis, dégraissez, clarifiez avec un blanc d'œuf; lorsqu'elle est réduite, versez la gelée sur des assiettes, pour qu'elle puisse se coaguler et s'en servir pour couvrir la galantine entière. (*Idem.*)

Lapereau frit.

Mettez-le mariner dans du vin blanc, après l'avoir coupé en morceaux; ajoutez dans la marinade un jus de citron, du thym, du laurier, de l'ail hachés grossièrement, du sel et du poivre; au bout de deux heures, égouttez, essuyez, plongez dans la farine délayée, et faites frire. On le sert avec une sauce piquante. (*Difficile à digérer.*)

Hachis de lapin.

Désossez un lapin rôti, enlevez les membranes, ôtez les tendons, et hachez ce qui reste de chair extrêmement fin; faites revenir dans du beurre tous les os cassés, ajoutez des parures de veau, du lard maigre, du sel, du poivre; saupoudrez avec une cuillerée de farine; après l'avoir bien retourné, mouillez avec du lait; après une heure d'ébullition, pendant laquelle on remue toujours, retirez le tout, passez au tamis, faites réduire jusqu'à consistance de bouillie; mettez y le hachis que vous faites chauffer seulement, et pas au delà. (*Idem.*)

Croquette de lapin.

Faites le hachis comme il vient d'être indiqué, partagez-le en portions grosses comme des noix; lorsqu'elles sont froides, roulez dans la mie de pain, panez une seconde fois à l'œuf, mettez dans la friture bien chaude, et servez du persil frit. (*Idem.*)

Filets de lapin à la chicorée.

Après avoir enlevé et coupé en filets toute la chair d'un lapin rôti, faites cuire de la chicorée accommodée ensuite avec l'essence de gibier; quand elle est de bon goût, ajoutez les filets, que vous chaufferez sans les faire bouillir. On les prépare encore avec une sauce tomate ou autre. (*Idem.*)

Filets de lapereau en turban.

Piquez de lard fin une demi-douzaine de filets ; avec tout ce qui reste de la chair des lapereaux, faites une farce à quenelles dont on forme, sur plat qui puisse aller au feu, une espèce de turban ou bourrelet ; posez dessus les filets en garniture, remplissez le milieu du turban avec une mie de pain taillée en rond, couvrez les filets de bardes de lard, mettez dessus un papier beurré, et faites cuire sous le four de campagne. Lorsque le tout est cuit, enlevez les bardes ainsi que le pain, égouttez la graisse, glacez les filets et décorez le pourtour avec des queues d'écrevisses, des truffes coupées en perles et des croûtons frits ; dans le milieu on ajoute un ragoût à la financière ou aux truffes. (*Idem.*)

Filets de lapereau en gimblettes.

Levez six filets : pour une entrée c'est le nombre ; piquez-les de lard fin, mettez dans une casserole avec du beurre, des carottes, des ognons, un bouquet, du sel et du poivre ; avant d'y placer les filets il faut les tourner en gimblettes, en liant chacun des bouts avec du fil, en les tournant sur un morceau de carotte dans leur milieu ; lorsqu'ils sont cuits, on les glace, pour les servir avec telle sauce qui peut convenir. (*Échauffant.*)

Cuisses de lapereau en papillottes.

Désossez les cuisses et faites-les revenir dans le beurre, retirez lorsqu'elles sont presque cuites, ajoutez au beurre qui reste des champignons, des échalotes et du persil hachés; faites revenir, saupoudrez d'une cuillerée de farine, mêlez et délayez avec du bouillon; laissez réduire, pour la servir sur les cuisses, qu'on a fait griller d'avance dans du papier beurré. (*Assez bonnes.*)

Cuisses de lapereau à la singara.

Désossez un certain nombre de cuisses de lapereau, piquez en entremêlant de lardons de jambon et d'autres de lard ordinaire, associés avec des truffes coupées de même, que vous placez alternativement; faites revenir dans du beurre, et lorsqu'elles sont raffermies, parez et cuisez dans la braisière ou dans un peu de glace; dressez en mettant sous chacune d'elles un croûton frit, et dans le milieu une sauce agréable. (*Idem.*)

Cuisses de lapereau panées et frites.

Avec des cuisses, faites une fricassée au blanc, sans y rien ajouter qu'un bouquet de persil; cuites à point et de bon goût, on lie la sauce avec des jaunes d'œufs, et on enveloppe bien chacun des morceaux avec; déposés sur un plat pour refroidir, mettez-les dans la mie de pain, dorez à l'œuf, panez une seconde fois, et faites frire, pour les servir avec du persil de même. (*Échauffantes.*)

Lapereau en caisse.

Coupez-le par morceaux, que vous ferez revenir dans le beurre; après qu'ils auront été raffermis, retirez-les pour être ensuite posés dans des caisses de papier, avec de la farce à quenelles dans laquelle on ajoute des fines herbes, le foie du lapereau, ainsi que deux jaunes d'œufs pour lui donner de la consistance; remplissez tous les intervalles de la caisse avec la même farce, couvrez le tout de bardes de lard et d'un papier beurré, faites cuire sous le four de campagne; avant de servir égouttez la graisse, et servez avec une sauce à l'italienne. (*Idem.*)

Lapereau confit.

Après avoir désossé et piqué de lard fin, entremêlé de jambon cru, assaisonnez avec épices en dehors et en dedans, roulez sur lui-même en commençant par les cuisses, serrez et ficelez; faites-le revenir avec de l'huile, du thym, du laurier, du basilic, mais sans bouillir; lorsque l'on s'aperçoit qu'il est cuit, parce qu'il ne rend plus rien, alors retirez, égouttez, laissez refroidir, coupez-le par morceaux susceptibles d'entrer dans de petits bocaux que vous remplirez d'huile, recouverts ensuite de parchemin mouillé d'avance; lorsqu'on le sert, on le coupe par rouelles, on le met sur une assiette avec du persil haché et étendu dans l'huile. On le regarde comme hors-d'œuvre. (*A manger avec réserve.*)

DU FAISAN

Quoi qu'en disent les amateurs, il ne faut jamais le laisser pourrir (faisander); la meilleure manière de le préparer, c'est à la broche; après qu'il a été piqué fin, enveloppez sa tête et les plumes de sa queue avec du papier, pour qu'elles puissent se conserver et le parer encore de tous ses ornemens jusqu'au milieu de la table, où il doit recevoir les derniers honneurs.

Faisan étoffé.

Avec deux bécasses désossées et partagées de manière à conserver la chair d'un côté, les entrailles et les foies de l'autre; de leur chair on fait une farce en la hachant avec de la moelle de bœuf cuite à la vapeur, un peu de lard râpé, poivre, sel et fines herbes; dont on remplit la capacité du faisan, fixée de manière à ce qu'elle ne se répande pas au dehors par le moyen d'une croûte de pain qui le dépasse de deux pouces de chaque côté lorsqu'il est couché dans sa longueur, avec les entrailles et les foies des bécasses pilées et mélangées de deux grosses truffes, un anchois, un peu de lard râpé et un morceau convenable de bon beurre frais; étendez également cette pâte sur la rôtie et la placez sur le faisan préparé comme dessus, de manière à être arrosé en entier de tout le jus qui en découle pendant qu'il rôtit, parvenu à son degré de cuisson, placez-le environné d'oranges amères sur un plat convenable pour être servi. (*Échauffant, tiré de la gastronomie transcendante.*) (*Idem.*)

Faisan à l'angoumoise.

Le faisan lardé avec des truffes, passez au beurre d'autres truffes que vous assaisonnerez; au bout de quelques minutes retirez-les et laissez refroidir, ajoutez-y vingt-cinq ou trente marrons rôtis, remplissez avec tout cela le corps de la bête, que vous envelopperez avec des émincées de veau ou de mouton, surmontées par-dessus de deux bardes de lard; ficelez et placez dans une terrine sur d'autres bardes, mouillez le tout avec du vin de Malaga ou tout autre d'Espagne; arrivé au point de cuisson retirez-le, déficelez, dégraissez la cuisson, ajoutez des truffes hachées grossièrement, et liez la sauce avec quelques marrons pilés et réduits en poudre. (*Échauffant.*)

Faisan poêlé.

Après avoir été piqué, mettez le faisan dans une casserole avec des carottes, des ognons, un bouquet, recouvert de bardes de lard; mouillez avec moitié vin blanc et moitié bouillon; assaisonnez, et faites cuire à petit feu; retirez le tout, passez la cuisson, dégraissez, et pour servir ajoutez un peu de sauce espagnole. (*Idem.*)

Filets de faisan.

Voyez pour les préparer et suivez les mêmes procédés que ceux employés pour les filets de perdrix. (*Idem.*)

Faisan en salmi.

Rôti aux trois quarts de sa cuisson, enlevez les ailes et les cuisses; coupez-les en deux; dépouillez-le ensuite de tout le reste de ses chairs; mettez le tout dans une casserole avec des échalotes hachées menues, le zeste d'une bigarade, du sel, du poivre, de la muscade; mouillez avec du vin blanc, auquel vous ajouterez autant de bon bouillon, dans lequel même vous aurez mis précédemment la carcasse et tous les os broyés; faites réduire, et, au moment de servir, ajoutez une bonne cuillerée d'huile fine, ainsi que son foie écrasé; dressez le salmi avec des croûtons. (*Idem.*)

DE LA PERDRIX.

On en connaît de deux espèces : la rouge et la grise; la première, plus estimée, est beaucoup plus rare que l'autre; les perdreaux sont faciles à reconnaître, en ce qu'ils ont le bout de l'aile terminé en pointe, tandis qu'il est rond dans les perdrix.

Potage à la purée de marrons et de perdrix.

Faire rôtir une perdrix; enlever la peau qui la recouvre, et la désosser, lorsqu'elle est parfaitement cuite, pour piler et broyer les chairs dans un mortier, avec cinquante marrons grillés, qu'on aura aussi fait bouillir d'avance dans suffisante quantité de bon bouillon; passer le tout au tamis; lorsque le mélange est exact, mettre sur un feu doux pour mijoter, avec du pain préparé pour le potage; achever ensuite comme pour toute autre espèce de purée. (*Très-échauffant.*)

Perdreaux rôtis.

Plumés, vidés, flambés et piqués de lard fin, les perdreaux se font rôtir à un feu modéré; ils se servent accompagnés d'un citron.

Lorsqu'on n'a pas le temps, ou lorsqu'on ne veut pas les piquer, on les barde largement, et on recouvre le tout avec des feuilles de vignes. (*Bons.*)

Perdrix aux choux.

Prenez un chou de moyenne grosseur, que vous couperez par le milieu et ferez blanchir dans l'eau bouillante; après avoir été retiré et égoutté, rafraîchissez, exprimez toute l'eau qui en sort et ficelez les deux morceaux avec deux perdrix bien plumées, vidées et flambées, à qui vous aurez retroussé les pates et qu'on peut encore piquer de lard; placez au fond d'une casserole quelques bardes de lard, le chou, deux cervelas, six saucisses, deux carottes, autant d'ognons; assaisonnez de sel, de poivre; recouvrez encore de nouvelles bardes; faites cuire à petit feu. Le tout arrivé à cuisson parfaite, faites égoutter le chou sur un linge; pressez-le même assez pour que tout le bouillon sorte; dressez les perdrix et entourez-les avec les choux coupés par tranches, sur chacune desquelles on place la moitié d'une saucisse, un petit morceau de lard, un autre de cervelas; coupez les carottes par rouelles et arrangez-les de même; passez le fond de la cuisson, ajoutez-y un peu de jus; et lorsqu'il est réduit, servez sur les choux. (*Bonnes, mais les choux difficiles à digérer.*)

Perdrix braisées.

Ordinairement on prend les plus vieilles, on les pique, on les barde avec du lard et du veau en émincées; foncez une casserole; placez-les dedans avec des carottes, des ognons, un bouquet, des parures de viande, des carcasses de lapins bien broyées auparavant; assaisonnez et mouillez avec du bouillon autant que du vin blanc; faites cuire à petit feu; finies, on les dresse, on passe la cuisson dégraissée, on ajoute le jus d'une bigarade et le zeste râpé; servez la sauce par-dessous; au lieu de bouillon pour mouiller, on peut très-bien employer l'essence de gibier. (*Bonnes.*)

Chartreuse de perdrix.

En mesurant à peu près la capacité du moule dont on doit se servir, on fait cuire des navets et des carottes en tournant dans du bouillon; une fois cuits, laissez-les égoutter; faites cuire en même temps des petits ognons, des haricots verts ou toute autre espèce de légumes; apprêtez les perdrix comme pour les mettre avec des choux (*voyez ce mot*); beurrez le moule; placez au fond un cordon de carottes et de navets coupés par ronds de la grosseur que vous voudrez; faites avec tous ces légumes toute espèce de compartiment, en entremêlant les carottes et les navets tout autour; garnissez tout son intérieur avec des choux;

placez les perdrix l'estomac en dessous; mettez les saucisses, les cervelas et le lard, le reste des choux par-dessus pour remplir exactement le moule; avant de servir, faites chauffer au bain-marie ou sur des cendres chaudes; penchez-le pour égoutter la graisse et renversez-le avec grande précaution. (*Échauffant.*)

Perdreaux aux truffes.

Coupez les truffes grosses comme des noisettes; passez-les au beurre avec du sel et des épices; mêlez avec de la volaille hachée et pilée; ajoutez-y du lard; remplissez avec ce hachis les perdreaux vidés et flambés; faites cuire à la braise, pour les servir finis; versez dessus une sauce aux truffes. (*Idem.*)

Perdreaux en papillottes.

Faites revenir les perdreaux partagés en deux et saupoudrés de sel avec du beurre dans le plat à sauter; prêts à être cuits, retirez-les, et faites cuire dans ce qui peut rester du beurre, des échalotes, des champignons, du persil haché, saupoudrés de farine et mouillés avec du bouillon et du vin blanc; lorsque le tout est réduit, on verse sur les perdreaux; chacune des moitiés se couvre avec une barde, et on l'enveloppe avec du papier huilé pour les faire griller à feu très-doux. (*Bons.*)

Perdreaux à la Monglas.

Après les avoir fait rôtir, enlevez les os du sternum et des côtes (estomac, poitrail), coupez leurs filets en dés, ainsi que des truffes et des champignons; faites-les cuire dans une sauce espagnole, en n'y ajoutant les filets qu'à l'instant où les truffes et les champignons sont cuits; pendant ce temps, on les entretient chauds; au moment de servir, on met le ragoût dans la cavité de la perdrix avec une sauce au gibier. (*Idem.*)

Perdreaux à l'anglaise.

On fend depuis le croupion jusqu'à la poche et par le dos; les perdreaux plumés, vidés, flambés et retroussés par les pates; on les aplatit avec le couperet; on les plonge dans une marinade à l'huile, pour les faire griller sur un feu vif, pour les servir avec une sauce à la maître-d'hôtel, une sauce poivrade, ou bien avec une rémoulade.

On les prépare encore de cette manière en les panant avec du beurre. (*Idem.*)

Perdrix à la purée.

Toute espèce de purée confectionnée comme nous l'avons indiqué plus haut est excellente pour placer dessus des perdrix cuites à la braise. On peut varier en les faisant cuire avec des légumes et du lard, pour les servir sur la purée avec les petits morceaux de lard. (*Idem.*)

Sauté de filets de perdreaux.

Enlevez les filets, débarrassez-les des membranes qui les recouvrent, saupoudrez de sel, mettez-les dans le plat à sauter avec un morceau de beurre, dressez-les cuits en couronne avec des croûtons frits à l'entour; détachez la glace avec un peu de sauce espagnole; quand elle est de bon goût on la sert sur les filets.

On les fait aux truffes par le même procédé, en détachant la glace avec la sauce aux truffes. (*Échauffant.*)

Cuisses de perdreaux à la chipolata.

Faites cuire et prendre couleur à du lard coupé par morceaux ; après l'avoir retiré, délayez une cuillerée de farine avec du beurre que vous y ajouterez ; faites revenir dedans les cuisses de perdreaux, mouillez avec du vin blanc et du bouillon, ajoutez des champignons et des ognons passés au beurre, joignez-y le petit lard, des marrons grillés, des saucisses coupées en trois, qu'on aura fait revenir et dépouillées de la peau qui les enveloppe ; faites cuire le tout à petit feu ; réduit à point et de bon goût, dégraissez et servez avec des croûtons. On peut encore le faire avec des truffes. (*Idem.*)

Salmi de perdreaux.

Les perdreaux rôtis, dépecez-les par les cuisses, les ailes, l'estomac et le croupion ; mettez tous les débris pilés dans un mortier, dans une casserole avec du bouillon, des échalotes, du laurier, un bouquet de persil ; faites revenir le tout avec du beurre, après y avoir ajouté une cuillerée de farine ; lorsque la sauce est cuite, passez au tamis, faites chauffer les morceaux dedans sans les laisser bouillir, puis dressez sur des croûtons et versez la sauce par-dessus. On peut encore y mêler des truffes, mais lorsqu'elles ont été passées au tamis. (*Idem.*)

Salmi froid.

La sauce du salmi confectionnée comme il vient d'être dit, mettez sur un plat les perdreaux découpés et refroidis; arrosez avec la sauce, en en laissant un peu dans la casserole; délayez dedans un peu de gelée pour lui donner consistance; on la passe sur les perdreaux, après les avoir garnis de gelée coupée en filets ou bien en losange. (*Idem.*)

Salmi du bernardin.

Ayez trois bécasses, ou quatre bécassines rôties et coupées sur une assiette, mises à part et par portions toutes prêtes à être servies; écrasez sur un plat leur foie et tout ce qui se trouve dans leur intérieur; exprimez le suc de quatre citrons, et coupez le zeste d'un d'entre eux par petits morceaux très-fins; placez dans ce mélange toutes les portions dépecées, assaisonnez avec un peu de sel, du poivre, des épices et de la muscade râpée, deux cuillerées de moutarde et une verrée de vin blanc; exposez ensuite le plat et tout ce qu'il contient sur un réchaud à l'esprit-de-vin; remuez comme il faut pour que le tout soit bien imprégné de l'assaisonnement; ne laissez pas bouillir, arrosez de quelques filets d'huile, diminuez le feu, et continuez de retourner les morceaux, pour les servir et de suite les manger très-chauds; tout ceci se fait sur la table, et, quoique conseillé pour toute espèce de gibier noir, ce salmi peut fort bien convenir dans beaucoup d'autres occasions.

Mayennaise de perdreaux.

Mettez dans une terrine des morceaux de perdrix, après les avoir fait rôtir et leur avoir enlevé la peau; faites une marinade avec de l'huile, du vinaigre, de la ravigote hachée, du sel, du gros poivre, et la moitié d'une cuillère à pot de gelée; on la met sur la glace jusqu'à ce qu'elle soit prise; placez les perdreaux sur un plat; couvrez avec la sauce; décorez avec des croûtons, des cornichons, des filets d'anchois, des truffes, des œufs durs et de la gelée coupée en filets, dont on fait des losanges, pour servir de suite après. (*Idem.*)

Salade de perdreaux.

Préparez et faites cuire les perdreaux comme ci-dessus, dressez-les sur un plat après avoir mariné, et des cœurs de laitues coupés en deux ou en quatre dans les intervalles; remplissez avec des cornichons, des œufs durs et des anchois ou des truffes, pour décorer le plat; au moment de servir, arrosez avec la marinade. (*Bonne.*)

Purée de perdreaux.

Prenez la chair de perdreaux rôtis, ôtez les membranes et les tendons (les peaux et les nerfs), hachez et pilez en y ajoutant un peu de béchamel; lorsque la purée est bien faite, délayez avec un peu de sauce de béchamel; ne faites que chauffer légèrement, et servez-les avec des œufs pochés et des croûtons frits. (*Bonne.*)

Soufflé de purée de perdreaux.

Faites une purée comme ci-dessus, mais un peu plus épaisse, ajoutez quatre à cinq jaunes d'œufs, autant de blancs fouettés; quand ils sont délayés on met le soufflé dans une écuelle d'argent ou une caisse, et on fait cuire sous le four de campagne. Ce soufflé ne doit être fait qu'au moment de le manger. (*Idem.*)

Hachis de perdreaux.

Parez les perdreaux rôtis en supprimant les membranes et tendons, hachez leur chair très-fine, faites revenir dans une casserole avec du beurre et des champignons, persil, échalotes aussi préparés de même; ajoutez une cuillerée de farine; lorsqu'elle est bien mêlée, mouillez avec du bouillon et du vin blanc; quand le tout est de bon goût, mettez le hachis, faites chauffer sans bouillir, et servez avec des croûtons. (*Idem.*)

Canard sauvage rôti.

Faites-le rôtir sans qu'il soit piqué, et sans aucune barde dessus; une fois cuit, mettez dans son intérieur une cuillerée d'huile d'olive, un jus de citron, du sel, du poivre avec un peu d'eau; mettez cette sauce dans le corps et le servez. (*Bon, mais jeune.*)

Canard sauvage en salmi.

Dépecez-le en commençant par les aiguillettes, ensuite les membres, et faites le salmi comme celui de perdreaux. (*Idem.*)

Sarcelle.

Plus délicate et plus petite qu'un canard sauvage, la sarcelle se prépare de même. (*Idem.*)

Bécasses rôties.

Les meilleures se mangent en hiver ; on les barde sans les vider ; repliez les pattes autour des cuisses, traversez-les avec leur long bec, qui peut très-bien suppléer à des brochettes ; mettez en broche après avoir coupé de larges tartines de pain rassis pour les faire griller et les poser précisément dans l'endroit où elles découlent, afin qu'elles puissent recevoir le jus ; on les dresse sur un plat et les bécasses par-dessus. (*Bonnes, mais fraîches.*)

Bécasses farcies.

Fendez-les par-derrière pour les vider, hachez bien tout ce qu'elles contiennent avec moitié lard émincé, ajoutez du persil, des échalotes, du sel et du gros poivre ; remplissez les bécasses avec cette farce, couvrez le tout avec des bardes, faites cuire à la broche, et servez comme les précédentes. (*Idem.*)

Salmi de bécasses.

Même procédé à suivre que pour le salmi de perdreaux, en mettant tout ce qui se trouve contenu dans sa cavité intérieure pour faire la sauce. (*Bon.*)

Salmi à la paysanne.

Dépecez-les lorsqu'elles sont rôties ; hachez

tout ce qui est dans le corps, excepté le gésier; ajoutez des échalotes, du persil, du gros sel, du poivre, un peu de beurre et deux verrées de vin blanc, faites bouillir; ajoutez un peu de chapelure, au bout de quelque temps mettez dedans les bécasses pour les réchauffer, pour les servir de suite. (*Idem.*)

Pluviers et vanneaux.

Comme on ne les vide pas non plus, agissez de même que pour faire cuire les bécasses. (*Bons.*)

Grives.

Bonnes, excellentes pendant les vendanges; pour les faire rôtir, on les enveloppe de feuilles de vigne, et comme on ne les vide pas suivez encore l'instruction pour les bécasses. (*Excellentes.*)

Grives confites dans le vinaigre.

Après leur avoir coupé la tête et les pates, faites-les rôtir à moitié sur le gril, ou à la brochette, pour achever de les faire cuire dans le vinaigre assaisonné de laurier en feuilles et d'épices en suffisante quantité; rangez-les ensuite dans un pot de faïence et versez dessus la saumure bouillie et refroidie, recouvrez avec une couche de graisse, et conservez. Après avoir bouché hermétiquement avec une vessie ou un parchemin, placez ensuite dans un endroit frais et à l'abri de la lumière. On mange les grives très-bonnes encore au moins pendant une année, lorsqu'elles sont préparées de cette manière.

Cailles.

Rôties et enveloppées aussi de feuilles de vigne, exposées à un feu doux ; à cause de leur graisse, on ne les vide jamais, faites de même que pour les précédens. (*Bonnes.*)

Merles.

Mêmes préparations que pour les précédens. (*Idem.*)

MAUVIETTES.

Les mauviettes le plus ordinairement se couvrent d'une petite barde de lard, et on les enfile dans des hâtelets pour les fixer à la broche, et les faire rôtir par demi-douzaine ou par douzaine entière. (*Assez bonnes.*)

Mauviettes à la minute.

Sautez les mauviettes dans du beurre et du sel ; lorsqu'elles sont raffermies, on les fait encore revenir au beurre avec des champignons, des échalotes et du persil hachés ; mouillez avec une verrée de vin blanc et du bouillon ; lorsque le tout commence à bouillir, on retire, et l'on sert avec des croûtons frits. (*Idem.*)

Mauviettes au gratin.

Après les avoir fendues par le dos et désossées, on les remplit de farce cuite ; on met sur le plat une couche de cette même farce, on place les mauviettes en rond, on remplit les intervalles avec de la farce, et on ne laisse apercevoir que la partie supérieure de l'estomac dans le milieu ; on les couvre avec de la mie de pain coupée en rond, et le tout avec des bardes et du papier beurré, pour les mettre sous le four de campagne; lorsqu'elles sont cuites, on retire la mie de pain, les bardes et le lard, on dégraisse, et l'on sert avec des champignons ou une sauce à la financière. (*Idem.*)

Mauviettes en caisse.

Les mauviettes désossées, on les remplit d'une farce cuite, dans laquelle on met des foies hachés et des truffes; pour chacune on fait une caisse avec du papier huilé, dans le fond on met de la farce, sur laquelle on étend la mauviette, recouverte ensuite avec une barde de lard, sur laquelle on ajoute un autre papier beurré; on les fait cuire ainsi préparées sous le four de campagne; au moment de servir, on égoutte la graisse et on met dessus un peu de sauce réduite. (*Idem.*)

Toutes fois qu'une pièce de gibier est un animal jeune, ses chairs sont tendres, et portent avec elles l'arôme qui leur est particulier et après lequel courent les amateurs. Dans le cas dont il s'agit, le gibier convient parfaitement à tous les estomacs même aux convalescens, mais il doit être mangé à point; il ne faut pas le laisser pourir ou *faisander*, car loin de soutenir les forces, il excite des nausées; et quand même la répugnance ne s'en mêlerait pas, son action est toujours nuisible si elle ne devient pas dangereuse, peu importe la manière dont on le prépare; cependant lorsqu'il est rôti et qu'on a suppléé au jus qu'il a pu laisser échapper pendant sa préparation par quelque autre substance analogue, il devient mieux approprié à l'influence de la digestion sur la nutrition, autant qu'il est possible où peut-on ajouter quelques acides tels que le citron, le vinaigre, le verjus, des aromates, jamais en assez grande quantité pour effacer le goût qui est inhérent à la pièce soumise à l'appétit de l'individu qui en mange. Laissant aux goûts dépravés et aux appétits bizarres la manie de manger le gibier en putréfaction, l'homme sage doit toujours s'en abstenir quand même on lui donnerait pour raison, que pour en jouir dans toute sa plénitude, il est de nécessité absolue qu'une pièce de gibier soit un peu avancée.

DE LA VOLAILLE.

DINDON.

Il faut toujours les choisir jeunes pour les faire rôtir ; les vieux se mettent en daube ; et pour cet objet, la dinde est encore préférable, parce qu'elle a quelque chose de plus délicat. Autant que possible il est nécessaire qu'ils soient gras, garnis de chair un peu ferme, et qu'ils aient la peau fine et blanche. (*Bonne nourriture.*)

Dindon truffé rôti.

Après avoir coupé les truffes par morceaux plus ou moins gros, passez-les au beurre, saupoudrez de sel, de poivre ; tuez le dindon ; après l'avoir plumé et flambé, videz-le encore chaud, et le remplissez avec les truffes ; lorsqu'il est recouvert, gardez-le dans un endroit frais jusqu'à ce que vous le mettiez en broche. (*Échauffant*.)

Dindon en daube.

Le dindon plumé, vidé et flambé, ôtez-lui les pates, le cou, les ailerons; mettez-le ensuite dans une braisière garnie de bardes de lard dans son fond; placez à l'entour des parures de viande, des carottes, des ognons, un bouquet, un morceau de jarret, deux pieds de veau; mouillez avec du bouillon ou de l'eau et une verrée de vin blanc; faites cuire à petit feu; arrivé à point, retirez-le, et passez tout ce qui reste dans un tamis; laissez refroidir pour enlever la graisse, et couvrez de cette gelée la daube entière; on peut même désosser la volaille, la faire cuire de la même manière, elle n'en serait que meilleure. (*Très-bon*.)

Galantine de dindon.

Ouvrez-le par le dos, désossez et enlevez toute la chair, laissez la peau intacte, coupez les filets en lardons, hachez tout ce qui reste aussi fin que possible; après avoir ôté les membranes, les tendons, etc., ajoutez de la rouelle de veau et du lard; assaisonnez et pilez tout ensemble dans un mortier, étendez la peau sur un linge fin, mettez dessus une couche de farce, couvrez d'un rang de filets, d'un rang de langue à l'écarlate ou de jambon, un autre de truffes, de pistaches et de cornichons jusqu'à l'extrémité; achevez dessus le reste de la farce, roulez la galantine dans le linge, ficelez, et faites cuire de même que la daube; elle se sert avec la gelée en rouelle ou en aspic. (*Idem.*)

Dindon en surprise.

Laissez refroidir un dindon rôti, enlevez toute la partie supérieure du sternum (l'estomac); remplissez avec une financière ou tout autre ragoût, dans lequel vous aurez fait entrer les blancs qui ont été séparés; couvrez d'une farce à quenelles, avec laquelle vous fermez l'ouverture, saupoudrez de mie de pain mêlée avec du fromage râpé; faites chauffer et prendre couleur sous le four de campagne; on le sert avec une sauce allemande. (*Idem.*)

Cuisses et ailes de dindon à la sauce robert.

Lorsqu'il reste quelque chose d'un dindon rôti, si ce sont les membres, on y fait des incisions dans toute leur étendue; après les avoir assaisonnés on les met sur le gril, pour être servis avec une sauce robert. (*Idem.*)

Abatis de dindon en haricot.

Nettoyez la tête, le cou, les ailerons, le gésier; passez ces abatis dans le beurre, saupoudrez de farine et mouillez avec du bouillon ou de l'eau; assaisonnez, ajoutez un bouquet et faites cuire à grand feu; lorsque le tout est presque cuit, mettez-y des navets passés au beurre, dégraissez avant que de servir; on peut encore aux navets ajouter des marrons. (*Idem.*)

Ailerons à la Sainte-Menehould.

Les ailerons nettoyés et échaudés, on les fait cuire dans autant de bouillon que de vin blanc, avec du sel, du poivre et un bouquet; on fait bouillir jusqu'à ce que la sauce s'attache aux ailerons, on les en imbibe comme il faut, et on laisse refroidir; après les avoir trempés dans l'huile on les pane à la mie de pain; mis sous le four de campagne, lorsqu'ils ont pris couleur on les fait griller; avant de servir on y ajoute le jus d'un citron. (*Echauffans.*)

Ailerons piqués.

Après les avoir en partie désossés, on les jette dans l'eau chaude pendant quelques minutes; flambés ensuite, on les pique de lard fin, on les fait cuire dans un peu de bouillon avec de la glace, on les couvre d'un papier beurré; lorsqu'ils sont cuits, faites-leur prendre couleur en faisant réduire la sauce à la glace, servez-les ensuite sur de la chicorée, des haricots, avec un ragoût de champignons ou autre. (*Idem.*)

Ailerons à la braise.

Désossés comme ci-dessus, on les met dans une casserole avec du lard, des carottes, des ognons, un bouquet; on mouille avec du bouillon, de manière à ce qu'ils baignent entièrement; faites cuire à petit feu, servez avec le fond de cuisson réduit, soit sur des haricots, soit sur des purées, ou sur tel autre ragoût désiré. (*Bien bons à manger.*)

Ailerons en fricassée de poulet.

Après les avoir fait blanchir, suivez ce qui a été dit pour la fricassée de poulet. (*Idem.*)

Ailerons frits.

Lorsqu'ils sont cuits en fricassée de poulet avec une sauce concentrée, laissez refroidir, et couvrez bien avec la sauce pour les paner ; faites de même une seconde fois, mais à l'œuf ; faites frire, et servez avec du persil frit. (*Difficiles à digérer.*)

Ailerons à la chipolata.

Dans un ragoût à la financière ajoutez des petits ognons, des marrons, des saucisses coupées en trois ; lorsqu'il est dressé on y ajoute des croûtons frits. (*Échauffans.*)

Ailerons en matelotte.

En les passant au beurre, ajoutez une cuillerée de farine et délayez ; mouillez avec du vin, autant de bouillon ; assaisonnez, faites cuire à grand feu ; à moitié de cuisson, ajoutez de petits ognons passés au beurre, et des champignons ; servez avec des croûtons. (*Idem.*)

Capilotade.

Faire fondre un morceau de beurre, y délayer une cuillerée de farine ; ajoutez ensuite des champignons, du persil et des échalotes hachés ; mouillez avec moitié vin blanc et autant de bouillon ; la sauce arrivée à point, dégraissez, faites mijoter pendant un quart d'heure les morceaux de dindon ou autre volaille, et servez avec des croûtons. (*Idem.*)

Hachis de dindons.

Supprimer toutes les membranes, tous les tendons des chairs d'un dindon rôti; les hacher fins et les mettre dans un béchamel; dressez sur une garniture de croûtons, après l'avoir fait réduire à point. On peut y ajouter encore par-dessus quelques œufs pochés. (*Facile à digérer.*)

Marinade de dindon.

Tout ce qui reste d'un dindon rôti, après l'avoir coupé en morceaux de moyenne grosseur, doit être mis dans une marinade cuite; égoutté, on le plonge ensuite dans une pâte, pour être frit et entouré de persil semblable. (*De difficile digestion.*)

DE LA PINTADE.

Devenue assez commune, la pintade est très-souvent recherchée pour varier les rôtis; on la prépare de la même manière que le dindon.

DU POULET.

On les prend le plus ordinairement, lorsqu'on veut établir un choix, avec la peau fine, blanche, des chairs fermes et grasses; leur bonne saison est depuis le mois de septembre jusqu'en février; on les vide par en haut, en faisant attention de ne pas crever la vésicule du fiel attachée au foie (l'amer), car cela seul les rendrait d'une saveur désagréable. (*Très-bon.*)

Poulet rôti.

Le plus souvent on a l'habitude de le couvrir d'une barde de lard assez étendue pour qu'il ne noircisse pas; et pour le servir on l'environne de cresson. (*Idem.*)

Poulets rôtis pour entrée.

Après avoir manié un morceau de beurre, avec du sel et du poivre, on le glisse dans leurs cavités intérieures, pour les brider ensuite et les frotter avec le jus d'un citron; environnés de bardes de lard, en les enveloppe entièrement dans du papier beurré, pour les faire rôtir sans prendre couleur; cuits à point et déficelés, on les met sur une sauce au beurre d'écrevisses, verte, tomate, à l'estragon, à la ravigote, etc., aux ragoûts aux truffes, aux champignons, à la financière. (*Echauffans.*)

Poulets poêlés.

Frottez d'un jus de citron toute la partie supérieure (l'estomac) des poulets, recouvrez-les de bardes, ficelez et faites-les cuire dans une poêlée (*voyez ce mot*), pour les servir de la même manière que les précédens. (*Idem.*)

Fricassée de poulets.

Après les avoir épluchés, vidés et coupés par morceaux, faites-les revenir dans l'eau bouillante, afin de les dégorger et les blanchir; mettez dans un morceau de beurre chauffé au fond de la casserole; retournez-les pour qu'ils puissent bien prendre le beurre, saupoudrez de farine; lorsqu'elle est parfaitement délayée, mouillez avec de l'eau ou du bouillon, assaisonnez, ajoutez un bouquet de persil; lorsque le tout est à moitié cuit, mettez des petits ognons, des champignons, des culs d'artichauts, et laissez mijoter; arrivés au point de cuisson convenable, dressez les morceaux sur un plat, dans leur intervalle les ognons, les champignons, les culs d'artichauts; passez la sauce au tamis, faites la liaison par le moyen des jaunes d'œufs, joignez-y le suc d'un citron, et versez sur le tout; pour la décoration mettez dessus quelques écrevisses. (*Très-bonne.*)

Marinade de poulet.

Suivez le même procédé que pour la marinade de dindon. (*Échauffante.*)

Poulet à la Sainte-Menehould.

D'une fricassée de poulets bien liée, retirez les morceaux, laissez refroidir, appliquez tout autour la sauce un peu épaisse, roulez dans la mie de pain, panez à l'œuf, et mettez le tout sous le four de campagne ou dans la friture. (*Idem.*)

Friteau de poulets.

Après avoir coupé les poulets par morceaux, faites-les mariner dans l'huile, du jus de citron ou du vinaigre, avec sel, poivre, ognons coupés par tranches, et du persil haché; laissez égoutter, et faites frire dans l'huile; on les sert avec une sauce à l'huile à laquelle on ajoute du sel et du poivre, des tranches de citron, du persil et de l'estragon hachés très-fin. (*Difficile à digérer.*)

Poulet à la Marengo.

Mettez-le dans une casserole avec de l'huile; lorsqu'il aura été coupé par morceaux, ajoutez du sel fin, un bouquet, des champignons ou des truffes, et faites prendre une belle couleur; lorsqu'il est convenablement cuit dressez-le avec une sauce italienne bien réduite; on peut y adjoindre des croûtons ou des œufs frits. (*Échauffant.*)

Poulet en surprise.

Voyez ce qui a été dit pour cette préparation du dindon, faites de même. (*Idem.*)

Poulet aux truffes.

Faites encore de même que pour les dindons qu'on désire truffer. (*Idem.*)

Fricassée de poulet à la minute.

Faites-le revenir, après l'avoir dépecé, dans une casserole avec du beurre; ajoutez des champignons, du sel et un bouquet; saupoudrez de farine, remuez, mouillez avec de l'eau ou du bouillon et un peu de vin blanc; au moment de servir exprimez le jus d'un citron, ou bien ajoutez un filet de vinaigre. (*Bonne.*)

Poulet à l'estragon.

Faites blanchir une pincée assez forte de feuilles d'estragon, laissez-les rafraîchir et égoutter; avec le foie du poulet haché fin, en y mêlent un tiers de l'estragon préparé, ajoutez un peu de beurre, du sel et du gros poivre, maniez le tout ensemble pour remplir l'intérieur du poulet, couvrez d'une barde et faites rôtir; mettez le reste de l'estragon dans du beurre fondu, et ajoutez-y un peu de farine, mouillez avec du bouillon, liez ensuite avec des jaunes d'œufs et le jus d'un citron, chauffez sans faire bouillir, versez dans un plat, et mettez le poulet par-dessus. (*Échauffaut.*)

Poulet à la tartare.

Après l'avoir retroussé par les pates, fendu par le dos jusqu'au croupion, aplati avec le dos du couperet, mettez-le dans une marinade à l'huile; faites griller, et servez avec une sauce à la tartare.

On peut encore le faire revenir dans le beurre pour le paner et le faire griller. (*Idem.*)

Poulet aux fines herbes.

Hachez fin le foie entier; maniez-le avec du beurre, des fines herbes, du sel et du poivre; mettez le tout dans l'intérieur; faites-le revenir au beurre avant de le mettre à la broche, recouvert d'une barde de lard et tout entier dans un papier bourré; dans le beurre où vous l'aurez fait revenir, ajoutez un ognon, une carotte coupée par tranches minces, avec du laurier, du thym, du basilic, mouillez avec du bouillon et du vin blanc, faites bouillir quelques minutes et passez au tamis; ajoutez des fines herbes hachées, remettez sur le feu pendant au moins une demi-heure, sans bouillir; passez et y ajoutez un morceau de beurre, du sel et du poivre ; faites réduire, et servez sous le poulet. (*Idem.*)

Poulet à la napolitaine.

Avec une fricassée de poulet ordinaire, liée avec une sauce courte que vous laisserez refroidir, faites cuire du macaroni quantité suffisante, préparé avec du bouillon, que vous laisserez égoutter, pour le mettre dans du beurre mélangé avec de la sauce tournée plein une cuillère à pot, et auquel vous ajouterez du fromage de Parmesan mêlé avec le double de fromage de Gruyère râpé ; saupoudrez de gros poivre, remuez pour bien imbiber avec la sauce le macaroni, dont vous formerez une couche épaisse dans une casserole ou un plat d'argent, sur lequel les morceaux du poulet placés, entourés de sauce, seront bien environnés du macaroni, que vous dorerez avec ce qui vous en restera ; saupoudrez de mie de pain aussi épais que possible, dorez une seconde fois avec du beurre fondu, panez encore, et mettez le tout sous le four de campagne. (*Très-bon.*)

Poulet à la vénitienne.

Fendez par le dos, depuis le cou jusqu'au croupion, un poulet flambé et vidé, aplatissez avec le couperet, faites revenir dans le beurre, mouillez avec du vin blanc et du bouillon, ajoutez un bouquet de persil, du sel, du poivre ; faites cuire à petit feu ; arrivé à point convenable, passez et faites réduire, ajoutez du beurre manié de farine, versez-le sur le poulet mis dans un plat qui puisse aller au feu, couvrez le poulet et la sauce avec du parmesan râpé, mettez sur un feu doux et sous le four de campagne; servez le poulet lorsqu'il a pris couleur et que la sauce est réduite. (*Échauffant.*)

Poulet à la mulâtre.

Mettez le poulet en morceaux dans la casserole, avec du beurre et un quarteron de petit lard coupé menu, et de la poudre de kari; saupoudrez de farine; lorsque le tout est bien revenu, mouillez avec du bouillon; ajoutez des champignons; la chair à moitié cuite joignez-y des petits ognons, des culs d'artichauts, des choux-fleurs coupés menus, des haricots verts, toute espèce de légumes que vous aurez choisis; achevez de cuire à grand feu, en ajoutant toujours de quoi mouiller; arrivé à point convenable, servez. (*Idem.*)

Poulet aux légumes.

Après avoir haché le foie du poulet avec du lard, du persil, des ciboules, des champignons, du sel et du poivre, on introduit le tout dans l'intérieur du corps, pour le faire cuire à la braise; on prépare d'un autre côté des choux-fleurs, ou toute autre espèce de légumes; lorsqu'ils sont à moitié cuits, on les achève en les joignant au poulet, après avoir été dégraissés d'avance; on sert les légumes sous la volaille. (*Très-bon.*)

Poulet aux anchois.

Hachez le foie avec du lard, du persil, des ciboules et des anchois; mêlez un peu de poivre, soulevez adroitement la peau et placez le mélange par-dessous; recouvrez d'une barde de lard, enveloppez avec une feuille de papier beurré, mettez à la broche, pour le servir avec une sauce au jus de veau ou de jambon, dans laquelle il y aura des anchois coupés très-fins. (*Échauffant.*)

Casserole de volaille au riz.

Après avoir fait cuire une demi-livre de riz dans du bouillon très-gras, lorsqu'au moyen d'un assaisonnement convenable il est de bon goût, étendez-en une couche sur un plat de terre ou d'argent, sur laquelle vous ajouterez une fricassée de poulet entourée de sa sauce; recouvrez le tout avec le restant du riz, que vous arrangerez avec symétrie; mettez le plat sur un feu doux, et recouvrez avec le four de campagne pour lui faire prendre couleur. (*Très-bonne.*)

Filets de poulet au suprême.

Pour une entrée ordinaire, prenez les filets de quatre poulets, dont vous séparerez les filets mignons; enlevez tout ce qui les recouvre, saupoudrez de sel, et avec un morceau de beurre, faites cuire dans le plat à sauter, sans leur faire prendre couleur; dressez-les sur un plat avec un croûton frit dans l'intervalle; on peut même les piquer et les servir avec une sauce tournée aux truffes. (*Échauffant.*)

Cuisses de poulet.

Faites-les cuire à la braise, au blanc, au roux, avec des racines, des champignons, et les servir avec tous les légumes et toutes les sauces qu'on peut désirer. (*Bonnes.*)

Marinade de poulet.

Les poulets dépecés, passés dans une marinade quelconque, on les plonge et on les garnit de pâte préparée pour les faire frire. (*Pénibles à digérer.*)

Poulet à la Horli.

Dépecé, mariné, après l'avoir fait frire, on le dresse et on le glace; coupez ensuite des ognons par rouelles, faites-les frire pour les mettre sous la volaille, et par-dessus un aspic chaud. (*Échauffant.*)

Friture à la Villeroi.

Pour la faire on se sert des restes d'une fricassée, ou bien on la prend tout entière avec une sauce épaissie; lorsqu'elle est froide on en garnit bien tous les morceaux les uns après les autres; on les pane d'abord avec de la mie de pain seulement, puis une seconde fois à l'œuf, pour faire frire d'une belle couleur; on y ajoute à l'entour du persil frit. (*Assez indigeste.*)

Capilotade de poulet.

Elle se fait absolument de la même manière que celle du dindon. (*Bonne.*)

Salade de volaille.

Dépecez un poulet après l'avoir fait rôtir; ne prenez que ses chairs après les avoir parées; mettez-les mariner dans une ravigote hachée, avec du sel, du gros poivre, de l'huile, du vinaigre; au bout de quelques instans, dressez-les avec des cœurs de laitue, des cornichons, des œufs cuits durs coupés en long, des filets d'anchois, et versez dessus l'assaisonnement. (*Idem.*)

Aspic de blanc de volaille.

Jetez dans le moule un peu d'aspic; mettez-le sur la glace pour le faire prendre; formez un dessin symétrique avec des œufs durs, des truffes, des feuilles de persil; recouvrez-le avec de la gelée; lorsqu'elle est prise, placez les blancs de volaille, et continuez successivement jusqu'à ce que le moule soit rempli; au moment de servir, passez le moule à l'eau chaude, afin de tout détacher et de pouvoir le renverser sur un plat; dans le milieu de la cavité qui peut exister, on remplit avec le ragoût suivant : coupez des blancs de poulet, des crêtes, des ris de veau, des champignons, des truffes, que vous mettrez dans une sauce tournée, à laquelle vous ajouterez deux cuillerées d'aspic fondu; lorsque cette sauce est froide, remplissez tout le milieu qui peut encore rester. (*Idem.*)

Purée de volaille.

Voyez pour celle-ci la puré de gibier; on la confectionne de même. (*Idem.*)

Soufflé de purée de volaille.

Absolument de même. (*Voyez* soufflé de purée de gibier.) (*Idem.*)

Croquettes de volaille.

Enlevez des chairs de poulets rôtis, toutes les membranes, les tendons; hachez-les avec de la mie de pain trempée de crême et de jaunes d'œufs; assaisonnez, lorsque tout est bien lié; formez de petites boulettes que vous roulerez dans la mie de pain; panez une seconde fois à l'œuf; faites frire, et servez avec du persil préparé de même. (*Échauffantes.*)

De la poularde et du chapon.

Une poularde est toujours plus fine, plus grasse et plus délicate qu'un chapon, mais elle est moins forte; celles du Mans et de la Bresse jouissent d'une réputation méritée; elles sont aussi meilleures que toutes les autres. (*Bonnes.*)

Chapon au gros sel.

Après l'avoir flambé, vidé, après lui avoir retourné les pates en dedans, frottez-le de jus de citron; recouvert de bardes de lard, mettez-le avec des ognons, des carottes, du lard coupé menu, le cou, le gésier, un bouquet, des parures de veau, du sel, du poivre, le tout mouillé avec du bouillon, et vous laisserez cuire à petit feu; on le sert avec son jus, auquel on ajoute du sel. (*Très-bon.*)

Chapon braisé.

Lorsqu'il est vidé et flambé, faites cuire dans une braise; au moment de servir, passez la cuisson au tamis, faites-la réduire et versez dessus. (*Excellent.*)

Chopon rôti aux truffes.

On le prépare de la même manière que le dindon. (*Voyez* son article.) (*Echauffant.*)

Chapon au riz.

Après l'avoir fait cuire dans du bouillon, auquel on aura ajouté un bouquet, après l'avoir retiré, faites crever le riz dans son bouillon ; un moment avant de le servir, remettez la volaille, et vous verserez le riz par-dessus ; on peut encore ajouter un peu de jus dans ce riz. (*Excellent.*)

Chapon farci à la crème.

Enlevez l'estomac, lorsque le chapon aura été rôti, hachez toutes les chairs qui sont dessus avec une bouillie composée de mie de pain cuite avec de la crème, un quarteron de graisse de bœuf, du persil, des ciboules, champignons coupés fins et passés au beurre, du sel, du poivre et trois jaunes d'œufs ; remplissez tout l'intérieur avec cette farce, et figurez ce qui a été enlevé ; couvrez légèrement avec de la mie de pain, dorez avec du beurre fondu, panez une seconde fois, faites prendre couleur sous le four de campagne, servez avec une sauce piquante. (*Echauffant.*)

Chapon à la singara.

Enlevez le sternum (l'os de l'estomac) en passant, après l'avoir brisé, un doigt dans la poche et un autre par le croupion ; à sa place et sous la peau, mettez des lardons de langue à l'écarlate et de lard; troussez-le; recouvrez d'une barde, ficelez, et mettez cuire à la braise; arrivé à point, retirez-le; passez le fond de cuisson, et faites réduire; on peut y ajouter un peu de sauce tomate. (*Idem.*)

Chapon à la nantaise.

Avec le foie, douze ou quinze marrons grillés, du persil, des ciboules, un peu d'ail hachés tous ensemble, ajoutez du sel, du poivre et deux jaunes d'œufs; faites un mélange exact et remplissez tout son intérieur avec; mettez à la broche, enveloppé d'une feuille de papier beurré; lorsqu'il est cuit, ôtez le papier, dorez-le à l'œuf, et le couvrez de mie de pain, pour lui faire prendre couleur à un feu vif et le servir à la sauce piquante. (*Bon.*)

Chapon en croûte.

Faites cuire à la braise un chapon piqué de lard en y ajoutant des ognons, des carottes, un bouquet, des parures de viande; mouillez avec du bouillon; cuit à point, retirez-le; passez le fond de cuisson, et faites réduire; mettez-y le chapon, pour le bien imprégner de la sauce; faites ensuite refroidir sur un plat; couvrez-le d'une seconde sauce, composée de beurre manié de farine, lait, poivre, sel, que vous laisserez venir très-épaisse; panez avec de la mie de pain; mettez sous le four de campagne, et servez avec une sauce piquante. (*Idem.*)

Chapon en ballon.

Après l'avoir fait cuire dans une casserole avec du beurre, du sel, du poivre, un bouquet garni, retournez-le de temps en temps, pour qu'il soit également cuit; retirez-le; passez dans le beurre qui a servi, des truffes, des champignons, des échalotes, du persil hachés, que vous verserez sur le chapon tout entier; quand il est froid, mettez dans son intérieur la moitié des fines herbes; placez-le sur quatre grandes feuilles de papier huilé; après l'avoir encore garni d'une barde de lard, entourez-le du reste des fines herbes, et par-dessus une autre barde; pour le couvrir sur la partie supérieure, formez un ballon carré avec la première feuille de papier; roulez-le ensuite dans chacune des autres, de manière à ce que les plis ne se rencontrent pas; ficelez; faites chauffer au four, sans jaunir le papier; déficelez lorsqu'il est chaud; faites une ouverture carrée dans le papier, dont vous relevez les bords, versez dedans une sauce italienne, et dépecez le chapon par l'ouverture. (*Idem.*)

Observation.

Comme on peut préparer les restans de poulardes et de chapons, comme avec leurs cuisses, leurs filets rôtis ou non on peut faire des croquettes, des salades, des hachis, de la même manière que nous l'avons indiqué en parlant des poulets, nous y renvoyons, pour ne point répéter la même chose.

DE L'OIE.

Lorsqu'elle est sauvage et jeune, elle se met à la broche; on peut en faire de même pour celle de nos basses-cours, surtout lorsqu'elle n'a pas plus d'une année et qu'elle a été engraissée avec de bonnes grenailles. (*Très-difficile à digérer.*)

Oie en daube.

Pour la préparer de cette manière, il faut prendre une oie bien en chair, la piquer de lard, la remplir de marrons grillés, la ficeler, la mettre dans une braisière avec une demi-livre de jarret de veau, et entourée de carottes, ognons, un bouquet; recouvrir le tout avec des nouvelles bardes, mouiller avec moitié bouillon et moitié vin blanc, faire cuire à petit feu, dégraisser lorsqu'elle est arrivée au point convenable, passer le fond de cuisson au tamis, faire réduire, clarifier avec un blanc d'œuf, dresser froid sur la daube. (*Idem.*)

Salmi d'oie.

Voyez salmi de perdrix.

Procédé pour conserver les ailes et les cuisses d'oie.

Après avoir fait rôtir à moitié cuisson des oies grasses choisies, enlevez le plus largement possible les ailes et les cuisses, laissez refroidir, frottez-les d'un mélange de sel et de salpêtre, pour les placer par lits les unes sur les autres; entre chaque rang, mettez une couche de feuilles de laurier, de sauge et de thym; réunissez toute la graisse qu'elles peuvent rendre des deux côtés, retirez les morceaux d'oie de la marinade, et achevez de les faire cuire dedans; on reconnaît qu'elles sont à point en les piquant avec quelque chose que ce soit; on sent bien si elles ne présentent aucune résistance; avant qu'elles ne soient tout-à-fait refroidies, mettez-les dans un pot ou une terrine profonde, bien pressées et serrées les unes sur les autres; versez la graisse en assez grande quantité pour qu'elle les recouvre au moins de deux ou trois pouces d'épaisseur; lorsqu'elles n'en ont pas assez rendu pour le faire, on ajoute du saindoux en achevant leur cuisson.

On se sert de cuisses d'oies pour les préparer à la sauce robert, à la Sainte-Menehould, etc. (*Idem.*)

Cuisses d'oies confites au vinaigre.

Après en avoir plongé pendant quelque temps dans l'eau bouillante, sans les laisser cuire tout-à-fait, on les retire pour les arroser de vinaigre et de vin, dans lesquels on a mélangé de la gelée un peu assaisonnée; on achève la cuisson sans attendre qu'elle soit complète; on les introduit dans des bouteilles à gros goulot pour les remplir avec la saumure; après le refroidissement parfait recouvrez le tout d'une couche de cire ou de graisse par-dessus laquelle vous ficellerez une vessie ou bien un parchemin mouillé. (*Idem.*)

DU CANARD.

Il y en a deux sortes : le canard sauvage, qu'on ne sert ordinairement que rôti ; le canard domestique, dont les jeunes, désignés sous le nom de canetons, se mettent à la broche, en les arrosant d'un jus de citron. (*Très-bons.*)

Canard aux navets.

Après avoir plumé, vidé et flambé un canard, faites-le revenir dans le beurre, auquel vous ajouterez un peu de farine ; mouillez avec du bouillon et une verrée de vin blanc ; ajoutez un bouquet aromatique, du sel, du poivre ; lorsqu'il est à moitié cuit, joignez-y des navets passés au beurre et roussis d'une belle couleur ; la cuisson terminée, dégraissez, faites réduire la sauce, et servez. (*Bon.*)

Canard poêlé.

Après avoir retroussé ses pates le long des cuisses, par le moyen d'une ficelle que l'on fait traverser avec une longue et grosse aiguille entre l'os de la cuisse et la pate ; après les avoir bien assujetties de manière à ce qu'elles ne se dérangent pas, faites rentrer le croupion dans son intérieur ; frottez le canard avec le jus d'un citron, recouvrez de bardes de lard, placez-le dans une casserole avec des ognons, des carottes, un bouquet, des parures de veau, des cous d'autres canards ou de volailles ; mouillez avec du bouillon et du vin blanc, assaisonnez, et mettez cuire à petit feu ; arrivé à point convenable, déficelez, et servez-le à la purée de lentille, de navets, à la sauce verte, à la bigarade, aux olives, et même en ragoût, aussi préparé avec les navets, etc. (*Échauffant.*)

Canard en salmi.

Voyez celui de perdrix, car c'est absolument le même procédé à suivre. (*Idem.*)

Canard farci.

En le désossant tout entier, retirez le plus de chair qu'il sera possible, hachez-la avec partie égale de rouelle de veau; ajoutez de la graisse de bœuf une quantité un peu plus forte que la chair du veau, du persil, des champignons, des ciboules, deux jaunes d'œufs crus et un peu de crème; assaisonnez convenablement cette farce, dont vous remplirez le canard, pour le faire cuire à la braise et le servir avec un ragoût de marrons accommodés avec la cuisson. (*Idem.*)

DU PIGEON.

Il y en a de deux sortes : ceux de volière et les bisets; les premiers se mettent à la broche lorsqu'ils sont jeunes; on les enveloppe de bardes de lard et de feuilles de vignes; les autres peuvent subir une beaucoup plus grande variété dans la manière de les préparer pour les mettre sur table. (*Faciles à digérer.*)

Pigeons à la crapaudine.

Fendez les pigeons par le dos, sans les séparer entièrement; aplatissez-les; assaisonnez de sel, de poivre en quantité suffisante, pour les baigner dans le beurre tiède, parez-les comme il faut ; mettez sur le gril jusqu'à ce qu'ils soient à point, pour les servir avec une sauce piquante. (*Idem*.)

Pigeons en compote.

Faites revenir dans le beurre des petits morceaux de lard, dont vous aurez auparavant enlevé la couenne et tout ce qui peut durcir ; lorsqu'ils sont colorés, retirez-les, pour les remplacer par les pigeons, que vous ferez revenir de même ; saupoudrez de farine, mêlez bien ; mouillez avec du bouillon et de l'eau, ajoutez un bouquet, des champignons et le lard ; lorsque le tout est presque cuit, mêlez des petits ognons roussis d'avance, dégraissez, retirez le bouquet, et dressez avec des croûtons. (*Idem*.)

Pigeons aux pois.

Avec du petit lard coupé par morceaux, faites revenir les pigeons dans le beurre, ajoutez une cuillerée de farine, et mouillez avec du bouillon, mettez ensuite un bouquet de persil, et par-dessus le tout, les pois, que vous laisserez cuire à petit feu ; avant de les servir, râpez dedans un peu de sucre. (*Bons*.)

Pigeons aux pointes d'asperges.

On les prépare comme les précédens, excepté qu'on fait blanchir les pointes d'asperges auparavant, pour ne les ajouter qu'à l'instant où les pigeons sont presque arrivés au point de cuisson convenable. (*Idem*.)

Pigeons en matelotte.

Passez-les au beurre avec du lard coupé par tranches minces ; mouillez avec moitié vin, moitié bouillon, ajoutez des champignons. (*Échauffans.*)

Pigeons à la minute.

Coupez les pigeons par moitié, passez-les au beurre ; lorsqu'ils sont colorés et à moitié cuits, ajoutez des champignons, des échalotes et du persil hachés ; un instant après, sortez les pigeons, détachez la glace avec un peu de bouillon et de vin blanc, versez dessus. (*Idem.*)

Sauté de filets de pigeons.

On le fait absolument de même que ceux de poulets. (*Idem.*)

Pigeons à la cardinale.

Frottez-les avec du jus de citron pour les blanchir ; faites-les revenir dans le beurre, sans les laisser prendre couleur ; placez-les ensuite dans une autre casserole foncée de lard ; versez par-dessus le beurre dans lequel vous les avez fait revenir ; recouvrez avec d'autres bardes et un papier ; mouillez avec une poêle (*voyez ce mot*) ; lorsqu'ils sont cuits, dressez-les, et sur le plat, entre chacun d'eux, mettez des écrevisses ; versez par-dessus le tout une sauce préparée avec ces dernières. (*Échauffans.*)

Pigeons à la Gautier.

Faites de même que pour les précédens, en les servant avec un ragoût de crêtes ou de truffes. (*Idem.*)

Marinade de pigeons.

Voyez celle de poulets, et suivez le même procédé.

Pigeons en papillottes.

Après avoir enlevé les ailerons, après avoir coupé les pigeons en deux sur leur longueur, saupoudrez de sel fin, et faites sauter avec du beurre; retirez lorsqu'ils sont raffermis; ajoutez un peu de farine et de bouillon, des champignons, des échalotes et du persil hachés; la sauce réduite et de bon goût, versez-la sur les pigeons, moitié sur l'un, moitié sur l'autre; placez une barde des deux côtés, enveloppez de papier huilé, et faites cuire sur le gril. (*Bons.*)

Puisqu'il existe tant de manières de préparer une volaille pour la soumettre et l'offrir à nos goûts, il est à croire qu'elles sont destinées par la nature à varier jusqu'à l'infini, les jouissances particulières que se disputent les contrées qui en sont le plus richement dotées.

Paris fut leur tributaire en volaille et gibier d'une somme de huit millions sept cent un mille cinq cent dix francs pendant l'année 1824; on ne pourrait le croire si le tableau de sa consommation ne le rapportait en toutes lettres. Le beurre et les œufs surpassent encore de beaucoup ; que de repas, combien de fourneaux allumés pour satisfaire jour par jour des appétits aussi multipliés !

Quoi qu'il en soit, depuis les mauviettes jusqu'aux dindons, depuis les poulardes de Bresse, du Mans, et de la Normandie, jusqu'aux chapons gras ou maigres fournis par tous les environs, les gallinacées paraissent les meilleures en toute occasion pour alimenter sans peine, comme sans élaboration fatigante, tous les estomacs de la grande cité ; depuis la simple bourgeoise qui s'approvisionne à la Vallée, jusqu'au financier qui les reçoit par les diligences, il n'est presque personne qui ne soit délecté de leurs chairs aussi succulentes qu'elles sont bonnes et faciles à digérer.

DU POISSON.

Nous donnons d'abord les recettes pour faire cuire toute espèce de poisson avec les courts-bouillons, etc.

Bouillon de poisson.

Mettez sur le feu dans une casserole un morceau de beurre, des carottes, des ognons, du céleri, navets et toute autre espèce de légumes coupés très-minces ; ajoutez le poisson même en débris, mouillez d'eau en petite quantité ; lorsque le tout est prêt à glacer, mouillez encore, mais avec de l'eau bouillante ; ajoutez du sel et un bouquet garni ; arrivé au point de cuisson convenable, passez le tout au tamis de soie, pour s'en servir dans le velouté, la sauce blanche, etc. ; en laissant réduire davantage, on obtient le jus dont on se sert dans les espagnoles maigres. (*Relâchant.*)

Court-Bouillon au bleu.

Avec le poisson coupé par tronçons, ajoutez des carottes, des ognons coupés par tranches, de l'ail, du persil, du thym, du basilic et du sel; mouillez avec de l'eau et du vin rouge autant de l'un que de l'autre. Le court-bouillon ordinaire ne diffère de celui-ci que parce qu'on l'achève en mettant du vin blanc ou du vinaigre, au lieu de vin rouge. (*Échauffant.*)

Marinade cuite.

Elle est au gras, lorsqu'avec les mêmes aromates que pour le court-bouillon, on mouille avec du bouillon préparé avec la viande, auquel on ajoute du vin blanc ou du vin d'Espagne; au bout d'une heure de cuisson, il est temps de la passer au tamis.

Elle est au maigre, lorsqu'au lieu de bouillon, on n'y met que de l'eau; on peut encore, au lieu de vin, ne se servir que de vinaigre ou de verjus. (*Idem.*)

Eau de sel.

On la prépare en faisant bouillir du sel marin dans l'eau, que l'on écume et qu'on laisse saturer entièrement, quelle que soit la quantité qu'on emploie; l'on n'en tient en dissolution que ce qu'il est nécessaire, en la tirant à clair, le sel qui est de trop reste au fond.

DU SAUMON.

Pour être recherché, le saumon doit avoir la chair d'un beau rouge orangé; celui qui est pâle est d'une qualité inférieure, on le nomme bécard.

Saumon au bleu.

Après l'avoir vidé par le dessous de la tête, ôtez les ouïes; lavez-le à grande eau; ficelez la hure, placez-le dans une poissonnière avec un court-bouillon (*voyez* ce mot), laissez mijoter pendant huit ou dix heures au moins; arrivé au point de cuisson, sortez-le, laissez égoutter, dressez-le sur un plat couvert d'un serviette; pour le servir, entourez-le de persil. (*Echauffant.*)

Saumon grillé.

Après avoir fait mariner les tranches du saumon dans de l'huile, à laquelle on aura ajouté du sel, des tranches d'ognons, du persil, retirez-les au bout d'une heure, faites-les griller en les arrosant avec la marinade, servez-les avec une sauce blanche aux câpres, ou bien une sauce tomate (*Idem.*)

Saumon à la génevoise.

Faites cuire une darne de saumon dans du vin rouge et du bouillon autant de l'un que de l'autre; ajoutez des champignons, des échalotes, du persil haché, du sel, des épices, de la muscade râpée; arrivée à cuisson, retirez-la, ajoutez dans ce qui est dans la casserole un morceau de beurre manié de farine; faites réduire, après l'avoir passée au tamis, quand elle est de bon goût, verrez-la sur le saumon. (*Idem.*)

Observations.

On fait avec les dessertes du saumon différentes entrées, telles que salades, croquettes, en pâté chaud. (*Voyez ces mots.*)

DE L'ESTURGEON.

Esturgeon au bleu.

On le prépare de la même manière que le saumon, dont nous venons de parler.

Esturgeon rôti.

Après avoir fait mariner pendant une journée entière une tranche d'esturgeon plus ou moins épaisse, piquez-la si vous le désirez; mettez à la broche en arrosant avec la marinade, servez avec une sauce piquante; lorsqu'on le pique de lard, il faut, avant tout, enlever la peau et les écailles, de plus, le garnir du côté opposé avec une barde de lard. (*Indigeste.*)

Esturgeon braisé.

Après l'avoir piqué et placé dans une braisière avec du lard coupé très-fin, des ognons, des carottes, des panais coupés par tranches minces, du sel, du poivre, des épices, mouillez avec du vin blanc, faites cuire à grand feu, servez avec une sauce piquante confectionnée avec le fond de cuisson. (*Idem.*)

Esturgeon en fricandeau.

Après lui avoir donné la forme des côtelettes de veau, après l'avoir piqué en entier faites-le cuire comme ci-dessus, pour le servir avec une sauce tomate ou à l'italienne.

Pour une entrée au maigre, piquez-le avec des filets d'anchois, de truffes et de cornichons. (*Idem.*)

Esturgeon en papillottes.

Après avoir fait revenir les morceaux d'esturgeon coupés en forme de côtelettes dans le plat à sauter, finissez-les de la même manière que les côtelettes de veau en papillottes. (*Idem.*)

Observations.

Tous les restes d'esturgeon rôtis ou mis en blanquette, peuvent servir en salpicon ; celui qui a été cuit au bleu peut être mangé en salade, en mayennaise, etc.

DE LA TRUITE.

Moins grosse que le saumon, elle se fait cuire et se prépare de la même manière. (*Assez bonne.*)

DU TURBOT.

Par choix on préfère ceux qui sont larges, épais à proportion de la largeur, et d'une chair très-blanche ; avant de les faire cuire, ôtez les ouïes (branchies), l'intestin (les boyaux), en y pratiquant une ouverture près de la tête ; lavez-le plusieurs fois à grande eau ; enlevez deux ou trois vertèbres (ou nœuds de l'arête), en le fendant un peu sur le côté noir; attachez la mâchoire à l'os de la poche au moyen d'une ficelle; coupez la queue et les barbes; frottez de jus de citron toute sa surface, et mettez-le cuire dans l'eau de sel, à laquelle on ajoute un peu de lait; arrivé au point de cuisson, laissez égoutter, et servez sur un plat recouvert d'une serviette garnie de persil; une sauce blanche aux câpres mise dans une saucière pour accompagnement. (*Bon, mais relevé.*)

On fait avec sa desserte les entrées suivantes :

Turbot à la béchamel.

Levez par morceaux plus ou moins gros tout ce qui reste de chair dans le turbot; mettez-les dans une béchamel, et servez avec des croûtons; on peut encore le servir dans un vol-au-vent. (*Idem.*)

Turbot à la Sainte-Menehould.

Les restes du turbot enlevés et mis dans une béchamel, unissez la superficie; couvrez avec de la mie de pain; saupoudrez avec du fromage de Parmesan râpé; faites prendre couleur sous un four de campagne ou avec une pelle rougie au feu. (*Idem.*)

Salade de turbot.

On la prépare de la même manière que celle du saumon. (*Idem.*)

DE LA BARBUE.

Poisson dans le genre du turbot, mais dont

la chair, encore plus délicate, se prépare de la même manière. (*Bonne.*)

DU CABILLAUD.

Après l'avoir vidé, préparé et fait cuire de la même manière que le turbot, servez-le avec les mêmes sauces ; pour ses débris, c'est encore la même chose. (*Assez bon.*)

DE L'ALOSE.

Faites-la mariner dans l'huile, à laquelle vous aurez ajouté du sel, du poivre, du persil et des ciboules hachées ; mettez-la sur le gril, et servez avec une sauce blanche aux câpres, ou bien encore avec une purée d'oseille. (*Relâchante.*)

Alose au court-bouillon.

On peut encore préparer et faire cuire ce poisson dans un court-bouillon et le servir avec une sauce blanche ou avec un huilier seulement. (*Échauffante.*)

CONGRE OU ANGUILLE DE MER.

On le fait cuire à l'eau chargée de sel avec du persil, pour le servir avec une sauce blanche aux câpres et aux anchois. (*Pénible à digérer.*)

DE LA MORUE.

Avant tout, il est de première nécessité de faire dessaler la morue en la mettant séjourner pendant vingt-quatre heures au moins dans l'eau de puits ou de rivière, que l'on change aussi souvent que possible, pour la mettre bouillir ensuite sur le feu pendant quinze ou vingt minutes ; ne la servez qu'un quart-d'heure après l'avoir retirée, quoique pendant cet espace de temps vous la laissiez recouverte et baignée dans l'eau qui a servi à sa cuisson. (*Indigeste.*)

Morue à la maître-d'hôtel.

La morue cuite et égouttée, mettez-la dans une casserole avec un morceau de beurre, du persil et des ciboules hachés, du sel, du gros poivre ; faites fondre le beurre ; lorsqu'il est bien mêlé et que la morue en est parfaitement imprégnée, servez et y ajoutez le jus d'un citron. (*Idem.*)

Morue au beurre noir.

Faites cuire et mettez la morue sur un plat ; versez dessus le beurre noir, et mettez à l'entour une couronne de persil frit. (*Idem.*)

Morue à la provençale.

La morue cuite et taillée en feuillets, se met sur un plat garni auparavant avec du beurre mélangé de persil, ciboules, échalotes, un peu d'ail hachés fins, et auquel on a ajouté du poivre, de la muscade, une cuillerée d'huile d'olive par-dessus ; on la recouvre avec le même mélange, qu'on arrose encore avec une cuillerée d'huile ; panez toute la superficie avec de la mie de pain imbibée d'huile ; placez le tout ainsi préparé sur un feu doux, et faites prendre couleur au moyen du four de campagne. (*Idem.*)

Morue à la béchamel.

Bien épluchée et bien cuite d'avance, mettez la morue dans une béchamel maigre; on peut la servir dans un vol-au-vent. (*Idem.*)

Morue frite.

La morue cuite, hachée très-fin, mise dans une béchamel, on en fait des petites boulettes qui, panées, dorées à l'œuf, pour être encore panées une seconde fois, peuvent être mises dans la friture et servies avec du persil frit. (*De très-difficile digestion.*)

Morue à l'ognon.

Dans les ognons émincés, colorés dans le beurre, et auxquels on aura ajouté un peu de farine, mouillés avec du bouillon, cuits et réduits au point convenable, on met la morue bien cuite et préparée d'avance. (*Idem.*)

Morue au fromage.

Dans une béchamel, où vous aurez mis votre morue bien cuite auparavant, vous ajoutez du fromage de Parmesan ou de Gruyère râpé, recouvrez le tout avec de la mie de pain, et faites prendre couleur sous le four de campagne. (*Idem.*)

DE LA RAIE.

On choisit de préférence la raie bouclée, parce qu'elle est la meilleure; celle qui est blanche est dure, coriace, moins délicate; on la fait cuire dans l'eau chargée de sel, après quinze à vingt minutes d'ébullition on la retire, pour enlever, par le moyen d'un couteau, tout ce qui la recouvre, les boucles, etc. On n'ajoute le foie qu'à l'instant où elle est presque cuite, et lorsqu'on se dispose à la retirer du feu. (*Bonne, mais attendrie.*)

Raie au beurre noir.

Préparée comme il vient d'être dit, mettez la raie sur un plat, et versez par-dessus du beurre noir; garnissez avec du persil frit. (*Idem.*)

Raie sauce aux câpres.

Lorsqu'elle est toute prête à être mise sur la table, versez dessus une sauce blanche avec des câpres. (*Idem.*)

Raie frite.

Après avoir fait mariner la raie coupée par morceaux plus ou moins gros, dans du vinaigre, du sel et du persil, trempez-les dans une pâte à frire, servez avec du persil frit et une sauce poivrade. (*Difficile à digérer.*)

Raitons.

Telle est la dénomination qu'on donne aux petites raies; on les dépouille des deux côtés, on les fait frire après les avoir laissé mariner; on les sert avec du persil frit. (*Idem.*)

DES SOLES, LIMANDES, CARLETS ET PLIES.

Entre tous ces poissons, qui se préparent de la même manière, on préfère les soles, qu'il est nécessaire de choisir épaisses. Après les avoir ratissées des deux côtés, on les vide, par une petite incision pratiquée sous l'ouïe ; on coupe ses barbes, on les nettoie, les lave et laisse bien essuyer entre deux linges blancs. (*A manger avec réserve.*)

Soles frites.

Lorsqu'elles sont préparées comme il vient d'être dit, on les fend par une incision faite sur le dos dans toute la longueur de l'arête ; bien saupoudrées de farine, on les met dans la friture ; pour les servir, saupoudrez de sel blanc très-fin ; placez-les sur une serviette, accompagnées d'un citron. (*Pénibles à digérer.*)

Soles au gratin.

Dans un plat qui puisse aller sur le feu, garnissez le fond de beurre, persil, ciboule, échalotes et champignons hachés très-fin ; couvrez le poisson avec le même mélange ; ajoutez une verrée de vin blanc, saupoudrez de chapelure ou de mie de pain ; placez sur un feu doux et sous le four de campagne, en arrosant le dessus avec du beurre fondu, afin que le tout puisse prendre une belle couleur jaunâtre. (*Assez bonnes.*)

Soles à la broche.

Après avoir enlevé la tête et la queue de ce poisson, faites-le mariner dans l'huile avec des ognons et du persil ; passez dans toute la longueur de l'arête un hâtelet dont vous fixerez les extrémités après la broche ; faites rôtir en arrosant avec de l'huile ; à l'instant où la sole est presque cuite, faites fondre sur un feu doux du beurre auquel vous ajouterez un jaune d'œuf et du sel; couvrez le poisson de cette anglaise, ensuite avec la mie de pain, dorez avec du beurre et laissez prendre couleur, pour la servir avec une sauce italienne. (*Idem*).

Filets de soles au gratin.

On lève quare filets dans chaque sole différente, dont on supprime la peau qui les recouvre, et l'on étend sur toute leur surface une couche de farce cuite; on les roule sur eux-mêmes, avec le reste de la farce; formez des bourrelets d'un pouce d'épaisseur, posez des filets par dessus, remplissez les intervalles toujours de même, en laissant un vide au milieu que vous fermerez avec un morceau de mie de pain coupé rond; panez ensuite le tout, faites prendre couleur sous le four de campagne, ôtez les ronds de pain, et remplissez avec un ragoût quel qu'il soit. (*Idem.*)

Filets de soles en salade.

Avec des filets de soles frites on fait la salade comme avec ceux de toutes les volailles. (*Idem.*)

Mayonnaise de filets de soles.

On suit les procédés indiqués pour toutes les mayonnaises de volailles. (*Idem.*)

Aspic de filets de soles.

Voyez l'aspic de filets de volailles, et faites de même avec ces dernières. (*Idem.*)

DU MAQUEREAU.

Le maquereau, lorsqu'il est frais, a les ouïes (branchies) très-rouges; et dans la peau qui le recouvre, tout ce qui est blanc est brillant, argenté, parsemé de marbrures d'une belle couleur verte. (*De pénible digestion.*)

Maquereaux à la maître-d'hôtel.

Après les avoir bien essuyés et enveloppés d'une feuille de papier huilé, faites-les cuire des deux côtés; fendez-les ensuite par le dos, pour les remplir d'une maître-d'hôtel composée d'un morceau de beurre manié de fines herbes, et les servir sur-le-champ, arrosés de jus de citron. (*Idem.*)

Des maîtres-d'hôtels cuites.

Si la bonne manière de manger un maquereau est de le faire cuire sur le gril enveloppé dans une feuille de papier huilé, pour le fendre par le dos au moment de le servir, après l'avoir garni dans son intérieur et couché sur du beurre manié avec des fines herbes, et si la sauce qui en découle est une maître-d'hôtel;

Mieux vaut faire une sauce blanche avec une pincée de farine, du beurre frais, en y ajoutant des fines herbes et le suc d'un citron, pour la servir très-chaude dans une saucière, en même temps que les maquereaux, qui sont à sec sur un plat. Découpés ou entiers, on en est quitte pour les arroser, chacun suivant son goût, avec une plus ou moins grande quantité de cette maître-d'hôtel cuite, que le suc de citron relève encore d'une manière tout-à-fait convenable. (*Meilleure que les autres.*)

Maquereaux au beurre noir.

Préparés et cuits comme ci-dessus, on les sert avec du beurre noir par dessus et entourés avec du persil frit. On peut de même les manger au court-bouillon. (*Idem.*)

Sauté de filets de maquereaux.

Faites-les par les mêmes procédés que ceux dont nous avons parlé pour le turbot. (*Idem.*)

DU MERLAN.

Celui de l'Océan, plus petit que celui de la Méditerranée, est aussi beaucoup plus délicat.

Merlans frits.

Écaillez et lavez les merlans, videz-les ensuite, en laissant le foie dans l'intérieur; essuyez et saupoudrez de farine; après avoir fait quelques incisions profondes de chaque côté, plongez-les dans la friture bien chaude, pour les y faire séjourner jusqu'à ce qu'ils soient d'une belle couleur. (*Très-difficiles à digérer.*)

Merlans au gratin.

Même manière de les faire, que pour les soles au gratin. (*Voyez ce mot.* (*Moins.*)

Filets de merlans.

Comme pour les filets de soles; on les fait frire dans une pâte, etc. (*Idem.*)

Grondins, Rougets et Vives.

Le plus ordinairement on les fait cuire au court-bouillon, et on les sert avec une sauce verte, aux câpres, ou dans une maître-d'hôtel liée.

HARENGS.

Ils sont de trois espèces, les frais, les salés, et les harengs saurs. On les vide, on les nettoie comme tout autre poisson; lorsqu'ils sont frais on les fait cuire sur le gril, et ils se servent avec une sauce blanche, à la moutarde, etc.: avec ses laitances on confectionne différens plats recherchés; on les met en caisse, en pâtés chauds, etc.

Le hareng salé, ou pec, se met, auparavant que de le faire cuire, dans de l'eau froide, pendant plus ou moins long-temps, pour le dessaler; après l'avoir nettoyé, vidé, on le fait griller pour le servir sur la purée; on le coupe aussi par filets, pour le manger cru et comme hors-d'œuvre.

On partage en deux le hareng saur, en le fendant par le dos; on supprime la tête, ou coupe la queue pour le mettre sur le gril, et le servir arrosé d'huile. D'une autre manière: après avoir dessalé dans l'eau, et mis tremper ces harengs pendant deux heures dans du lait, fendez-les par le dos, imbibez-les ensuite fortement avec du beurre fondu mêlé de laurier et de basilic hachés fin, dans lequel vous aurez ajouté deux jaunes d'œufs, du poivre et de la muscade; après les avoir panés par-dessus tout, faites-les griller à un feu doux, et servez avec un jus de citron. (*Pénibles à digérer.*)

Harengs saurs à la bruxelloise.

Dans une caisse faite avec du papier épais, beurré dessus et dessous, couchez dans leur longueur huit ou dix harengs saurs coupés en deux filets, après en avoir ôté la tête, la queue, les arêtes et enlevé la peau qui les recouvre; mettez ensuite du beurre manié de fines herbes entre chacun des filets, beaucoup de champignons, du persil, de la ciboule, des échalotes, une gousse d'ail hachés menu, du poivre et un filet d'huile d'olives; saupoudrez de chapelure; faites griller lentement sur un feu doux, pour ne pas brûler le papier, exprimez dessus le jus d'un citron, et servez ces harengs avec leur caisse. (*Bons, mais avec modération.*)

ÉPERLANS.

Un peu plus gros que les goujons, les éperlans, lorsqu'ils sont frais, sont très-délicats, et lorsqu'on les mange ils laissent à la bouche une odeur de violette très-remarquable; le plus ordinairement, après les avoir écaillés, nettoyés et enfilés par les yeux dans de petites brochettes en argent, on les met tremper dans du lait et de la farine pour les faire frire.

On peut encore les préparer au gratin, de même que les soles. (*Idem.*)

SARDINES.

On fait frire au beurre les sardines, lorsqu'elles sont fraîches ; mais comme elles ne sont pas susceptibles de pouvoir être conservées assez long-temps pour les envoyer loin, on ne les mange que salées ; on les sert en hors-d'œuvre, en les coupant par filets aussi longs que possible ; après les avoir bien lavées, dressez-les avec des fines herbes, des jaunes d'œufs pulvérisés, et des blancs hachés très-fins ; faites des compartimens que vous arroserez avec un peu d'huile. (*Echauffantes.*)

ANCHOIS.

Ils se servent aussi en hors-d'œuvre ; il faut les préparer de même manière. (*Idem.*)

DES HUITRES.

Il y en a de deux sortes, les blanches et les vertes ; les amateurs recherchent davantage les dernières, comme plus délicates et meilleures à manger. (*Il faut y être habitué.*)

Huîtres à la poulette.

On les fait blanchir, et on les accommode absolument de même que les moules. (*Echauffantes.*)

Huîtres au gratin.

Après en avoir fait l'ouverture, après les avoir détachées de la coquille, faites-les cuire pendant quelques minutes dans l'eau qu'elles ont pu renfermer, laissez égoutter pour les mettre dans la sauce piquante; faites revenir dans le beurre du persil, des champignons et des échalotes hachés; ajoutez une cuillerée de farine, mouillez avec du bouillon et du vin, faites réduire; après avoir choisi et nettoyé les plus grandes coquilles, placez dans chacune quatre ou six des huîtres que vous avez fait cuire, ajoutez de la sauce, couvrez de chapelure, arrosez avec du beurre, placez sur le gril exposé sur un feu doux, faites prendre couleur avec le four de campagne ou une pelle rougie. (*Idem.*)

DES MOULES.

Pour les bien choisir, on ne prend que celles qui sont grasses et blanches; il faut avoir la plus grande attention à ce qu'il n'y ait point de crabes dans l'intérieur. (*Échauffantes.*)

Moules à la poulette.

Après les avoir ratissées avec un couteau, pour enlever le sable et les membranes ligamenteuses qui les environnent, lavez-les à plusieurs eaux; mettez-les dans une casserole avec du beurre; à mesure que les coquilles s'ouvrent par l'action du feu, ôtez-en une moitié, retirez-les lorsqu'elles sont toutes ouvertes; recherchez s'il n'y a point de crabes, passez au tamis l'eau qui en est sortie; maniez un morceau de beurre avec du persil haché fin, du sel, du poivre; mouillez avec de l'eau ou du bouillon, laissez bouillir pendant quelques minutes; au moment de servir, mettez une liaison de jaunes d'œufs et le jus d'un citron. (*Idem.*)

Moules à la minute.

Nettoyées comme il est dit ci-dessus, faites-les cuire et ouvrir, tirez l'eau à clair, et n'en laissez que ce qui est nécessaire ; ajoutez du beurre, du persil haché, et servez de suite avec un jus de citron. (*Idem.*)

DU HOMARD, DE LA LANGOUSTE ET DE LA CRABE.

La langouste est une espèce de homard qui ne vient que dans la Méditerranée ; on s'assure de leur fraîcheur, ainsi que de celle des crabes, en les flairant sur le dos, à l'endroit de la naissance de la queue ; on les sert placées sur une serviette ; on fait une sauce avec leur résidu, auquel on ajoute des câpres, de la moutarde, du persil, des échalotes hachées et de l'huile. On les garde ordinairement pour rôts. (*Tous très-difficiles à digérer.*)

DES CREVETTES.

La meilleure espèce est celle qui, un peu grosse, porte avec elle une belle couleur de chair bien rose ; les crevettes se servent sur un lit de persil ; leur fraîcheur est certaine lorsqu'elles ont la queue ferme, et qu'elles exhalent une odeur particulière et agréable. (*Idem.*)

DU BROCHET.

Le brochet de rivière est préférable à celui des étangs ; le premier a des écailles blanches, argentées ; le second est d'une couleur brune plus ou moins foncée. (*Idem.*)

Brochet au court-bouillon.

Ôtez les branchies (les ouies), au moyen d'une manche de cuillère avec lequel vous maintiendrez dans une ouverture suffisante ; videz le brochet par cet endroit, coupez aussi près que possible les nageoires et la queue, ficelez la tête, parce qu'elle se séparerait ; faites cuire avec un court-bouillon, et servez-le sur une serviette, garni de persil. (*Échauffant*.)

Brochet sauce aux câpres.

Faites cuire dans un court-bouillon ; enlevez la peau qui le recouvre, et les écailles en même temps ; servez ensuite avec une sauce aux câpres, ou telle autre que vous choisirez, aux anchois, ou raifort, ou sauce verte, etc. (*Idem*.)

Brochetons à la maître-d'hôtel.

Les brochetons nettoyés, écaillés, vidés, enveloppez-les dans une feuille de papier beurré, pour les mettre sur le gril ; on les ouvre, lorsqu'ils sont cuits, pour retirer tous les œufs qu'ils pourraient contenir ; il serait dangereux de les manger ; on les remplace par un morceau de beurre manié de persil haché et de poivre avec du sel.

En les saupoudrant de farine, on peut encore les faire frire. (*Idem*.)

Brochet à la Chambord.

Après l'avoir écaillé et vidé, enlevez la première peau (l'épiderme) pour découvrir la chair et la piquer, quelques-uns pour varier n'enlèvent la peau et ne le piquent pas ailleurs que dans les endroits qu'ils ont choisis, pour le faire cuire dans une poissonnière avec une marinade au gras ; lorsqu'il est bouillant, retirez pour le placer dans le four, afin de faire prendre couleur au lard ; arrosez de temps en temps ; le brochet arrivé au point de cuisson désiré, retirez ; laissez égoutter pour le servir entouré de quenelles, de ris de veau piqués, d'écrevisses, de culs d'artichauts, de croûtons, et d'une garniture à la Chambord ; on peut même y ajouter des pigeons à la Gautier, des tronçons d'anguilles piqués de truffes, etc. (*Idem.*)

Filets de brochets piqués.

Levez les filets, enlevez la peau qui les recouvre, piquez de lard fin, faites cuire dans une marinade, glacez comme un fricandeau, pour les servir avec toute espèce de sauce qui pourra paraître convenable. (*Indigeste.*)

Observation.

Les débris d'un brochet, surtout s'il était d'un certain volume, se servent en béchamel, en mayonnaise, en salade, avec une sauce à la crème.

DE LA CARPE.

Celles de rivière sont beaucoup meilleures et toujours préférées à celles qui sont pêchées dans des étangs ; les premières ont la chair ferme, les écailles brillantes ; les autres ont les écailles brunes, plus ou moins foncées ; leur chair, en la mangeant, sent la vase et la bourbe. (*Bonne en assez petite quantité.*).

Carpe au bleu.

On la fait cuire de même que le brochet, en lui laissant ses œufs dans l'intérieur : ils ne sont point malfaisans ; quelques personnes même les mangent avec plaisir. (*Échauffante.*)

Carpe à la Chambord.

Suivre les mêmes procédés que ceux indiqués pour le brochet. (*Idem.*)

Carpe farcie.

On la choisit belle et laitée pour la faire cuire aux trois quarts dans un court-bouillon ; après en avoir enlevé toutes les chairs, on supprime les arêtes, et on n'en laisse que la longueur d'un ou deux pouces aux deux extrémités ; faites une farce à quenelles avec tout ce que la carpe a pu fournir, en y ajoutant même encore celle d'une autre ; mettez sur un plat long la tête et la queue conservées ; faites au fond un lit de farce, et avec tout le reste, figurez une carpe que vous dorerez à l'œuf, pour la couvrir de mie de pain arrosée avec du beurre fondu ; mettez ensuite le plat sur des cendres très-chaudes, et recouvrez le tout avec le four de campagne, pour lui faire prendre couleur. En servant, mettez à l'entour un ragoût de laitances ou tout autre. (*Idem.*)

Carpe au maigre.

Piquée avec des cornichons, des truffes et des anchois coupés par filets plus ou moins longs, faites cuire la carpe dans une marinade maigre, pour la mettre au four et la servir garnie d'un ragoût de champignons, ou bien aux truffes, avec des quenelles maigres, des croûtons, des écrevisses, des filets d'autres poissons, etc. (*Idem.*)

Carpe grillée.

Vidée, écaillée, faites à la carpe sur ses deux côtés des incisions profondes; mettez-la sur le gril après l'avoir frottée et imbibée d'huile avec du sel et du poivre; on la sert avec une sauce aux câpres et aux anchois. (*Idem.*)

Carpe à l'étuvée.

Passez des ognons au beurre, ajoutez des champignons, un bouquet, du sel, du poivre, un peu de laurier; mouillez avec moitié vin et moitié bouillon, dans lesquels vous mettrez la carpe coupée par tronçons plus ou moins gros; faites cuire à grand feu, et servez sur un plat garni de croûtons. (*Idem.*)

Carpe frite.

Lavée, écaillée, vidée, faites des incisions sur les deux côtés, fendez ensuite la carpe par le dos, ôtez les ouïes, les laitances ou les œufs, pour les faire frire à part; imprégnez-la bien avec de la farine, pour la jeter dans la friture jusqu'à ce qu'elle ait pris couleur convenable. (*Pénible à digérer.*)

Laitances et langues de carpe.

Ne prenez, d'une ou de plusieurs carpes que les langues et tout ce qui est contenu dans leur intérieur ; supprimez les branchies (les ouïes), ôtez l'intestin (les boyaux) ; tout le reste doit être mis dans l'eau pour dégorger ; lorsqu'il n'en sort plus de sang, faites bouillir quelques instans dans l'eau, du sel et du vinaigre ; laissez rafraîchir et égoutter, pour être mis dans la friture après avoir été trempé dans une pâte préparée exprès ou seulement saupoudré avec de la farine ; on les sert avec du persil frit. (*Echauffantes.*)

On peut encore les faire cuire en caisse au gratin ; on les met aussi dans différentes garnitures.

Moyen de conserver les poissons vivans.

Pour conserver les gros poissons vivans et les faire voyager, on détrempe de la mie de pain dans de l'eau-de-vie, dont on leur remplit l'intérieur des branchies ; on les arrose ensuite avec la même liqueur pour les envelopper dans de la paille, l'engourdissement qu'ils éprouvent dure quelquefois douze jours ; pour les ranimer, il suffit de les replonger dans l'eau fraîche.

DE L'ANGUILLE.

Celles de rivière sont préférables ; elles ont le dos brun et le ventre blanc ; celles des étangs ont une couleur terne et sentent la vase. (*Indigestes.*)

Anguille à la tartare.

Dépouillez l'anguille; après l'avoir entièrement vidée, coupez-la par tronçons plus ou moins gros; faites-la cuire dans une marinade; après l'avoir passée au beurre et ensuite à l'œuf, faites griller, pour la servir avec une rémoulade simple ou verte. (*Un peu moins.*)

Anguille piquée.

Dans toute son étendue sur le dos, on la pique de lard fin; et par le moyen d'une ficelle beurrée, on la roule en cercle, pour la mettre dans le plat à sauter avec une marinade cuite, et de là sous le four de campagne, pour la servir avec toute espèce de ragoût; on peut encore la paner pour la mettre au four. (*Indigeste.*)

Anguille à la broche.

Après en avoir fait des tronçons de six pouces de longueur piqués de lard fin, après avoir fait mariner, laissé égoutter, fixez-les sur un hâtelet avec un morceau de mie de pain de la même longueur placé entre chaque tronçon; faites rôtir en arrosant avec du beure; servez, lorsque le tout est cuit, avec une sauce poivrade; on peut même ne pas larder l'anguille et y ajouter une sauce piquante. (*Idem.*)

Anguille à la poulette.

Après avoir coupé l'anguille par tronçons, après l'avoir fait dégorger, blanchir et ensuite égoutter, passez-la au beurre, auquel vous ajouterez deux cuillerées de farine; mouillez le tout avec de l'eau, du bouillon et une verrée de vin blanc; ajoutez des champignons, un bouquet garni; écumez et dégraissez la sauce; lorsqu'elle est réduite et de bon goût, mettez une liaison de jaunes d'œufs, le jus d'un citron ou un filet de vinaigre; pour cela il faut attendre qu'elle ne bouille plus. (*Idem.*)

Desserte d'anguille.

On peut en faire des salades mayennaises ou autres, à la poulette; on peut encore, en les enveloppant bien avec leur sauce, et les roulant ensuite dans la mie de pain, les faire frire. (*Idem.*)

DE LA LOTTE.

La lotte ne se ratisse, pour la nettoyer, qu'après avoir été mise dans l'eau bouillante; il faut y pratiquer des incisions longitudinales avant que de la mettre dans la friture; le foie se fait cuire à part; comme il est très-recherché à cause de sa délicatesse, lorsqu'on en a plusieurs, on les met en caisse au gratin; les œufs ne se mangent pas, souvent ils purgent. (*Indigeste.*)

DE LA LAMPROIE.

Elle se prépare absolument de la même manière que l'anguille. (*Idem.*)

DE LA PERCHE.

Après leur avoir ôté les branchies (les ouïes), on les fait cuire au court-bouillon; on les sert ensuite avec une sauce à la crème, au beurre, à la pluche.

On les fait griller après les avoir laissées mariner, pour les servir avec une sauce au gras ou au maigre. On peut les mettre en friture, et les servir avec du persil frit. Elles sont même susceptibles d'être panées pour leur faire prendre couleur sous le four de campagne. (*Idem.*)

DU BARBEAU ET DU BARBILLON.

On les prépare comme la plus grande partie des autres poissons; on les fait cuire au bleu; on les fait frire; on les met sur le gril. (*Voyez* ces manières et leur procédé à l'article de la carpe.) (*Difficile à digérer.*)

DE LA BRÊME.

Poisson extrêmement aplati, que, le plus ordinairement, on fait cuire sur le gril, pour le servir avec une sauce blanche, aux câpres, ou sur de l'oseille. (*Idem.*)

DE LA TANCHE.

Il faut avant tout la faire dégorger comme il faut parce qu'elle est sujette à porter avec elle le goût, la saveur et même l'odeur de la vase où elle séjourne habituellement. Bien nettoyées, on les accommode à la poulette, ou bien on les fait frire. (*Voyez* ces articles indiqués pour les autres poissons.) (*Idem.*)

DU GOUJON.

Vidé, écaillé, lavé, on l'essuie, et après qu'il a été imprégné, roulé dans la farine; on le jette dans une friture bien chaude. (*Idem.*)

DES ÉCREVISSES.

On les fait cuire dans un court-bouillon, ou simplement avec de l'eau et du vinaigre, pour les servir en buisson plus ou moins apparent, et élevé sur du persil. (*Échauffantes*.)

Coulis d'écrevisses.

Après avoir choisi une trentaine d'écrevisses, et les avoir lavées plusieurs fois, on les fait cuire dans l'eau seulement; on les épluche en mettant les écailles à part, pour les piler et les broyer avec une douzaine d'amandes et les chairs d'écrevisses; prendre ensuite une livre et demie de rouelle de veau et un morceau de jambon, les couper par tranches avec un ognon, quelques carottes et quelques panais; quand tout est consistant comme un jus de veau, ajoutez un peu de farine et du lard fondu, faites-lui faire quelques tours en remuant continuellement; mouillez le tout de bon bouillon, ajoutez sel, poivre, clous de girofle, basilic, persil, ciboules, champignons, truffes, croûtes de pain, et faites mitonner; ôtez le veau, délayez avec le jus ce qui est dans le mortier, et passez le tout à l'étamine.

Pour le faire au maigre, on substitue du beurre au lard fondu, on fait un demi-roux, et l'on mouille tout avec du bouillon de poisson; le reste comme ci-dessus.

On rend délicieux tous les potages, soit au riz, soit aux pâtes, soit même aux croûtons, lorsqu'on y introduit une certaine quantité de coulis d'écrevisses.

On peut finir avec du coulis beaucoup de ragoûts, des pâtés chauds ; on le fait même entrer dans quelques entremets potagers, tels que les cardes, les choux-fleurs, etc. ; l'essentiel dans tous les coulis, de quelque manière qu'on les fasse et qu'on veuille les employer, est de les amener à consistance convenable, de les bien dégraisser, et qu'ils soient suffisamment réduits. (*Aliment échauffant.*)

DES GRENOUILLES.

On ne prend que les cuisses des grenouilles, pour les faire cuire en fricassée de poulet ; après les avoir dépouillées, fait blanchir, on les laisse rafraîchir, pour procéder ensuite comme si l'on avait à fricasser un poulet. On peut encore les faire frire après les avoir dépouillées, lavées, fait revenir, laissé égoutter, et tremper dans une pâte préparée pour cela comme il suit.

Friture de grenouilles.

Nous avons dit qu'on mangeait les grenouilles en fricassée de poulet, qu'on les faisait frire dans une pâte à beignets, qu'on en confectionnait des bouillons, des potages pour les malades et les convalescens. On peut encore les faire frire d'une manière si délicate qu'elle pourrait mériter d'être recherchée, si on n'avait pas quelque dégoût pour ces animaux marécageux ; pour cela on ne prend que leurs pattes de derrière ; après les avoir fait dégorger dans l'eau fraîche, on les fait tremper dans des blancs d'œufs, on les saupoudre avec de la belle farine, et on les jette dans la friture bien chaude, pour les y laisser jusqu'à ce qu'elles aient acquis une belle couleur ; on les sert très-chaudes et arrosées de jus de citron. (*De difficile digestion.*)

Ce n'est point parce qu'il est fortement assaisonné que le poisson a une influence aussi marquée sur les organes qui servent à la reproduction, car toutes les substances alimentaires aromatiques, mucilagineuses, aqueuses, même les fruits les plus communs ont aussi cette vertu particulière ; mais on le considère à juste titre comme un des spermatopées les plus puissans, en raison des élémens qui le composent et des substances avec lesquelles on le rend plus facile à digérer, c'est la seule chose qui regarde le cuisinier. Ces vérités sont sans doute ignorées des législateurs ecclésiastiques qui imposent la diète et l'usage des œufs à tous les fidèles qui veulent bien s'y soumettre. En effet, quelle que puisse être l'ancienneté de la coutume, elle n'en est pas moins dans la plus grande opposition avec toutes les connaissances acquises par une expérience consommée et faite sur les propriétés diététiques des diverses substances alimentaires.

Quoi qu'il en soit, le poisson de mer ou d'eau douce n'en sert pas moins à varier à l'infini le mode de nutrition habituel ; qu'il ait subi quelques-unes des préparations que nous venons d'exposer, qu'il soit mangé cru après avoir été desséché et fumé, qu'il soit cuit à l'eau même, sans être assaisonné, il convient d'en faire usage, mais avec modération, et dans aucune des intentions de s'abstenir en rien de ce qui doit mortifier, ou faire exercer des œuvres pies ; tout au contraire il faudrait le défendre, comme on le fait déjà à tous les individus qui sont en convalescence après une grande maladie ; rien ne leur est nuisible comme le poisson, surtout en friture, car outre les indigestions qui sont à redouter par suite de la graisse décomposée par l'action du feu, les effets en sont toujours tellement marqués qu'il ne faut pas craindre d'en interdire absolument l'usage aux jeunes gens beaucoup plus encore qu'à tous les autres.

DES OEUFS.

Les œufs sont tellement communs partout, qu'on peut, dans presque toutes les saisons, en faire un aliment aussi commode qu'il est agréable. Comme ils sont rares pendant quelques mois de l'année, on parvient à les conserver pendant un temps plus ou moins long, par des procédés aussi simples qu'ils sont peu dispendieux ; pour cela, on a conseillé de les placer sur des châssis à claire-voie, sur des toiles de crin à larges mailles, après les avoir enduits d'une couche de vernis gélatineux, tel que de la colle de gants, ou de la colle forte étendue dans une grande quantité d'eau, ou de les plonger dans de l'huile commune ; mais on y parvient encore mieux en les tenant continuellement plongés dans l'eau de chaux : on fait fondre de la chaux dans de l'eau ordinaire, on met les œufs dans des pots lorsqu'on n'en a qu'une petite quantité, et dans un tonneau lorsqu'il y en a beaucoup; on verse l'eau blanchie par dessus, de manière à ce qu'ils baignent; pour les manger, il n'est besoin que de les laver; il faut encore avoir soin de tenir les vases qui les renferment couverts assez pour empêcher le contact du grand air. (*Echauffans.*)

Omelette au thon.

Prenez, pour six personnes, deux laitances de carpe bien lavées que vous ferez blanchir, en les plongeant pendant cinq minutes dans l'eau déjà bouillante et légèrement salée. Ajoutez un morceau de thon nouveau et une échalote coupée très-menu. Hachez ensemble les laitances et le thon de manière à les bien mêler; jetez le tout dans une casserole avec un morceau de beurre, sautez jusqu'à ce que le dernier soit fondu. Prenez un second morceau de beurre à discrétion, mariez-le avec du persil et de la ciboule, mettez dans un plat allongé et arrosez du jus d'un citron; posez ensuite sur de la cendre chaude. Battez douze œufs frais, le sauté de laitance et le thon; agitez jusqu'à mélange parfait; faites l'omelette à la manière accoutumée, allongée, épaisse et mollette pour la servir à l'instant de la manger. Attentions principales à avoir pour qu'elle soit bien faite: 1° il faut sauter les laitances et le thon sans les faire bouillir afin qu'elles ne durcissent pas; 2° le plat doit être creux afin qu'on puisse servir la sauce à la cuillère; 3° enfin, faire chauffer le plat pour la recevoir, et la mettre sur table afin que le tout soit assez long-temps à une température qui empêche le beurre de figer. (*Echauffante.*)

Omelette aux rognons.

Coupez la graisse du rognon, faites-la fondre dans la poêle, en y ajoutant un peu de beurre; enlevez tout ce qui a gratiné, et versez dedans lorsqu'elle est chaude, les œufs battus avec un peu d'eau, et assaisonnés, avec le rognon coupé dedans; roulez et mettez sur un plat. (*Idem.*)

Omelette aux truffes.

Coupez les truffes par morceaux, que vous passerez dans le beurre, et que vous achèverez de faire cuire dans une espagnole réduite; les œufs préparés comme à l'ordinaire, mettez les truffes dans le milieu, roulez et servez. (*Idem.*)

Omelette aux confitures.

Faites une omelette comme d'habitude, en battant les œufs avec des confitures et un peu d'eau; lorsqu'elle est cuite roulez-la, et couvrez la superficie avec la moitié de ce que vous aurez pris de confitures pour la confectionner.

On fait de même pour les omelettes aux marmelades de pommes, etc., aux purées, etc. (*Idem.*)

Omelette au lard.

Elle se fait comme celle aux rognons, en coupant le lard par petits morceaux, qu'on laisse fondre et prendre couleur, pour y verser les œufs par-dessus. (*Idem.*)

Omelette soufflée.

Delayez les jaunes de six œufs avec quatre onces de sucre râpé et une cuillerée d'eau de fleurs d'oranger; fouettez à part huit ou neuf blancs que vous mêlez ensuite avec les jaunes; faites fondre du beurre dans une poêle, versez ce qui est préparé pour l'omelette; et lorsqu'elle commence à jaunir, mettez-la de suite sur un plat entretenu chaud sur des cendres, et recouvert du four de campagne.

Ces entremets doivent être mangés aussitôt cuits, parce qu'ils s'affaissent et tombent sur eux-mêmes lorsqu'on attend un peu. (*Indigeste.*)

Œufs à la coque.

Dans l'eau bouillante, mettez les œufs, et retirez de suite la casserole de dessus le feu; ils ne doivent y rester plongés que l'espace de cinq minutes.

En ne retirant point la casserole, si on laisse bouillir l'eau seulement pendant trois minutes, à la quatrième ils sont cuits mollets, bons pour les servir dépouillés de leur coque, sur une farce ou de la purée. (*Très-difficiles à digérer.*)

Œufs brouillés au jus.

A l'instant de la cuisson d'un gigot, un peu avant de le tirer de la broche, faites-y quelques entailles plus ou moins profondes; lorsqu'il n'en découle plus rien, cassez-y autant d'œufs que vous le jugerez convenable et brouillez jusqu'à leur coction complète. (*Bons.*)

Œufs brouillés.

Après avoir fait fondre et chauffer du beurre dans une casserole, cassez les œufs dedans, assaisonnez et remuez continuellement, soit avec trois ou quatre brins d'osiers attachés l'un avec l'autre, soit avec toute autre chose ; ajoutez un peu de crème ; si vous voulez les rendre plus délicats, on y ajoute même un peu de citron avant de les servir. (*Idem.*)

Œufs brouillés aux pointes d'asperges.

On les prépare comme il vient d'être dit, en ajoutant après les œufs une poignée de pointes d'asperges. On peut aussi les faire avec des concombres coupés en dés, avec des choux-fleurs. (*Idem.*)

Œufs brouillés au jambon.

On y ajoute du jambon coupé par petits morceaux, et une cuillerée de jus. On les fait de même aux truffes, aux champignons, aux ris de veau. (*Difficile à digérer.*)

Œufs brouillés aux confitures.

Préparés comme à l'ordinaire, avant qu'ils soient pris, étant sur le feu, on y ajoute de la marmelade d'abricots ou de prunes. (*Idem.*)

Œufs pochés.

Faites bouillir de l'eau dans laquelle vous ajoutez du sel et du vinaigre ; cassez des œufs aussi frais que possible, et versez-les doucement dans cette eau, n'en mettez même pas plus de quatre à la fois ; on aide à former l'enveloppe au moyen de l'écumoire, avec laquelle on rapproche le blanc du jaune; une fois bien pris, retirez et parez-les. On les sert au jus, à la chicorée, à la purée d'oseille, sur une farce, sur les hachis avec une sauce tomate. (*Idem.*)

Œufs frits.

Lorsque la friture est chaude à point de les cuire promptement, cassez les œufs et versez-les doucement les uns après les autres; une fois pris, retirez-les de suite, pour laisser égoutter et servir comme les œufs pochés. (*Idem.*)

Œufs sur le plat.

Beurrez un plat et le saupoudrez de sel, cassez les œufs dessus, assaisonnez et versez par-dessus un peu de beurre qui sera fondu avec une cuillerée de crème. (*Idem.*)

Œufs au gratin.

Avec de la mie de pain, des anchois, du persil, de la ciboule, des échalotes hachés, un morceau de beurre et trois jaunes d'œufs, faites une farce assaisonnée, couvrez le fond du plat avec deux lignes d'épaisseur de la farce, cassez les œufs par-dessus, faites cuire à un feu doux, glacez-les avec une pelle rouge, saupoudrez avec un peu de sel fin, et chacun des jaunes avec un peu de poivre. (*Idem.*)

Œufs au fromage.

Faites un gratin avec moitié fromage de Gruyère et moitié mie de pain, cassez les œufs par-dessus, et les saupoudrez de fromage, poivre, muscade; mettez cuire sur un feu doux, et glacez-les avec une pelle rouge au feu. (*Idem.*)

OEufs à la tripe.

Passez des ognons dans le beurre, après les avoir coupés par tranches; mouillez avec de la crème ou du lait; assaisonnez, et laissez bien cuire les ognons; ajoutez les œufs cuits durs et coupés par tranches, sautez-les jusqu'à ce qu'ils soient suffisamment chauds, sans les laisser bouillir. (*Idem.*)

OEufs aux concombres.

On les fait comme nous venons de le dire, excepté qu'il faut employer des concombres au lieu d'ognons. (*Encore davantage.*)

OEufs à la crème.

Dans du beurre fondu, ajoutez du persil haché, du sel, du poivre, mouillez ensuite avec une verrée de crème dans laquelle vous aurez délayé d'avance une cuillerée de farine; quand la sauce est à point, mettez-y les œufs coupés par tranches. (*Difficiles à digérer.*)

Croquettes d'œufs.

Hachez fin les blancs, écrasez les jaunes, ajoutez du persil haché et de la sauce à la crème bien réduite; lorsque le tout est de bon goût, formez des boulettes que vous roulez dans la mie de pain, panez une seconde fois à l'œuf, et faites frire; servez-les avec du persil frit. (*Idem.*)

Œufs farcis.

Faites durcir des œufs que vous couperez sur la longueur, en deux portions, dont l'une doit être plus épaisse que l'autre ; enlevez les jaunes que vous pilerez dans un mortier avec de la mie de pain bouillie dans de la crème ; ajoutez partie égale de beurre, un ou deux jaunes crus, du sel, du poivre ; remplissez avec cette farce, en leur donnant leur première forme ; couvrez avec de la mie de pain que vous arroserez avec du beurre ; mettez le reste de la farce dans un plat, posez tous les œufs par-dessus, et placez sous le four de campagne. (*Idem.*)

Manière de produire des œufs plus ou moins gros.

Casser une douzaine d'œufs, plus ou moins, suivant le volume qu'on veut donner à celui qui en résultera ; on sépare en les cassant les blancs d'avec les jaunes ; on prend une vessie bien propre et bien nettoyée, dont la capacité puisse enfermer tous les jaunes dont on la remplit ; la vessie bien liée pour empêcher l'air de pénétrer, on la suspend dans l'eau bouillante jusqu'à ce que le tout ait acquis une consistance convenable.

Coupez, enlevez la vessie, prenez ensuite une autre vessie plus grande, dans laquelle vous verserez les blancs en y ajoutant le jaune déjà cuit, que vous lierez aussi par le dessus, pour l'exposer à la chaleur de l'eau bouillante jusqu'à ce que les blancs aient durci, de manière à ce qu'en coupant la masse en deux parties égales, vous puissiez figurer un œuf, que vous servez ensuite sur une farce de gibier, de volaille, ou telle autre purée ou légume qui puisse convenir à un entremets semblable. Quelques-uns le laissent entier. (*Échauffant.*)

Œufs à la tartufe.

Après avoir coupé du lard en tranches minces, faites-le revenir dans le beurre; lorsqu'il est cuit, dressez-le au fond d'un plat, versez-y le beurre; cassez les œufs par-dessus, saupoudrez de sel fin, poivre et muscade râpée; faites cuire à petit feu, et glacez avec une pelle rouge. (*Idem.*)

Fondue.

Pesez le nombre d'œufs que vous voudrez employer, d'après le nombre présumé de personnes qui veulent en manger, prenez un morceau de fromage de Gruyère pesant le tiers et un morceau de beurre au sixième du poids des œufs; cassez, battez les œufs dans une casserole; ajoutez le beurre, le fromage râpé ou coupé même; posez la casserole sur un fourneau bien allumé; remuez avec une cuillère de bois jusqu'à ce que le tout soit épaissi; mollet, ajoutez du sel si le fromage est nouveau et du poivre en suffisante quantité, mais il doit dominer. (*Idem.*)

DES LÉGUMES.

Des truffes.

On choisit celles du Périgord et du Dauphiné; elles sont plus noires que celles de la

Bourgogne, leur parfum est extrêmement marqué, plus fort, et bien meilleur dans les premières que dans les autres, où il approche un peu de celui de l'ail. Pour les nettoyer on les met séjourner un peu dans l'eau froide, on les agite, on les tourne, on les brosse, on change l'eau tant qu'il en est besoin, pour enlever la terre qui les recouvre, soit avec une brosse un peu rude, soit avec un morceau de bois aplati et tranchant; on ne cesse ces manœuvres que lorsqu'elles sont nettes. (*Échauffantes.*)

Truffes au vin de Champagne.

Faites une marinade cuite, mouillez-la avec du vin blanc de Champagne, ajoutez un fond de cuisson; quand elle est de bon goût, passez au tamis, mettez-y les truffes jusqu'à ce qu'elles soient cuites : cela demande une demi-heure au moins; retirez-les, laissez égoutter, pour les servir sur une serviette. (*Idem.*).

Truffes à la cendre.

Coupez des bardes de lard que vous assaisonnerez de gros poivre; enfermez, roulez les truffes les plus grosses dans leur milieu; enveloppez-les de quatre morceaux de papier pris et posés les uns après les autres, de manière à ce qu'ils se trouvent opposés les premiers à la jonction des seconds; une heure avant de servir, trempez les papillotes dans l'eau fraîche, et les mettez sous la cendre très chaude; lorsque vous les jugez assez cuites, retirez-les de dessous la cendre, enlevez les deux premières feuilles de papier, et servez avec les deux autres. (*Idem.*)

Truffes à l'italienne.

Enlevez la peau des truffes aussi mince que possible ; après les avoir coupées par tranches minces, sautez-les dans une casserole avec du beurre ; mouillez avec une sauce italienne et une verrée de vin blanc ; dégraissez, et servez avec des croûtons. (*Idem.*)

Truffes à la provençale.

Coupez les truffes par tranches minces, sautez-les dans un peu d'huile, assaisonnez de sel fin, d'un peu d'ail écrasé et de gros poivre ; lorsqu'elles sont cuites, servez avec un jus de citron. (*Idem.*)

Croûtes aux truffes.

Faites-les cuire à l'italienne ou à la provençale ; étendez du beurre par-dessus, et par-dessous une croûte de pain à potage ; mettez-la sécher sur le gril, et servez dessus le ragoût des truffes. (*Idem.*)

DES CHAMPIGNONS.

Tous les champignons qu'on mange à Paris ne peuvent causer aucun accident, parce qu'ils sont surveillés et inspectés ; mais dans les campagnes, ils causent des maladies si graves, souvent même la mort, avec des tourmens si difficiles à décrire, qu'il serait bien à désirer qu'on pût facilement distinguer les malfaisans d'avec les autres. Quoique les botanistes aient expliqué de quelle manière on pouvait reconnaître les champignons vénéneux, cela n'empêche pas que beaucoup de personnes s'y trompent encore. L'observation la plus générale, à laquelle il faut apporter le plus d'attention, c'est que le champignon de bonne qualité est ferme, arrondi, blanc en dessus, rougeâtre en dedans ; c'est le contraire dans les mauvais. Le meilleur moyen à employer contre l'empoisonnement par les champignons, est de faire vomir le plus promptement possible, de boire ensuite de l'eau sucrée avec addition de vinaigre, de verjus ou tout autre acide, de l'eau-de-vie en petite quantité, de l'éther étendu dans un ou deux jaunes d'œufs délayés dans l'eau sucrée. (*Echauffans.*)

Croûte aux champignons.

Après avoir épluché les champignons, après les avoir coupés en deux ou en quatre, suivant leur grosseur, mettez-les dans une casserole, et faites-les revenir dans du beurre avec un bouquet de persil ; mouillez avec du bon bouillon; ajoutez un peu de beurre manié de farine; assaisonnez ; faites bouillir; ralentissez alors le feu, et faites cuire très-doucement; avant de servir, retirez le bouquet, mettez une liaison de jaunes d'œufs, et servez les champignons sur une croûte comme celle dont nous avons parlé pour les truffes. (*Idem.*)

Champignons au gratin.

Passez au beurre des champignons; ajoutez-y des truffes, du persil, des échalotes et d'autres champignons hachés fin; saupoudrez de farine; mouillez avec du bouillon et un peu de jus ; faites réduire après avoir assaisonné ; mettez-les sur un plat, dans une casserole d'argent ou dans des coquilles ; saupoudrez avec la chapelure; faites réchauffer sous le four de campagne. (*Idem.*)

Champignons à la bordelaise.

Pour les préparer, on choisit les plus grands et les plus gros ; on enlève toute leur superficie, et on lave dans l'eau, pour les mettre ensuite mariner dans l'huile avec du sel, du poivre ; on les retire, on les fend pour les griller des deux côtés, pour les servir avec de l'huile dans laquelle on a fait revenir des échalotes, du persil hachés, et assaisonnée de sel et de gros poivre. (*Idem.*)

Champignons aux fines herbes.

Préparez les champignons de la manière précédente, hachez les queues, comprimez-les dans un linge pour en extraire l'eau ; ajoutez-y du persil, des échalotes, des cornichons, des câpres hachés très-fin, du sel, du gros poivre ; faites de tout un mélange exact, en y ajoutant de l'huile ; garnissez le dedans des champignons avec cette farce ; saupoudrez de chapelure, et mettez sous le four de campagne. (*Idem.*)

Champignons à la provençale.

Épluchez et coupez en petits morceaux des champignons de couche ; mettez-les dans l'eau fraîche, lavez et les laissez égoutter ; faites-les ensuite mariner dans l'huile, à laquelle vous aurez ajouté du sel, du gros poivre, un peu d'ail; vous mettez le tout dans une poêle; après les avoir sautés, lorsqu'ils sont d'une belle couleur, joignez-y deux pincées de persil haché, des croûtons de pain mollet et le jus d'un citron.

Croûtes aux morilles.

Après avoir épluché et lavé les morilles, coupez-les par morceaux, pour les préparer de la même manière que les croûtes aux champignons. (*Idem.*)

Des mousserons.

Les mousserons se préparent absolument de même que les morilles et les champignons. (*Idem.*)

DE LA POMME DE TERRE.

Pour faire cuire les pommes de terre, il suffit de les mettre dans un vase de terre ou de fonte; on verse un peu d'eau dans le fond; et sous le couvercle, on place un linge qui retient l'humidité qui tendrait à s'évaporer; de cette manière elles cuisent à la vapeur, outre qu'elles restent dans leur entier, elles sont encore beaucoup moins âcres que si elles cuisaient d'une toute autre façon. (*Excellentes.*)

Pommes de terre à la maître-d'hôtel.

Cuites et épluchées, coupez les pommes de terre par tranches plus ou moins épaisses, mettez-les sur le feu dans une casserole avec du beurre, du sel, du poivre, du persil haché; ajoutez un peu de bouillon et le jus d'un citron. (*Idem.*)

Pommes de terre à la crème.

Même procédé que ci-dessus, excepté que vous ajoutez une verrée de crème au lieu de bouillon, et point de jus de citron. (*Idem.*)

Pommes de terre sautées au beurre.

Choisissez de petites pommes-de-terre rondes, ou coupez-les assez grosses, et en leur donnant la forme d'une noix; essuyez-les bien dans un torchon; mettez dans une casserole avec du beurre et du sel; faites leur prendre couleur. (*Idem.*)

Pommes de terre à la lyonnaise.

Après les avoir fait cuire à l'eau, coupez-les par tranches, et les sautez dans une purée d'ognons. (*Idem.*)

Pommes de terre frites.

Coupez-les par tranches, faites-les ressuyer dans un linge; jetez-les dans un friture très-chaude; saupoudrez-les de sel fin avant de servir. (*Difficiles à digérer.*)

Purée de pommes de terre.

Après les avoir fait cuire à la vapeur, après les avoir épluchées, vous les broyez et les pilez dans un mortier, en y ajoutant du bouillon; après les avoir passées au tamis, mettez-les dans une casserole avec du beurre et du nouveau bouillon; parvenues à consistance de bouillie un peu épaisse, vous servez avec des croûtons implantés tout autour.

On la prépare de même au maigre, en ajoutant de la crème au lieu de bouillon, et du sucre; on dresse la purée sur un plat, on saupoudre avec du sucre, et on glace avec la pelle rougie au feu, et mieux sous le four de campagne. (*Bonne.*)

Croquettes de pommes de terres.

Faites-les cuire sous la cendre, mettez-les bien épluchées dans le mortier, broyez-les avec de la crème, passez-les au tamis, ajoutez du beurre, du persil haché, des jaunes d'œufs et des blancs battus en neige; roulez-les plus ou moins grosses dans la mie de pain, et faites-les frire.

On peut encore à celles-ci, ajouter du sucre et de l'eau de fleurs d'oranger. (*Idem.*)

Topinambours.

Plante originaire des Indes; son fruit a le goût et la saveur des culs d'artichauts; on les prépare de la même façon que les pommes-de-terre. (*Assez bon.*)

Des patates.

La patate, assez semblable à la pomme-de-terre, est une racine oblongue, rosée à la surface, moins farineuse, mais plus sucrée, dont la pulpe approche de celle de l'artichaut et la saveur de la noisette; on les recherche par leur délicatesse et beaucoup plus encore parce qu'elles sont peu communes. On les prépare comme les salsifis et les artichauts; coupées par tranches minces, on les fait frire comme les pommes de terre.

Leur verdure épluchée, cuite dans le beurre avec bon assaisonnement, se réduit comme les épinards ; on y ajoute de la crème, du sucre ; on l'entoure de croûtons frits, et mieux avec des tranches de patate sautées dans le beurre. On peut aussi les préparer au gras. (*Bonnes.*)

Carottes à la maître-d'hôtel.

Après avoir tourné les carottes en bouchons plus ou moins gros, faites-les cuire dans de l'eau ou du bouillon, avec du sel et du beurre ; on les retire, on les égoutte pour les sauter ensuite avec du beurre et du persil haché, du sel et du gros poivre (*Echauffantes.*)

Carottes à la flamande.

Coupez des carottes par tranches, faites-les blanchir et revenir dans le beurre, mouillez avec du bouillon, ajoutez du sel et un peu de sucre, faites réduire à glace, remettez un morceau de beurre, des fines herbes et un peu de sauce tournée ; faites bouillir encore un peu, et servez avec des croûtons frits. (*Idem.*)

Navets à la sauce blanche.

Les navets coupés, quelle que soit la forme que vous voulez leur donner, faites-les cuire à l'eau avec un peu de sel et de beurre, pour les mettre dans une sauce blanche. (*Relâchans.*)

Navets à la moutarde.

On les prépare de la même manière que nous venons de l'exposer ci-dessus, excepté que l'on ajoute une cuillerée de moutarde dans la sauce blanche. (*Idem.*)

Navets à la crème.

Faites-les cuire comme il vient d'être dit, mettez-les dans une sauce à la crème. (*Idem.*)

Navets glacés.

Après avoir tourné les navets en bouchons plus ou moins gros, faites-les blanchir, rafraîchir et égoutter, pour revenir dans le beurre; ajoutez-y du sel et un peu de sucre, une verrée de bouillon; faites réduire, retirez-les à mesure qu'ils prennent couleur, dressez-les sur un plat, versez dessus la glace que vous aurez détachée, en ajoutant quatre ou cinq cuillerées de bouillon passé au tamis. (*Idem.*)

Ognons farcis.

Faites cuire sous la cendre les plus gros ognons que vous trouverez; lorsqu'ils sont cuits, épluchez-les, enlevez tout l'intérieur et les remplissez avec une farce cuite; couvrez toute la surface avec de la mie de pain, et mettez sous le four de campagne.

On peut encore les farcir étant crus, et les faire cuire au four. (*Echauffans.*)

Salsifis.

Après les avoir ratissés et coupés par morceaux plus ou moins longs, on les met dans l'eau aiguisée d'un peu de vinaigre; on les fait cuire ensuite dans de l'autre eau avec du beurre, du sel, du poivre et un peu de nouveau, vinaigre ou du verjus; on peut les accommoder, 1°. en les dressant tout chauds sortant de la casserole et en versant dessus une sauce blanche; 2°. les faire frire; mais il faut les mettre mariner dans du sel, du verjus ou vinaigre, et du persil; les retirer, les imprégner d'une pâte, et les laisser jusqu'à ce qu'ils aient pris couleur; servez-les avec du persil frit; 3°. les mettre au jus quel qu'il soit. (*Bons.*)

CARDONS.

Ceux-ci demandent beaucoup de soins: séparez d'abord toutes les feuilles du cardon; coupez-les à six pouces de longueur; ne prenez que celles qui sont bien blanches et point creuses dans l'intérieur; parez et tournez le trognon; faites blanchir le tout dans l'eau bouillante, et enlevez toutes les pellicules ou membranes qui les recouvrent. (*Pénibles à digérer.*)

Cordons au jus.

Préparés comme nous venons de le dire, faites-les cuire dans du bouillon, dans lequel aura été délayée une cuillerée de farine, du poivre, de la muscade râpée et un bouquet. Arrivés à cuisson convenable, passez-les au beurre; saupoudrez de farine, et mouillez avec du jus ou quelque fond de cuisson; laissez-les pendant quinze ou vingt minutes dans cette sauce, pour qu'ils prennent goût; dressez-les, et servez la sauce par-dessus. (*Idem.*)

Cardons au consommé, etc.

Après les avoir fait mijoter comme il vient

d'être dit, dressez-les avec telle sauce que vous désirerez. (*Idem.*)

Cardons au fromage.

Dans une sauce blanche bien liée, ajoutez du fromage de Parmesan ou de Gruyère râpé; placez-y les cardons; saupoudrez un plat du même fromage, mettez de la mie de pain par-dessus, faites gratiner, mettez les cardons en saupoudrant de fromage, et successivement couche par couche de manière à ce qu'ils soient bien enveloppés par la sauce et le fromage; faites la dernière avec de la mie de pain aussi bien mélangée de fromage; mettez le tout sur un feu très-doux, et couvrez avec le four de campagne; avant de couvrir, répandez un peu de beurre fondu sur la mie de pain. (*Idem.*)

Cardes-Poirées.

Elles peuvent subir les mêmes préparations que les cardons dont nous venons de parler. (*Mauvaises, insipides.*)

Céleri au jus.

On le mange en salade; on peut en faire aussi divers entremets; pour cela, ôtez les feuilles vertes, à six pouces de la racine, pour la tourner, lavez les pieds les uns après les autres dans plusieurs eaux différentes et avec soin; faites blanchir, rafraîchir et égoutter; mettez-les dans une casserole avec du beurre; saupoudrez de farine, mouillez avec du bouillon, assaisonnez de sel, gros poivre, muscade râpée; lorsque le tout est cuit, ajoutez quelques cuillerées de bon jus. (*Échauffant.*)

Céleri aux petits pois.

Coupez le céleri par morceaux aussi petits que possible, comme on le fait pour les asperges ; faites blanchir, égoutter et revenir dans du beurre ; saupoudrez de farine, et mouillez avec du bouillon ; cuit, réduit et de bon goût, liez avec des jaunes d'œufs, pour servir avec des croûtons. (*Idem.*)

Céleri frit.

Il doit être auparavant blanchi, égoutté et cuit dans du bouillon, trempé dans une pâte convenable pour faire frire. (*Mauvais.*)

ARTICHAUTS.

On reconnaît qu'un artichaut est tendre en rompant la tige (la queue) près du corps ; si elle casse sans effort, et sans laisser après sa rupture aucun filament, c'est une preuve qu'il est tendre ; au contraire, la difficulté qu'on éprouve à la séparer, et les filamens qui restent, prouvent qu'il est ligneux, et qu'il sera désagréable à manger.

On coupe les pointes des feuilles avec des ciseaux, on pare le dessous ; après l'avoir lavé dans l'eau froide, on le fait cuire dans un chaudron avec du sel ajouté à l'eau bouillante ; on le rafraîchit ; on arrache les feuilles du milieu pour enlever le foin avec précaution ; on replace les feuilles ; au moment de servir, on les fait chauffer de nouveau, et on verse dessus la sauce blanche, ou mieux encore on la met dans une saucière placée à côté d'eux, sur la table. (*Échauffans.*)

Artichauts à la barigoule.

Faites cuire et parez les artichauts comme nous venons de l'indiquer, seulement jusqu'à ce que le foin puisse s'arracher facilement ; ensuite, avec une farce composée de champignons, persil, échalotes hachés très-fin, sel, poivre, muscade, beurre et huile, que vous passez au feu ; lorsqu'elle est cuite, remplissez-en les artichauts ; mettez-les dans une casserole foncée avec des bardes de lard ; mouillez avec moitié bouillon et moitié vin blanc, une demi-verrée de chacun ; faites cuire à petit feu ; mettez du feu sur le couvercle, pour faire rissoler les feuilles. (*Indigestes.*)

Artichauts à la provençale.

Parez les artichauts, faites-les cuire ensuite dans une casserole avec de l'huile et du sel fin, en mettant du feu dessus et dessous ; lorsqu'ils sont cuits et de belle couleur, servez-les avec l'huile qui leur sert de sauce. (*Idem.*)

Artichauts glacés.

Coupez les artichauts en six ou en quatre, ôtez le foin ; faites fondre un morceau de beurre dans une casserole, et placez-y les artichauts ; saupoudrez de sel fin, et faites cuire avec du feu sur le couvercle ; arrivés à cuisson, et lorsqu'ils ont pris couleur, dressez-les, la tête en dessous, pour que la partie glacée paraisse ; versez le beurre par-dessus. (*Idem.*)

Artichauts frits.

Épluchez les artichauts, que vous couperez

ensuite par morceaux plus ou moins gros et épais ; jetez-les à mesure dans l'eau fraîche ; retirez-les et laissez égoutter, pour les tremper dans une pâte à frire, mettez-les dans la poêle jusqu'à un belle couleur. (*Idem.*)

Artichauts à l'italienne.

Coupez un artichaut en quatre parties égales, ôtez le foin, frottez-les d'un jus de citron ; faites-les cuire avec de l'eau, du beurre, du sel, un jus citron ou du verjus ; lorsqu'ils sont cuits, rtirez-les et les laissez égoutter, pour les servir avec une sauce italienne. (*Idem.*)

Culs d'artichauts en canapé.

Frottez-les de jus de citron et faites-les cuire comme il a été indiqué plus haut ; laissez-les égoutter et les garnissez ensuite en formant des compartimens avec des jaunes d'œufs cuits durs, des fines herbes hachées, des truffes cuites coupées menu, des câpres, des cornichons, des filets d'anchois et des filets de carottes bien rouges ; mettez vos culs d'artichauts sur un plat, dans le fond duquel vous aurez jeté auparavant du persil, des ciboules, du sel, du poivre, de l'huile et du vinaigre. (*Echauffans.*)

ASPERGES.

Après avoir légèrement ratissé les asperges, on les coupe de la même longueur ; après les avoir lavées à l'eau fraîche, on les lie par petits paquets, pour les mettre dans l'eau bouillante, dans laquelle on a jeté un peu de sel ; au bout de quinze ou vingt minutes, elles sont assez cuites ; on les retire, on les laisse égoutter, pour les servir accompagnées d'une saucière, dans laquelle on a mis la sauce blanche préparée. (*Relâchantes.*)

Asperges aux petits pois.

Les petites asperges longues et vertes, se coupent en morceaux de trois ou quatre lignes de longueur ; faites-les blanchir à l'eau de sel, laissez-les rafraîchir et égoutter, et les accommodez de la même manière que les petits pois à la bourgeoise. On les met encore au roux, en faisant un petit roux sans ajouter aucune liaison. (*Idem.*)

Petits pois à la bourgeoise.

Aux petits pois mis dans une casserole avec de l'eau, ajoutez un morceau de beurre, à peu près deux onces pour un litre ; maniez le beurre avec, faites égoutter l'eau, et les mettez sur le feu avec du sel et un bouquet ; vous les sautez et les mouillez avec de l'eau bouillante ; arrivés à cuisson, ajoutez gros comme une noix de beurre manié de farine, et remuez ; pour les servir.

On peut encore y ajouter une liaison de jaunes d'œufs avec un peu de crème ; lorsqu'on y met du sucre, il faut un peu moins les saler.

On y ajoute aussi des laitues, après avoir manié les pois dans le beurre. (*Idem.*)

Petits pois à l'anglaise.

Mis dans l'eau bouillante avec un peu de sel, on les fait aller à grand feu ; lorsqu'ils sont cuits, faites égoutter dans une passoire, vous les versez sur un plat au milieu duquel se trouve un morceau de beurre, manié de persil haché et de sel. (*Idem.*)

Pois au lard.

Faites revenir le lard coupé par petits morceaux, mouillez ensuite avec de l'eau ou du bouillon, mettez les pois avec un bouquet et un peu de sel, de poivre, et faites cuire à petit feu. (*Idem.*)

Haricots verts.

Les meilleurs sont les gris; il faut avoir soin de les choisir tendres et cassans; on les épluche en coupant les deux extrémités, afin d'enlever les filamens qui sont sur les côtés, pour les faire blanchir à l'eau bouillante avec un peu de sel, et sur un feu vif; arrivés à point, sans qu'ils soient trop cuits, mettez-les égoutter dans une passoire. (*Difficiles à digérer.*)

Haricots verts à la bourgeoise.

Faites fondre dans une casserole un morceau de beurre avec du persil haché, dans lequel vous mettrez les haricots; remuez, faites réduire la sauce; avant que de servir, ajoutez une liaison de jaunes d'œuf délayés avec un jus de citron ou bien un peu de vinaigre. (*Idem.*)

Haricots verts à la maître-d'hôtel.

Après avoir fait cuire les haricots comme il est indiqué, les avoir laissé égoutter, ajoutez un morceau de beurre manié de fines herbes, sel, poivre; sautez-les, et versez. (*Idem.*)

Haricots verts à l'ognon.

Faites revenir dans le beurre de l'ognon coupé en dés ; saupoudrez de farine, mouillez avec du bouillon et un peu de jus ; la sauce réduite, ajoutez les haricots cuits à l'eau de sel ; sautez-les un peu pour leur faire prendre la sauce, et les servir. (*Idem.*)

Haricots verts à l'anglaise.

Laisser fondre un morceau de beurre manié de fines herbes hachées avec du sel et du poivre, y ajouter les haricots passés très-peu de temps à l'eau bouillante, les sauter dans la casserole, y mêler ensuite gros comme une noix de beurre manié de farine, et le jus d'un citron. (*Idem.*)

Haricots verts à la provençale.

Coupez les ognons par tranches, et faites-les revenir dans de l'huile d'olive ; ajoutez les haricots avec du persil haché, du sel, du poivre ; après les avoir sautés dressez-les sur un plat, et versez dessus un filet de vinaigre bouilli dans la casserole. (*Idem.*)

Haricots blancs nouveaux à la maître-d'hôtel.

Après les avoir fait cuire à l'eau bouillante avec un peu de sel, et laissé égoutter, jetez-les dans une casserole avec un morceau de beurre manié de fines herbes, du sel et du poivre ; faites-les sauter un moment sur le feu, et y ajoutez le jus d'un citron. (*Idem.*)

On prépare de la même manière les haricots secs, mais il est nécessaire de les faire tremper dans l'eau froide quelque temps auparavant.

Haricots blancs au jus.

Lorsqu'ils sont cuits, accommodez-les avec du jus ou bien un fond de cuisson quel qu'il soit. (*Idem.*)

Haricots rouges au vin.

Faites cuire les haricots comme à l'ordinaire, faites ensuite roussir un peu d'ognon dans le beurre; mêlez les haricots, et mouillez avec du vin; assaisonnez de sel et de poivre. (*Echauffans.*)

Lentilles.

On fait cuire les lentilles dans une casserole avec un peu de beurre, du sel, du poivre et un ognon coupé en quatre, un bouquet de persil, le tout placé sur un très-petit feu.

On peut encore les mettre dans une marmite avec un morceau de lard et un saucisson, ou bien encore tout simplement avec de l'eau de sel, pour les préparer ensuite à l'ognon ou à la maître-d'hôtel. (*Echauffantes en purée, le contraire en nature.*)

Fèves de marais.

Lorsqu'elles sont très-petites, on ne supprime que les extrémités; lorsqu'elles sont grosses, on les dépouille entièrement pour les faire blanchir dans de l'eau de sel; laissez égoutter après les avoir mises dans l'eau froide; on les jette dans une casserole avec du beurre, un bouquet de persil, de la sariette, du sel, du poivre; mouillez avec du bouillon et de l'eau, assaisonnez, et quand elles sont réduites à point, ajoutez une liaison de jaunes d'œufs et un peu de sucre (*Très-difficiles à digérer.*)

Chou farci.

Après l'avoir choisi d'une bonne grosseur, supprimé ses feuilles vertes, fait blanchir à l'eau bouillante pendant un quart d'heure et dans tout son entier, laissez rafraîchir et égoutter en le pressant avec les mains; enlevez avec précaution tout son intérieur, pour le remplir d'un mélange de chair à saucisses et de marrons hachés, ou toute autre farce plus ou moins composée; recouvrez le tout avec une de ses feuilles, ficelez, bardez de lard le fond d'une casserole, placez le chou recouvert avec d'autres bardes; ajoutez dans le pourtour des parures de viandes, des carottes, des ognons; mouillez avec du bouillon et un peu de vin blanc, faites cuire à petit feu; le chou bien cuit, la sauce étant réduite, retirez de dessus le feu et déficelez; dressez-le et l'arrosez avec la sauce passée au tamis. (*Idem.*)

Chou à la crème.

Lorsque les choux auront été bien épluchés, bien lavés, faites-les cuire à l'eau de sel, laissez rafraîchir, égoutter, pour les hacher grossièrement, les passer au beurre, y ajouter du sel, du poivre, de la muscade râpée; mouillez avec de la crème, faites réduire à très-petit feu jusqu'à ce que le chou soit bien lié. (*Idem.*)

Chou au lard.

Faire blanchir le chou, le couper par quartiers, le remettre dans la marmite avec un morceau de petit-salé, un saucisson ; mouiller avec de l'eau, assaisonner, faire bouillir d'abord, ensuite cuire à petit feu ; le tout arrivé à cuisson convenable, dressez le chou, le petit-salé par-dessus ; faire réduire la cuisson, y ajouter un peu de beurre manié de farine, et la servir sur le chou. (*Idem.*)

Chou-croute.

Chou-croute, mauvaise expression pour remplacer la dénomination de *sauer-craut* des Allemands, qui signifie, littéralement chou aigre, chou acide, qui, bien préparée, ne laisse pas que d'être une bonne chose pour les estomacs robustes. Pour la bien faire, pour la rendre susceptible de pouvoir être conservée d'une saison des choux jusqu'à l'autre, on choisit un tonneau qui ait renfermé du vinaigre, du vin blanc ou de l'eau-de-vie; en dehors, et à quatre pouces au-dessus du fond, on pratique un trou, dans lequel on implante une cannelle de bois; après avoir dépouillé les choux, dont vous aurez fait un choix particulier, de leurs feuilles extérieures les plus vertes, coupez-les en deux, trois ou quatre parties, suivant leur volume, et ratissez chacun des morceaux sur un rabot fait exprès, au centre duquel se trouvent placées transversalement quatre ou six lames tranchantes, pour en faire, par l'aller et le venir, des filets extrêmement fins, qui, tombés dans le tiroir placé dessous, se ramassent ensuite dans un panier ; lorsque vous en avez une assez grande quantité, ce qu'il est assez facile de juger, il faut de suite remplir le tonneau placé où il doit rester, avec les précautions suivantes : mettre d'abord, vis-à-vis la cannelle, des brins d'osier et de sarment, pour faciliter l'écoulement de l'eau qui doit tomber au fond du tonneau ; faire une couche de choux coupés et une autre de sel (la dose est d'une livre pour cinquante livres de choux), les choux à trois pouces d'épaisseur, et successivement jusqu'à ce que le tonneau soit au moins aux deux tiers rempli ; on recouvre le tout avec des feuilles entières, avec un linge par-dessus, et un couvercle de bois assujéti par une pierre ou quelque autre chose de très-lourd.

Quatre ou cinq jours après cette première opération, ouvrez la cannelle, laissez écouler la saumure pour la renouveler, en répétant cette même manœuvre jusqu'à ce qu'elle sorte claire et sans aucune odeur.

Le tonneau à chou-croûte doit être placé dans un endroit à température moyenne pendant toute l'année ; du moment qu'il est entamé, retirez tous les mois au plus tard la saumure, pour en remettre de la nouvelle, et surtout avoir le plus grand soin de la tenir fermée par le moyen du couvercle. Quelques-uns y ajoutent des baies de genièvre et des graines de carvi, qu'ils y mêlent en mettant le sel avec les choux.

Pour faire cuire la chou-croûte, laissez-la tremper pendant deux heures dans de l'eau fraîche; lorsqu'elle est égouttée, mettez-la dans une casserole avec du petit lard coupé par tranches, un cervelas et des saucisses; mouillez avec du bouillon et un peu de jus, ou de la graisse d'oie; faites cuire à petit feu, et servez; le petit lard par-dessus, ainsi que les saucisses et le cervelas, dépouillé de son enveloppe. (*Facile à digérer par son acidité.*)

Chou rouge.

Après lui avoir fait jeter quelques bouillons, ôtez le trognon, hachez le chou grossièrement; faites cuire à petit feu dans une casserole avec un morceau de beurre, du sel, du poivre; remuez souvent, pour bien incorporer le chou avec le beurre. (*Difficile à digérer.*)

Petits choux de Bruxelles.

Choux verts et pas plus gros qu'une noix, dont on supprime les feuilles jaunes, pour les faire cuire dans de l'eau de sel; rafraîchis, égouttés, mettez-les dans une casserole avec un morceau de beurre, du sel et du poivre. (*Idem.*)

Choux-fleurs à la sauce blanche ou au jus.

Séparez les choux-fleurs par morceaux; ôtez les feuilles, les pellicules, et surtout les limaces et les chenilles; faites-les cuire à l'eau de sel, en ne les y mettant que lorsqu'elle est bouillante; une fois cuits, retirez-les pour égoutter; dressez-les en demi-boule, et versez dessus une sauce blanche ou au jus. (*Relâchants.*)

Choux-fleurs au fromage.

Les choux-fleurs cuits à l'eau de sel, égouttez, après avoir été rafraîchis ; saupoudrez-les avec du fromage de Gruyère ou du Parmesan râpé ; formez une demi-boule sur un plat dont vous aurez couvert le fond avec du fromage, après l'avoir beurré ; couvrez les choux-fleurs avec une sauce blanche très-épaisse, mélangée aussi de fromage râpé ; saupoudrez de mie de pain arrosée de beurre fondu, panez une seconde fois ; mettez le plat sur des cendres chaudes, et couvrez le tout avec le four de campagne, pour faire prendre couleur. (*Idem.*)

Choux-fleurs frits.

Il est d'abord nécessaire de les faire mariner dans du sel, du vinaigre et du persil, pour les faire cuire comme d'habitude ; on les laisse égoutter, pour les tremper dans une pâte et les jeter dans la friture. (*Idem*).

Concombres farcis.

Après avoir épluché les concombres, on les vide par une de leurs extrémités avec le gros bout d'une lardoire, ou bien avec une cuillère de cuisine ; on les remplit d'une farce cuite, après avoir bouché l'ouverture avec un navet taillé en bouchon ; foncez une casserole de bardes de lard, posez dessus les concombres, mouillez avec un fond de cuisson ou du bouillon, faites cuire à petit feu ; au moment de servir, laissez égoutter, faites réduire la sauce, passez au tamis et versez dessus. On peut encore les servir avec une sauce tomate. (*Idem*)

21*

Concombres à la crème.

Les concombres épluchés, fendus en deux portions égales pour enlever tout l'intérieur, coupez-les en gros dés, pour les faire blanchir à l'eau de sel; retirez-les presque cuits, laissez-les égoutter et essuyer dans un linge blanc et sec; faites ensuite une sauce à la crème qui, parvenue de bon goût et à point convenable, doit être versée par-dessus, pour les y faire réchauffer sans bouillir. (*Impossible à digérer.*)

Concombres panés.

Faites cuire les concombres comme pour les farcir; couvrez-les ensuite d'une sauce à la crème, pour les paner et les mettre sous le four de campagne. (*Idem.*)

Concombres au gras.

Après avoir nettoyé et coupé en gros dés les concombres, faites-les blanchir, laissez ressuyer, pour les passer au beurre simplement et sans prendre couleur; saupoudrez de farine, mouillez avec du bouillon ou un fond de cuisson, assaisonnez et faites cuire à petit feu; arrivés à point, retirez-les; faites réduire la sauce, passez-la au tamis, et versez sur les concombres. (*Idem.*)

Giraumons.

On les arrange de la même manière que les concombres. (*Idem.*)

Tomates farcies.

Otez la queue, enlevez la partie supérieure de la tomate, pour extraire les grains avec une cuillère à café, exprimer l'eau qu'elle contient par une pression douce et légère faite avec les doigts; remplissez-les d'une farce composée avec du persil, des échalotes, des œufs cuits durs, des câpres, des cornichons, tout hachés très-fin, des anchois coupés par petits morceaux, du sel et de l'huile; remplissez les tomates avec ce mélange, couvrez-les de chapelure, et mettez-les dessous le four de campagne. (*Échauffantes.*)

Aubergines.

Après les avoir partagées par leur milieu, enlevez les graines; faites des incisions dans les chairs, sans endommager la peau qui les recouvre; saupoudrez-les avec du sel, du poivre et de la muscade; arrosez le tout avec de l'huile; et mettez sur le gril; on peut encore les farcir comme les tomates. (*Idem.*)

ÉPINARDS.

Après avoir été bien épluchés, on les met sur le feu dans de l'eau, à laquelle on ajoute un peu de sel, et qu'on laisse bouillir à grand feu jusqu'à ce qu'ils soient cuits; on laisse rafraîchir, égoutter, pour les hacher ensuite. (*Balais de l'estomac; on ne les digère pas.*)

Épinards au jus.

Faites revenir les épinards dans une casserole avec un morceau de beurre, saupoudrez d'une cuillerée de farine, mouillez avec du bouillon et du jus; lorsqu'ils sont de bon goût, dressez-les avec des croûtons frits dans le pourtour. (*Idem.*)

Épinards à la crème.

Suivez le procédé qui vient d'être indiqué, excepté qu'au lieu de bouillon et de jus, vous mouillez avec de la crème; ajoutez un peu de sucre, et dressez avec des croûtons. (*Idem.*)

Épinards à l'anglaise.

Épluchez, lavez et hachez grossièrement les épinards crus, passez-les au beurre avec du sel, du poivre, de la muscade; en les finissant, ajoutez un morceau de beurre, un peu d'eau, et servez avec des croûtons frits. (*Idem.*)

Oseille au gras.

Après avoir épluché de l'oseille, de la laitue, de la poirée, un peu de cerfeuil, après les avoir bien lavés et hachés grossièrement, faites-les fondre dans une casserole avec du beurre, laissez égoutter, ajoutez un morceau de beurre, et mouillez avec du bouillon, du jus ou bien avec un fond de cuisson. (*Idem.*)

Oseille au maigre.

On la prépare comme la précédente, excepté qu'au lieu de jus, on ajoute du lait et une liaison de jaunes d'œufs. (*Idem.*)

Chicorée.

Elle se prépare de la même manière que

les épinards ; cependant il est nécessaire de la laisser beaucoup plus long-temps sur le feu. (*Assez difficile à digérer.*)

Laitues.

Les laitues se font cuire et se préparent de la même façon que les épinards. (*Idem.*)

Laitues frites

Choisissez des petites laitues bien rondes, fermes et pommées ; après les avoir épluchées et liées avec une ficelle, mettez-les cuire dans une braise avec des bardes de lard, des carottes et des ognons, du sel, du poivre, de la muscade et un bouquet ; mouillez avec du bouillon ; cuites à point, pressez-les dans un linge ; refroidies, trempez dans une pâte et faites frire. (*Idem.*)

Laitues farcies.

Après les avoir fait blanchir, rafraîchir ; après les avoir comprimées pour en extraire toute l'eau qu'elles renferment, ouvrez, écartez les feuilles, pour les remplir d'une farce ; après avoir rapproché les feuilles et ficelé, faites cuire à la braise comme nous l'avons dit ; retirez-les lorsqu'elles sont cuites à point, passez au tamis le fond de cuisson, ajoutez une verrée de vin blanc, faites réduire, et avant de servir, mettez un morceau de beurre manié de farine pour lier la sauce. (*Idem.*)

Potiron à la crème.

Il se prépare de la même manière que les concombres (*Reldchant.*)

Puisque l'homme est omnivore, puisque son estomac digère absolument tout, il n'est pas étonnant que, placé au milieu du luxe étalé par la nature, il ait choisi toutes celles des plantes légumineuses ou céréales qui aient pu lui convenir, soit par goût, soit par les substances qui les composent, ou qu'elles ont pu lui fournir après les avoir soumises à toutes ces préparations particulières que nous venons d'indiquer dans ce chapitre.

Toutes les plantes qui donnent le plus de fécule sont aussi celles qui sont le plus faciles à digérer, et qui réparent le plus promptement les forces; en attendant que des analyses exactes aient été faites sur toutes celles qui sont soumises à la manducation, nous nous contenterons d'avertir chacun en particulier de bien observer ce qu'il peut ingérer dans son estomac, sans rien éprouver de pénible ou de fatigant lorsqu'il y est parvenu, car deux vérités incontestables établissent que *ce n'est pas ce qu'on mange qui nourrit, mais bien ce que l'on digère, et que rien n'influe autant sur le moral d'un individu, quel qu'il soit, que la manière dont se fait sa digestion.* Avis aux amateurs de la table.

ENTREMETS SUCRÉS.

Pâte à beignets.

Après avoir délayé une quantité suffisante de belle farine avec de l'eau, un peu de sucre, une cuillerée d'huile et une ou deux cuillerées à bouche d'eau de fleurs d'oranger, ajoutez, au moment de vous en servir, des blancs d'œufs battus en neige ; il faut qu'elle ait assez de consistance pour couvrir d'une seule immersion la tranche de pomme dont vous devez vous servir pour faire les beignets. (*Indigeste.*)

Beignets de pommes.

Enlevez la peau, coupez-les par tranches plus ou moins épaisses, ôtez le milieu et les pepins, faites-les tremper dans l'eau-de-vie et du sucre pendant l'espace d'une heure ; laissez égoutter, plongez dans la pâte préparée, faites-les frire jusqu'à couleur prononcée, posez sur un linge pour égoutter, et saupoudrez de sucre ; servez-les chauds. (*Idem.*)

Beignets de pêches et d'abricots.

Il se font de la même manière que les beignets de pommes. (*Idem.*)

Beignets de riz ou croquettes.

Faire crever le riz dans du lait et du sucre, ajoutez-y de l'eau de fleurs d'orangers, une pincée de cannelle en poudre, un peu de beurre, lorsqu'il est crevé, mettez une liaison de jaunes d'œufs ; versez le riz dans une terrine, pour laisser refroidir ; formez des boulettes du volume d'un œuf plus ou moins gros ; passez-les à l'œuf, faites frire, et saupoudrez de sucre. (*Beaucoup moins.*)

Beignets ou croquettes de pommes de terre.

Faire cuire les pommes de terre à la vapeur, les éplucher, les piler dans un mortier avec addition de lait, de sucre et d'eau de fleurs d'oranger, y ajouter quelques jaunes d'œufs, former une pâte qui ait assez de consistance pour en faire des boulettes, que l'on achève et que l'on fait frire comme celles du riz.

On en fait aussi avec la fécule des pommes de terre. (*Idem.*)

Beignets de brioches.

Coupez la brioche par tranches plus ou moins épaisses, faites-les tremper dans du lait sucré avec addition d'eau de fleurs d'oranger; laissez égoutter, et trempez dans une pâte ou tout simplement dans la friture. (*Indigeste.*)

Beignets soufflés ou pets de nonnes.

Mélangez dans une casserole du beurre gros comme un œuf, quatre onces de sucre, une verrée d'eau, du citron vert râpé; faites bouillir; ajoutez de la farine, pour en faire une pâte liée et épaisse; on connaît qu'elle est cuite à point lorsqu'elle se détache facilement de la casserole; mêlez-y trois œufs les blancs et les jaunes, en remuant bien; étendez le tout sur un plat, et avec le manche d'une cuillère de cuisine, coupez et prenez-en de petits morceaux que vous laisserez tomber dans la friture, qui ne doit être que tiède; laissez frire doucement; faites égoutter sur un linge, et les servez en saupoudrant de sucre fin. (*Idem.*)

Beignets d'omelette.

Après avoir fait comme d'habitude une grosse ou plusieurs petites omelettes sucrées, après les avoir ensuite roulées sur elles-mêmes, ou coupées par morceaux de forme plus ou moins grosse et variée, on les plonge dans la pâte à beignets indiquée plus haut pour les faire frire jusqu'à une couleur agréable; saupoudrez avec du sucre en retirant de la poêle, et servez chauds. (*Assez difficile à digérer.*)

Gâteau de riz.

Faire crever une demi-livre de riz dans du lait, y ajouter un morceau de beurre; lorsqu'il est très-épais, versez-le dans un vase de faïence pour refroidir; ajoutez dans le riz huit jaunes d'œufs et du sucre en quantité suffisante; mêlez-y quatre blancs d'œufs battus en neige avec une ou deux cuillerées d'eau de fleurs d'orangers; beurrez une casserole, saupoudrez le pourtour avec de la mie de pain; versez le riz dans la casserole placée sur le fourneau, entourée de feu même sur son couvercle; lorsque le gâteau a pris couleur suffisante, renversez-le sur un plat.

On confectionne de la même manière des gâteaux avec le vermicelle ou la semoule. (*Très bonne nourriture.*)

Gâteau de pommes-de-terre.

Faites cuire les pommes-de-terre à la vapeur; après les avoir épluchées, broyez-les dans un mortier, en y ajoutant du beurre et du lait, dans lequel vous aurez fait fondre du sucre; faire bouillir le tout, le verser dans un vase de terre et laisser refroidir; continuez ensuite de la même manière que pour le gâteau au riz dont nous venons de parler. (*Idem.*)

Gâteau au potiron.

Épluchez et coupez le potiron par petits morceaux, faites-le fondre dans une casserole avec un peu de lait; lorsqu'il est cuit, comprimez-le dans un linge, pour extraire l'eau, qui le rendrait trop liquide; passez le potiron au beurre, ajoutez de la fécule de pommes-de-terre délayée avec du lait et du sucre, faites bouillir doucement; lorsqu'il est à consistance requise, retirez et laissez refroidir; continuez d'opérer comme pour le gâteau au riz. (*Indigeste.*)

Gâteau de mie de pain.

Émiettez de la mie de pain mollet, jetez-la dans la crème bouillante, remuez, et faites continuer de bouillir; ajoutez encore à la crème un morceau de beurre, du zeste de citron et du sucre, et, si on le veut, des raisins de Corinthe; terminez comme le gâteau au riz. (*Bon.*)

DES SOUFFLÉS.

Prendre quatre cuillerées de fécule de pommes-de-terre, les délayer dans une chopine de crème, ajouter quatre onces de sucre, quatre onces de beurre, du zeste de citron râpé et quatre jaunes d'œufs; faire bouillir le tout et lui faire prendre consistance; retirez du feu, transvasez, laissez refroidir; mêlez de nouveau six autres jaunes d'œufs et quatre blancs fouettés en neige; versez le soufflé dans le plat pour être servi; mettez-le de suite sur des cendres très-chaudes, recouvrez avec le four de campagne, pour le porter sur table aussitôt que monté. (*Difficile à digérer*.)

On peut les faire avec de la crème de riz, des marrons bouillis, pilés et passés, de la mie de pain passée dans la crème, broyée et tamisée, etc.

Quant au goût qu'on peut leur donner, il ne dépend que de la volonté ; on peut choisir la vanille, la cannelle, le citron, la fleur d'orangers pralinée, les macarons, etc.

OEufs à la neige.

Fouetter des blancs d'œufs une douzaine jusqu'à ce qu'ils soient parvenus à la neige, y ajouter du sucre en poudre et de l'eau de fleurs d'orangers.

Délayer les jaunes avec du lait, de la fleur d'orangers pralinée ou des macarons, du sucre en poudre ; tous ces préparatifs achevés, faire bouillir une autre pinte de lait avec du sucre ; au moment où il est bouillant, prenez de vos œufs battus dans une cuillère, jetez-les dedans, et les y laissez une minute : répétez jusqu'à ce que tout soit achevé, retirez le lait, versez les jaunes lorsqu'il ne bout plus, et remuez continuellement, pour verser le tout sur les œufs. (*Substance agréable*.)

OEufs au lait.

Faire bouillir dans une chopine de lait deux onces de sucre, écumer, battre ensemble six jaunes et trois blancs d'œufs, une cuillerée d'eau de fleurs d'orangers, un peu de sucre en poudre ; lorsque le lait ne bout plus, le verser doucement sur les œufs contenus dans un plat creux, en remuant toujours; mettre le plat sur un bain-marie, et recouvrir avec du feu sur le couvercle; les œufs parvenus à consistance, ôtez le plat, laissez refroidir, saupoudrez de sucre, et glacez avec une pelle rougie au feu. (*Un peu plus nourrissans.*)

Charlotte de pommes.

Peler, nettoyer les pommes, enlever leur milieu, les pepins, les couper par morceaux; faire fondre dans une casserole quatre onces de beurre pour une douzaine de pommes, et les réduire en marmelade, à laquelle, pour la rendre meilleure, il faut ajouter de celle d'abricots une demi-livre; couper des tranches de mie de pain rassis, les passer au beurre; prendre une casserole, la beurrer, la garnir avec les tranches de pain, remplir toute la capacité avec les pommes et les couvrir avec du pain; achever de faire cuire avec du feu tout à l'entour et sur le couvercle; la charlotte parvenue à une belle couleur, sortez et renversez sur un plat en laissant égoutter le beurre. (*Indigeste.*)

Miroton de pommes.

Faire, comme pour la précédente, une marmelade, y ajouter de celle d'abricots; au fond d'un plat, après avoir mis une couche, placer dessus des rouelles de pommes crues bien nettoyées, continuer lit par lit, qu'on achèvera par la marmelade cuite, jusqu'à ce que tout soit fini, et faire cuire sous le four de campagne. (*Idem.*)

Pommes au riz.

Vider et tourner une demi-douzaine de pommes, les faire cuire dans du sucre clarifié léger, de manière à ce qu'elles trempent et puissent conserver leur forme; faire une marmelade avec d'autres pommes, y ajouter de celle d'abricots et quatre onces de riz cuit dans le lait avec du sucre et du beurre; mêler deux ou trois jaunes d'œufs et les délayer; faire de ce riz une bordure autour d'un plat rempli de marmelade et de riz mélangé, enfoncer les pommes cuites dans l'intérieur, et faire prendre au tout une bonne couleur sous le four de campagne; à l'instant de servir, on garnit chacune des pommes qui sont dans le riz avec une cuillerée à café de confitures, quelles qu'elles soient. (*Plus facile à digérer.*)

DES CRÈMES.

Crème au naturel.

Prendre de la crème bien douce et bien fraîche, la mettre dans une jatte plongée dans la glace, y ajouter du sucre en poudre et servir de suite. (*Indigeste après dîner.*)

Crème de ménage.

Faire bouillir ensemble, laisser réduire au tiers une pinte de bon lait, une chopine de crème, ajouter sucre une once et demie, laisser refroidir un peu, y jeter un peu de présure délayée dans une cuillère avec un peu d'eau, mêler exactement et passer la crème au tamis; placer ensuite sur la cendre chaude, mettre du feu sur le couvercle; lorsqu'elle est prise, mettez refroidir, et conservez dans un endroit frais. (*Idem.*)

Crème fouettée.

Mettez une pincée de gomme adragant en poudre dans une chopine de crème, ajouter un peu d'eau de fleurs d'orangers, du sucre en poudre quantité suffisante; fouetter ce mélange avec des brins de bouleau privés de leur écorce; lorsque la crème est montée laissez reposer, pour la dresser au moyen d'une écumoire, et en lui donnant la forme pyramidale au milieu d'un plat de porcelaine; garnissez ensuite avec des petits morceaux de citron ou d'orange confits. (*Idem.*)

Crème fouettée à la vanille, au café.

Faire bouillir pendant quelques minutes, dans le lait, un peu de vanille, passez à clair, et le joignez à la crème avant de la fouetter. Pour l'autre, ajoutez à la crème une cuillerée de café fait avec la cafetière à la Dubelloi. (*Idem.*)

Crème fouettée aux liqueurs.

Avant de fouetter la crème, il n'est besoin que d'y ajouter une demi-verrée d'une liqueur quelle qu'elle soit. (*Idem.*)

Crème fouettée aux fraises ou framboises.

Exprimez le suc des fraises ou des framboises après les avoir écrasées, passez-le au tamis, ajoutez-le à la crème lorsqu'elle aura été fouettée, et en la battant de nouveau pour la servir de suite.

Pour les faire aux cerises, aux groseilles, suivez les mêmes procédés. (*Idem*.)

Observations.

Quels que puissent être la saveur, le goût, ou l'odeur qu'on désire donner à une crème, il ne s'agit pour cela que d'y ajouter quelques gouttes d'une essence aromatique de roses, d'œillets, de bergamotes, etc.

Crème en neige.

Mélanger dans une pinte de crème bien fraîche : sucre en poudre bien blanc, huit cuillerées à bouche ; deux blancs d'œufs frais ; eau de fleurs d'orangers, une cuillerée à café ; fouetter vivement le tout ensemble, lever la crème à mesure qu'elle monte, et la placer dans un petit panier garni de linge fin ; laisser égoutter, pour la servir aussitôt que possible.

On peut varier cette crème en couleur, avec du safran pour la rendre jonquille, avec du carmin pour qu'elle soit rosée, avec un peu de bleu en liqueur (indigo) pour la faire bleue ; quant à la saveur, on peut, au lieu d'eau de fleurs d'orangers, mettre en usage telle autre essence aromatique qui pourrait paraître agréable. (*Idem*.)

Crème de Blois.

Fouettez la crème avec du sucre en poudre et des morceaux du zeste d'un citron, jusqu'à ce qu'elle devienne plus ou moins consistante et épaisse. (*Idem*.)

Crème légère.

A une chopine de bon lait, ajouter autant de crème, quatre ou cinq cuillerées à bouche de sucre en poudre; faire bouillir jusqu'à réduction de deux tiers; fouetter deux blancs d'œufs frais; lorsqu'ils sont en neige, y ajouter la crème; remuer sur le feu, en remuant continuellement; après quelques bouillons, versez une cuillerée d'eau de fleurs d'orangers; dressez, et servez lorsqu'elle est refroidie. (*Idem.*)

Crème à l'italienne.

Pilez et broyez dans un mortier six onces de pistaches mondées de leur écorce; ajoutez peu à peu deux cuillerées à bouche d'eau de fleurs d'orangers, quatre jaunes d'œufs, trois onces de zestes de citron et d'orange, sucre en poudre quatre onces; mêlez le tout très-exactement, et délayez dans une pinte de lait; faites bouillir à un feu doux, en remuant avec une spatule; la crème cuite, versez dans des petits pots ou dans un plat creux. (*Idem.*)

Crème veloutée.

Faire bouillir doucement, en tournant de continue, une chopine de crème, autant de lait, cinq onces de sucre pulvérisé; laisser réduire à moitié; retirer du feu; ajouter un peu de présure délayée dans trois cuillerées de lait, avec une cuillerée d'eau de fleurs d'orangers; mêlez exactement, et passez au tamis; versez cette crème dans un vase de porcelaine placé sur de la cendre chaude, et pour la faire velouter, un couvercle avec du feu par-dessus ; lorsqu'elle est prise, laissez refroidir, et servez. (*Idem.*)

Crème hollandaise ou à la vanille.

Couper par petits morceaux un ou deux gros de vanille ; délayer trois jaunes d'œufs dans une chopine de bon lait, autant de crème, et sucre en poudre quatre onces ; placer ce mélange sur un feu doux, en remuant avec une spatule ; lorsque la crème est prise, passez et servez. (*Idem.*)

Crème au chocolat.

Faire réduire ensemble une chopine de lait, autant de crème, trois jaunes d'œufs et quatre onces de sucre en poudre ; délayer exactement, en agitant toujours ; le tout réduit à moitié, ajouter deux onces de chocolat râpé ; laisser bouillir quelques minutes ; passer, et servir lorsqu'elle est entièrement refroidie. (*Idem.*)

Crème au café.

Faire bouillir deux onces de café en poudre dans une pinte de lait, avec moitié crème ; après quelques minutes, passer le tout ; y ajouter trois jaunes d'œufs, qu'il faut délayer exactement, quatre onces de sucre en poudre ; faire réduire à moitié ; passez, tirez à clair ; laissez refroidir et servez.

On fait la crème blanche au café, en faisant griller deux onces de café en grains, pour les jeter chauds dans le lait bouillant, et procéder ensuite comme il vient d'être dit. (*Idem.*)

Crème d'amandes douces.

Monder de leur écorce, en les jetant quelques minutes dans l'eau bouillante, six amandes douces ; les piler avec un peu d'eau, pour qu'elles ne tournent pas en huile ; fouetter dans une chopine de lait deux blancs d'œufs et quatre onces de sucre en poudre ; faire bouillir le lait sur un feu doux ; laisser réduire au quart ; ajouter les amandes ; laisser bouillir encore quelques minutes ; verser une cuillerée d'eau de fleurs d'orangers ; lorsqu'elle est refroidie, garnir avec des amandes passées au caramel. (*Encore plus indigeste.*)

Crème aux pistaches.

Pilez quatre onces de pistaches fraîches mondées de leur écorce, un peu de zeste de citron, en y ajoutant un peu d'eau ; mettez-les dans le lait préparé comme il est dit plus haut ; achevez la crème de la même manière, et garnissez de pistaches. (*Idem.*)

Crème aux macarons.

Broyez six macarons, entre lesquels vous en choisirez deux qui soient amers ; délayez-les dans une pinte de lait ; ajoutez une cuillerée à bouche de fleurs d'orangers pralinées, deux onces de sucre et quatre jaunes d'œufs ; faites cuire en remuant continuellement ; passez au tamis ; laissez refroidir dans le vase où elle sera dressée. (*Idem.*)

Crème au thé.

Dans une pinte de lait, faire bouillir pendant quelques minutes thé vert deux gros, on peut aller jusqu'à quatre, et même jusqu'à huit, selon sa bonté et sa force. Opérez ensuite comme pour la crème au café. (*Idem.*)

Crème de marrons.

Mettre dans une casserole farine de marrons deux onces, ou plutôt vingt-cinq marrons rôtis, pilés avec une petite quantité de lait ; ajoutez deux jaunes d'œufs, une chopine de lait, un morceau de beurre gros comme un œuf et quatre onces de sucre en poudre ; après avoir bouilli pendant quelques minutes, passez au tamis ; dressez et laissez refroidir. (*Idem.*)

Crème brûlée.

Faire bouillir une chopine de lait, autant de crème, sucre en poudre quatre onces, trois jaunes d'œufs ; y ajouter une cuillerée de caramel ; réduite à moitié, passez au tamis, dressez et laissez refroidir. (*Idem.*)

Crème au vin.

Après avoir délayé huit jaunes d'œufs dans suffisante quantité de sucre en poudre, ajoutez peu à peu, en remuant toujours, vin de Frontignan ou autre, sucré et aromatique, une bouteille ; faites cuire au bain-marie ; remuez jusqu'à ce que la crème soit parfaitement prise et cuite. (*Idem.*)

Crème de céleri.

Faire cuire dans une casserole, avec une chopine d'eau, deux pieds de céleri lavés et coupés par morceaux ; passez la décoction au tamis, et y ajoutez une pinte de crème, quatre onces de sucre, un peu de coriandre et de cannelle, les zestes d'un citron, une cuillerée à café d'eau de fleurs d'orangers, pour faire réduire à moitié; lorsque la crème est encore tiède, ajoutez des gésiers coupés menus; remuez; passez au tamis; mettez sur les cendres chaudes, avec un couvercle de tourtière chargé de feu; la crème prise, faites refroidir sur de la glace. (*Idem.*)

Crème au cerfeuil.

Faire bouillir pendant une demi-heure, et dans une verrée d'eau, cerfeuil une poignée; passez au tamis, et laissez réduire jusqu'à deux cuillerées, ajoutez une chopine de crème, autant de lait, quatre onces de sucre, les zestes d'un citron, un peu de coriandre et d'eau de fleurs d'orangers; laisser bouillir encore pendant une demi-heure; délayez dans un autre vase six jaunes d'œufs avec un peu de farine; versez la crème; mélangez exactement; passez au tamis; faites cuire au bain-marie, pour glacer avec du sucre et une pelle rougie au feu. (*Idem.*)

Observations.

Les crèmes peuvent se faire à toutes les odeurs, à toutes les saveurs, en les ajoutant au lait en quantité convenable; on leur donne celle de la rose, du girofle, etc.

On peut encore faire ce qu'on désigne sous le nom de crèmes renversées, en les mettant dans un moule de fer-blanc plongé dans la glace pilée; une fois la crème prise, on trempe le moule dans l'eau bouillante, pour la renverser sur le plat.

On les orne le plus souvent par des nompareilles de toutes couleurs, avec lesquelles on exécute différens dessins.

DES GELÉES D'ENTREMETS.

Pour coaguler les gelées d'entremets, on se servait autrefois de corne de cerf ou de pied de veau; la colle de poisson est bien préférable : elle est plus limpide, et ne donne aucune saveur désagréable; on la choisit bien blanche et en lire; après avoir été battue avec un marteau, elle se dissout très-facilement. Il suffit de la mettre dans l'eau, et sur un feu doux pour qu'elle n'aille pas trop vite; écumez, et passez au tamis; il faut ordinairement trois verrées d'eau pour une once de colle de poisson, qu'on fait réduire au tiers.

Il en faut ordinairement une once pour huit pots de gelée.

Gelée d'oranges.

On prend une orange et une once de sucre pour un petit pot; exprimez le suc des oranges sur un tamis de soie; laissez reposer, et tirez à clair; clarifiez le sucre; passez-le au tamis après y avoir mêlé les zestes d'oranges; ajoutez la colle de poisson et le jus d'oranges; versez la gelée dans des petits pots, ou, si vous l'aimez mieux, nettoyez des écorces coupées par moitié transversale, et entourez-les de glace pilée.

Au premier instant, n'y mettez pas tout ce que vous avez de colle de poisson, parce que si la gelée n'avait pas assez de consistance, on le juge en en mettant un peu dans une cuillère sur de la glace, vous en ajouteriez de la nouvelle. (*Indigeste.*)

Gelée de fruits.

En exprimant le suc de toute espèce de fruits, on fait des gelées de toute espèce de saveur; on opère comme pour la gelée d'oranges, en ajoutant plus ou moins de sucre; suivant la sapidité des fruits; c'est ainsi qu'on les confectionne à la pêche, aux abricots, ananas, fraises, groseilles, framboises; avec cette dernière, il faut ajouter de la groseille en petite quantité; pour laisser dominer l'arome de la framboise, qui rend très-peu de jus. Il est des fruits, tels que la pêche, qu'il est nécessaire de faire infuser dans l'eau bouillante pendant deux heures de suite; après les avoir émincés, c'est de cette infusion dont on se sert pour confectionner la gelée. (*Idem.*)

Gelées au vin de Madère, ou rhum, au kirchenwasser, etc.

Pour huit pots de gelée, il en faut cinq de liqueur, une once de colle de poisson et du sucre à proportion..... Suivez ensuite les mêmes procédés que pour la gelée d'oranges.

Gelée aux vins de liqueurs et aux liqueurs.

Il faut quatre pots de liqueurs ou de vin pour huit pots de gelée, du sucre à proportion et une once de colle de poisson; même.

procédé à suivre que pour la gelée d'oranges. (*Idem.*)

Observation.

On peut, de cette manière, confectionner toute espèce de gelée, aux fruits, aux liqueurs, aux fleurs; on peut les faire renversées; en les mettant prendre dans un moule de ferblanc, et les renversant ensuite sur un plat de porcelaine; mais il est nécessaire d'ajouter un peu plus de colle de poisson, en évitant cependant la trop grande quantité, car la gelée perdrait de sa délicatesse, en devenant trop compacte.

DE LA PATISSERIE.

Pâte à dresser.

Placez en tas, et sur une table propre, deux livres de farine; faites un creux dans son milieu; ajoutez demi-once de sel, trois quarterons de beurre, six jaunes d'œufs et une verrée d'eau; maniez d'abord le beurre avec les œufs, l'eau et le sel, et peu à peu incorporez le tout dans la farine; pétrissez ensuite avec les poings, en ajoutant un peu d'eau; que si la pâte était trop ferme, ne la foulez que deux fois, parce qu'elle casserait en la dressant.

Si on la prépare pour faire des tourtes, faites cette pâte un peu plus molle.

Pâte brisée.

Avec deux livres de farine, mettez dans le milieu une livre et demie de beurre, une demi-once de sel, quatre œufs entiers et deux verrées d'eau ; maniez peu à peu le tout avec la farine, et assemblez sans la pétrir ; donnez-lui quatre tours, comme il est expliqué au feuilletage.

Pâte feuilletée.

Deux livres de farine mise sur la table, en en formant un creux, dans lequel vous mettrez une demi-once de sel, deux blancs d'œufs, deux verrées d'eau et un demi-quarteron de beurre ; assemblez la pâte, et laissez reposer pendant une demi-heure ; au bout de ce temps, étendez la pâte avec le rouleau ; couvrez-la d'une livre de beurre, que vous maniez bien s'il est trop ferme ; laissez encore reposer, puis repliez les deux bords sur le beurre, de manière à ce qu'il soit bien enveloppé ; donnez deux tours à la pâte. Voici la manière de donner les tours : étendez la pâte avec le rouleau, jusqu'à ce qu'elle n'ait qu'un doigt d'épaisseur ; repliez-la en trois ; faites-lui faire un quart de tour, afin que ce qui était à l'un de vos côtés soit devant vous, et vous l'aplatissez encore : c'est ce qu'on appelle un tour ; répétez cette opération autant qu'il sera nécessaire, et laissez-la reposer jusqu'à ce que le four commence à chauffer ; vous lui donnez trois autres tours, et vous en servez.

Lorsqu'on met autant de beurre que de farine, il faut cinq tours ; pour les trois quarts du poids de la farine en beurre, il faut six tours.

Pâtes pour timbales.

Mettez sur table une livre de farine ; faites un trou dans le milieu ; ajoutez un peu d'eau et quatre cuillerées d'huile d'olive, un quarteron de beurre ou de saindoux, deux jaunes d'œufs et du sel; maniez le tout ensemble; ajoutez-y de la farine, et tenez la pâte bien ferme.

Pâté froid.

La viande destinée à la confection d'un pâté doit être revenue dans le beurre; toute celle de boucherie, les dindons, lièvres, lapins, chapons se désossent; on laisse entiers les canards, les pigeons, les perdrix, les mauviettes; le jambon doit être cuit auparavant; tous, excepté ce dernier, doivent être piqués de lardons plus ou moins gros, et assaisonnés; on fait aussi une farce de veau ou de volaille, avec autant et même un peu plus de lard que de viande.... Ces préparatifs achevés, ainsi que d'autres bardes de lard toutes prêtes, prenez un morceau de pâte à dresser; faites une boule ou un ovale; en l'aplatissant et l'amenant à l'épaisseur d'un doigt sur deux feuilles de papier; tracez la forme que vous voulez donner, en laissant un bord de trois ou quatre pouces à la pâte; vous mettez un lit de farce; toutes les viandes dessus entremêlées, si elles sont de plusieurs espèces; remplissez les intervalles avec la farce; comprimez avec les mains pour n'en faire qu'une masse; couvrez les côtés et le dessus avec des bardes de lard; faites sur les bords une abaisse de pâte un peu mince; enveloppez tout le pâté avec, et soudez-la en haut et en bas; formez avec la pâte un couvercle, au milieu duquel vous ferez une ouverture, dans laquelle vous roulerez une carte; faites cuire au four bien chaud, qui sera un peu tombé; il est nécessaire qu'il y reste au moins trois heures; retirez, ôtez la carte, bouchez l'ouverture avec un peu de pâte. (*Très-difficile à digérer.*)

Pâté chaud.

On confectionne la croûte avec de la pâte brisée; on la remplit de farine pour la faire cuire, on la retire, on ôte la farine, puis on y met un ragoût de morue à la béchamel, de godiveau, de ris de veau aux champignons, ou tout autre.

On peut le faire cuire sous le four de campagne, sur des cendres chaudes. (*Idem.*)

Pâté en timbale.

Garnissez une casserole de pâte à timbale d'une épaisseur de trois lignes, mettez-y votre ragoût, couvrez d'un morceau de pâte que vous soudez sur les bords; placez la casserole sur des cendres chaudes avec un couvercle et du feu par-dessus; lorsque la pâte a pris couleur, renversez le tout sur un plat, ouvrez le dessus en entier, et ajoutez la sauce.

Pâté en terrine.

Pour le faire on prend une terrine de faïence ou de porcelaine dont le couvercle se trouve percé d'un trou, on la remplit de viandes, on la met au four en lutant le couvercle avec de la pâte; lorsqu'on les fait de cette manière, les pâtés sont infiniment meilleurs. (*Idem.*)

Tourte d'entrée.

Étendez avec le rouleau de la pâte brisée de la grandeur de la tourte que vous voulez faire ; mettez cette abaisse sur une tourtière, posez dessus ce qui doit la remplir, couvrez le tout avec une autre abaisse, que vous souderez par les bords en les mouillant et les pinçant, dorez à l'œuf, faites cuire sous le four de campagne ou dans le grand four, s'il est chaud ; lorsqu'elle est cuite, ouvrez-la, et versez-y une sauce, ou tout autre ragoût analogue préparé d'avance.

De cette manière on confectionne les tourtes de godiveau, de toute espèce de ragoût, de pigeons, etc. (*Idem.*)

Vol-au-vent.

Faites une abaisse de pâte brisée, puis une de feuilletage à six tours, et couvrez-en la première ; soudez-les ensemble avec le rouleau, en ayant soin de les mouiller ; enfoncez dans la pâte, de toute l'épaisseur du feuilletage, un moule de dix pouces plus petit que l'abaisse ; retirez le moule, et mettez sous le four de campagne ou dans le four ; quand la pâte est cuite, enlevez la partie du milieu qui a été cornée par le moule, et mettez dans ce vol-au-vent tel ragoût que vous jugerez convenable. (*Idem.*)

Petits pâtés au jus.

Faites une abaisse de pâte brisée de l'épaisseur d'une ligne, coupez-la en morceaux assez grands pour garnir vos moules ; mettez dans chacun une boulette de godiveau, ou une quenelle de volaille, couvrez avec un morceau de feuilletage, faites cuire au four ou sous celui de campagne bien chaud; quand ils sont cuits, vous les couvrez, vous retirez votre petit pâté, vous rompez la boulette en petits morceaux, vous y ajoutez une cuillerée de jus, ou du vin avec des champignons. (*Idem.*)

Petits pâtés.

Avec de la pâte de feuilletage à cinq tours, faites une abaisse d'une ligne et demie d'épaisseur, coupez en petits morceaux ronds par le moyen d'un moule; sur chacun des morceaux coupés, placez du godiveau gros comme une noix, ou bien des quenelles de volaille ou de poisson, recouvrez avec l'autre moitié des ronds, dorez-les à l'œuf, et les faites cuire sous le four de campagne ou dans le grand four. (*Idem.*)

Pâte à brioche.

Dans deux livres de farine placée sur une table, mettez-en de côté une demi-livre, faites un trou dans le milieu, et mettez une demi-once de levure de bière, délayez et écrasez d'une main la farine en versant de l'autre de l'eau tiède, pour qu'elle soit égale; formez cependant une pâte un peu ferme que vous roulez sur elle-même, et que vous laissez dans une sébile de bois, en y faisant une ou deux incisions; recouvrez-la d'un linge.

Lorsqu'elle est bien levée, étendez sur cette pâte la farine conservée, ajoutez une demi-once de sel, une livre de beurre fin, six œufs; incorporez bien le tout dans la pâte fermentée ; saupoudrez de farine, repliez deux ou trois fois sur elle-même, laissez reposer huit ou dix heures, pour en faire des brioches, du pain béni, etc. (*Indigeste.*)

Pâte à baba.

La même que la pâte à brioches, excepté qu'on y ajoute pour deux livres de farine une demi-livre de raisin en caisse, deux onces de raisin de Corinthe, une demi-verrée de vin de Malaga, et un peu de safran en poudre. Cette pâte doit être plus molle que pour la brioche ; on la jette dans un moule, et au bout de six heures on la met au four. (*Idem.*)

Échaudés.

Dans deux livres de farine faites un trou, et mettez une demi-once de sel fondu dans un peu d'eau, une demi-livre de beurre et dix œufs entiers ; si la pâte n'était pas assez molle, ajoutez des œufs ; la pâte rassemblée pétrissez avec les poings, retroussez, pétrissez de nouveau jusqu'à quatre fois différentes ; placez la pâte sur une planche saupoudrée de farine, et la laissez douze heures ; au bout de ce temps formez les échaudés, et les glissez dans l'eau prête à bouillir ; remuez le chaudron pour les exciter à monter, et les renfoncez avec l'écumoire ; lorsqu'ils sont fermes sous le doigt retirez-les, et les jetez dans l'eau fraîche ; au bout de deux heures, sortez-les pour les faire égoutter pendant une heure ; mettez sur un plafond, pour les faire cuire au four. (*Faciles à digérer.*)

Pâte royale.

Versez dans une casserole, eau commune, deux verrées; beurre frais, quatre onces; l'écorce d'un citron coupée menu, quatre onces de sucre et une pincée de sel; lorsque le tout commence à bouillir, mettez la casserole sur le bord du fourneau, ôtez les zestes du citron, et ajoutez peu à peu de la farine, autant que l'eau peut en absorber; remuez de continu, remettez la casserole sur le feu pendant cinq minutes, sans cesser de remuer; on reconnaît que la pâte est à point lorsqu'elle se détache de la casserole; vous la mettez dans un vase de terre, en y ajoutant un à un des œufs, jusqu'à ce que la pâte s'attache aux doigts.

Choux.

Beurrez et farinez des plafonds, placez la pâte dont nous venons de parler par-dessus, et en morceau gros comme des noix; dorez-les et y appliquez des amandes coupées menues, avec du sucre en poudre, avant de les mettre au four.

Pains à la duchesse.

On les confectionne avec de la pâte royale, mais un peu plus ferme; on leur donne une forme longue de six ou huit pouces; lorsqu'ils sont cuits; on les ouvre, et on met dans l'intérieur une cuillerée de confitures.

Gâteaux à la crème.

Ils se font avec la même pâte, mais au lieu

d'eau on ajoute de la crème ; ces gâteaux se mettent sur le plafond, coupés de forme arrondie.

Ramequins.

Les ramequins se confectionnent avec la pâte royale, sans sucre ; lorsqu'elle est mouillée avec les œufs, on y met du fromage de Gruyère en morceaux, ou du Parmesan râpé ; lorsqu'il est bien mêlé on les couche sur un plafond de la même manière que les choux.

Frangipane.

Mettez dans une casserole deux ou trois œufs, avec ce qu'ils peuvent absorber de farine ; lorsqu'elle est bien délayée, achevez de la mouiller avec du lait ; faites cuire pendant un quart d'heure, en remuant continuellement ; ajoutez un peu de sel, de sucre, de la fleur d'orangers pralinée, et des macarons écrasés. (*Indigeste.*)

Des tourtes, flans et tartelettes.

Faites un fond de pâte brisée, après l'avoir mis sur une tourtière, posez une bande de feuilletage d'un pouce de largeur et d'un doigt d'épaisseur, placez dans leur milieu de la frangipane, des confitures, des fruits préparés pour compotes, etc.

Les flans se font avec de la pâte à dresser, dont on forme une abaisse d'une ligne d'épaisseur ; on lui donne une forme régulière en pinçant les bords ; on met dedans des crèmes, des fruits, des marmelades, et l'on fait cuire au four.

Les tartelettes sont des diminutifs des tourtes, et se font de même. (*Indigestes.*)

Tout est de mode, à Paris comme ailleurs, autrefois c'était le cabaret, remplacé par les cafés. Il a bien fallu quelque chose pour les femmes et les enfans : de là sont venus les pâtissiers. On quitte le coin du feu en hiver, on se promène dans les beaux jours, l'on entre chemin faisant dans des boutiques très-garnies, où le luxe enchanteur du petit four étale aux yeux tout ce que l'art a pu inventer de plus raffiné, pour délecter en passant le palais de toutes les plus jolies petites bouches des différens quartiers. L'énumération des friandises qui se débitent depuis un certain temps serait trop longue à faire, nous nous contenterons de remarquer seulement les progrès de l'industrie; autrefois à peine on trouvait des petits pains de seigle chez les boulangers pour apaiser les besoins pressans qu'un appétit prématuré pouvait exciter chez les personnes qui allaient loin de chez elle; maintenant, depuis les pains de gruau qu'on rencontre partout, les pâtissiers tiennent boutique ouverte, où l'on peut, à la hâte, prendre, sans être assis, une quantité plus ou moins grande de gâteaux, petits pâtés, ramequins, méringues ou d'autres choses, boire encore après un petit verre de bon vin, ou de liqueur fine, en payant quelquefois un peu cher, et continuer ensuite comme si de rien n'était. Voilà qui est reçu et même distingué, mais aussi gare les maux de tête, les pesanteurs d'estomac, le défaut d'appétit après avoir surchargé l'estomac. Pour les robustes piétons, les débitans de galette, tous les étalages des boulevarts, voire même le pain d'épices et le marchand de tisane, chacun y trouve de quoi se satisfaire, il ne faut que bien digérer.

Toutes les espèces de pâtisserie, ou préparations analogues, ne conviennent pas à tout le monde, l'expérience et la raison en pareille circonstance sont les meilleurs guides à suivre.

OFFICE.

OBSERVATION ESSENTIELLE.

Comme nous avons publié un ouvrage aussi complet que possible sur cette matière, nous invitons les personnes qui veulent parfaitement connaître tout ce qui peut avoir rapport à l'office, de voir et consulter le *Manuel du Limonadier, Confiseur et Distillateur*, etc., qui se trouve aussi chez Roret, rue Hautefeuille, n°. 12, au coin de celle du Battoir.

PATISSERIES LÉGÈRES.

Biscuits aux avelines.

Mondez quatre onces d'avelines et autant d'amandes amères, en les jetant pendant quelques minutes dans l'eau bouillante; laissez-les refroidir pour les piler dans un mortier, en ajoutant un peu de blanc d'œuf battu, pour les empêcher de tourner en huile; fouettez trois blancs d'œufs en neige, ajoutez-y deux jaunes battus séparément, avec deux onces de sucre en poudre.

Agitez bien le mélange; lorsqu'il est incorporé, saupoudrez avec quatre gros de farine passée au tamis de soie, et deux onces de sucre en poudre; remuez le tout; faites des caisses de papier pour les remplir de ce mélange; glacez les biscuits avec de la fleur de farine et du sucre en poudre fine; vous les mettez au four, à la chaleur du pain retiré; vous allumez à l'entrée une poignée de paille pour les colorer. (*Indigeste.*)

Biscuits aux amandes et aux pistaches.

Ils se font de la même manière que ceux aux avelines. (*Idem.*)

Biscuits de Savoie.

Fouettez douze blancs d'œufs jusqu'à la neige, battez les jaunes avec vingt onces de sucre, mêlez avec douze onces de farine et la râpure de l'écorce d'un citron entier, la pâte achevée, remplissez le moule graissé avec du beurre fondu, et mettez au four. (*Idem.*)

Biscuits de Moscovie.

Prenez : écorce de citron vert, quatre gros; marmelade de fleurs d'orangers, quatre gros; autant de marmelade d'abricots; quatre blancs d'œufs; sucre en poudre, trois onces; fouettez les blancs d'œufs en neige, pilez ensemble le citron et les marmelades, faites une pâte que vous passez au tamis de crin; ajoutez le sucre, les blancs d'œufs; mettez la pâte dans des caisses de papier; lorsqu'ils sont cuits, glacez avec du sucre en poudre battu dans un blanc d'œuf, et décorez avec de la nompareille. (*Idem.*)

Biscuits au chocolat.

Prendre six œufs frais, une once de chocolat en poudre fine, quatre onces de farine, et dix onces de sucre pulvérisé; battez le tout dans un mortier; lorsque la pâte est faite, dressez sur du papier ou dans des moules, pour faire cuire au four. (*Idem.*)

On fait de même les biscuits à la vanille, à la cannelle. (*Idem.*)

Biscuits au citron.

Avec six œufs frais, la râpure d'un citron, quatre onces de farine, et douze onces de sucre en poudre, faites une pâte que vous mettez sur du papier pour la faire cuire au four. (*Idem.*)

Les biscuits à l'orange se font de même.

Massepains.

Pelez une livre d'amandes douces et cinq onces d'amandes amères; après les avoir fait sécher à l'étuve, pilez dans un mortier, en ajoutant un peu de blanc d'œuf battu; faites clarifier une livre de sucre, et cuire au petit boulé; retirez du feu, ajoutez-y la pâte d'amandes; mettez la casserole sur le feu, en remuant pour que la pâte ne brûle pas; lorsqu'elle est cuite, on le reconnaît quand elle ne s'attache plus à la main, versez-la sur une table saupoudrée de sucre ; laissez refroidir ; faites ensuite, avec des abaisses de l'épaisseur d'une ligne que vous coupez en toute espèce de forme ; placez-les sur une feuille de papier pour les faire cuire au four ; glacez-les comme les biscuits. (*Indigeste.*)

Massepains au chocolat.

On ajoute à la pâte, lorsqu'elle est cuite comme il vient d'être dit, deux onces de chocolat passé au tamis. (*Idem.*)

Massepains à la fraise.

Réduire en pâte une livre d'amandes douces, y ajouter huit onces de sucre cuit au petit boulé ; mettre six onces de fraises écrasées et passées au tamis ; achever comme pour les massepains ordinaires.

On les fait de même à toute espèce de fruits.

On peut encore en confectionner avec différentes confitures ou marmelades, toujours en suivant les mêmes procédés.

Meringues.

Fouettez six blancs d'œufs et quatre onces de sucre en poudre ; faites évaporer sur de la cendre chaude, en remuant de continu ; ajoutez quatre onces d'amandes douces réduites en pâte ; le mélange achevé, formez une meringue ronde ou ovale, de la grandeur d'une cuillère à bouche, en ayant soin de laisser un vide dans le milieu de chacune ; saupoudrez de sucre fin ; et mettez au four ; lorsqu'elles sont levées, retirez-les, et mettez dedans de la crème fouettée ou des confitures, pour les recouvrir avec une autre moitié. (*Très-indigestes.*)

Macarons.

Se font avec la même pâte que les massepains, excepté qu'on leur donne la forme d'une petite noix aplatie. (*Indigestes.*)

Pâte croquante.

Mettez en pâte huit onces d'amandes douces ; ajoutez un peu de blanc d'œuf et d'eau de fleurs d'orangers ; placez sur un feu très-doux ; mêlez peu à peu douze onces de sucre en poudre ; en remuant continuellement, jusqu'à ce que le tout soit bien incorporé ; découpez et façonnez, soit avec un couteau, soit avec un emporte-pièce. (*Idem.*)

Grillage d'amandes.

Mondez de leurs écorces, amandes douces, une livre ; coupez-les en quatre sur la longueur ; mettez-les sur le feu, dans une bassine, avec quatre onces d'eau, et du sucre grossièrement cassé, une livre ; lorsque les amandes pétillent, retirez la bassine du feu, et avec une spatule de bois, remuez et agitez fortement pour les sabler ; ajoutez-y la râpure de la première écorce d'un citron ; couvrez le feu ; remettez la bassine, en remuant continuellement, jusqu'à ce que les amandes aient pris une couleur de caramel ; mettez au fond d'un plat une couche de nompareille ; étendez dessus une couche de grillage, et successivement jusqu'à ce que tout soit employé ; faites sécher à l'étuve. (*Encore davantage.*)

On le fait aussi refroidir dans des moules légèrement enduits avec de l'huile d'olives.

Grillage de fleurs d'orangers.

Faire cuire à la plume huit onces de sucre ; y mêler quatre onces de fleurs d'orangers épluchées ; remuez fortement ; lorsque les fleurs ont acquis une belle couleur, exprimez par-dessus le suc d'un citron, et dressez le grillage.

Amandes soufflées.

Peler une livre d'amandes douces ; les couper par petits morceaux ; les jeter dans du blanc d'œuf ; y ajouter douze onces de sucre en poudre ; lorsqu'elles sont glacées, étendues sur des feuilles de papier blanc, on les met au four. (*Indigestes.*)

Pains soufflés à la rose.

Fouetter avec trois livres de sucre en poudre deux blancs d'œufs, en y ajoutant peu à peu une once d'eau de fleurs d'orangers, la plus concentrée possible, et une pincée de carmin en poudre ; faites du tout une pâte consistante et assez ferme, que vous roulez sur une feuille de papier, pour la couper par morceaux, dont vous formerez de petites boules rondes, grosses comme des noisettes ; posez-les sur des feuilles de papier, à six lignes de distance, pour qu'elles ne se touchent pas ; mettez au four, jusqu'à ce qu'elles boursoufflent un peu. (*Idem.*)

Pains à la fleur d'orangers.

Mêmes procédés que pour ceux dont on vient de parler, excepté qu'on ajoute de l'eau de fleurs d'orangers, au lieu d'eau de roses.

On peut encore faire de même pour ceux au safran, avec l'anis, la cannelle, etc. A la violette, ils se font en ajoutant un peu d'iris en poudre, avec une petite quantité de bleu de Prusse et de carmin.

Gauffres.

Dans trois onces de crème bien fraîche, délayez six onces de belle farine (la fleur), huit onces de sucre en poudre, et deux gros d'eau de fleurs d'orangers, de manière à ce que la pâte soit comme du lait un peu épais.

Chauffez le fer à gauffres, et le graissez avec un peu de beurre fondu, que vous étendrez au moyen d'un pinceau ; versez dessus, avec une cuillère à ragoût ou à potage, tout ce qui peut le recouvrir de pâte préparée ; fermez et posez sur un feu de charbons ; lorsqu'elle est cuite d'un côté, retournez de l'autre ; retirez-la du gauffrier, et roulez sur un morceau de bois, pour lui donner la forme ; faites ensuite sécher à l'étuve. (*Difficiles à digérer.*)

DU SUCRE.

Il faut toujours le choisir dans le plus beau et le mieux raffiné ; il doit être sec, sonore, dur et un peu transparent. (*Bon, soit comme remède, soit d'agrément.*)

Clarification du sucre à la nappe.

Fouetter en neige un blanc d'œuf, avec un peu d'eau; ajoutez-y peu à peu une verrée d'eau fraîche; mettez dans une bassine huit ou dix livres de sucre concassé; délayez-le avec moitié de l'eau préparée avec le blanc d'œuf, de manière à ce qu'il reste très-épais; placez la bassine sur le feu; laissez monter deux fois le sucre avant de l'écumer; en ayant soin, pour l'apaiser, d'y jeter un peu d'eau, jusqu'à ce que l'écume soit entièrement blanche; jetez dans le sucre une verrée d'eau froide, pour enlever tout ce qui reste d'écume.

Le sucre est à la nappe, lorsqu'en trempant et en retirant de suite l'écumoire, après lui avoir fait faire un tour de main, le sirop s'étend tout le long de sa surface; retirez du feu et passez à la chausse.

Petit et grand lissé.

Remettez sur le feu le sucre clarifié, avec un peu d'eau fraîche; faites bouillir; plongez le doigt, ou prenez sur l'écumoire un peu de sucre, que vous rapprochez sur le pouce; si, en écartant les doigts, il se forme un petit filet qui se casse sur le champ, le sucre est au *petit lissé*; c'est le *grand lissé*, lorsque, sans se rompre, le filet s'étend davantage.

Grand et petit perlé.

En laissant bouillir plus long-temps, faites la même épreuve; le sucre est au *petit perlé* lorsque le filet acquiert de la consistance; il est au *grand perlé* lorsqu'en ouvrant entièrement la main, il ne se rompt pas ; on aperçoit alors des perles rondes s'élever et sortir du milieu du bouillon.

Petite plume ou petit boulé.

En continuant de faire bouillir le sucre, trempez l'écumoire dans la bassine, soufflez à travers les trous de l'écumoire ; après l'avoir agité un peu, il en découle des petites bouteilles, le sucre est à la *petite plume*; il est au *petit boulé*, lorsqu'ayant trempé le doigt dans l'eau fraîche, vous le plongez vivement dans le sucre, pour le remettre dans l'eau, il reste au doigt du sucre qui a un peu de consistance.

Grande plume ou grand boulé.

Après avoir continué à laisser bouillir, trempez de nouveau l'écumoire, et si lorsque vous soufflez dedans il part de plus longues étincelles ou des boules plus élevées, dont quelques-unes se tiennent ensemble, le sucre est à la *grande plume*; et il est au *grand boulé*, lorsqu'en trempant le doigt comme au petit boulé, il reste assez de sucre pour l'étendre et en former une boulette.

Petit et grand cassé.

En laissant faire quelques bouillons de plus, trempez de nouveau le doigt dans le sucre, en le froissant ; il se casse et tient sous la dent, c'est le *petit cassé*; le *grand cassé* se connaît quand en mettant le doigt dans le sucre il fait un petit bruit en cassant, et quand il ne s'attache plus à la dent.

Caramel.

Par le grand cassé le sucre est arrivé au dernier degré de cuisson; dès qu'on le sent prendre une légère odeur de caramel, retirez-le aussitôt, car il brûlerait et ne pourrait plus servir à rien. (*Sucre décomposé.*)

DES COMPOTES.

Compotes de cerises.

Après avoir choisi de belles cerises, de Montmorency ou autre lieu, coupez-leur la queue, et les passez à l'eau fraîche; laissez égoutter, jetez-les ensuite dans suffisante quantité de sucre cuit à la nappe; laissez bouillir quelques minutes, écumez, et mettez dans le compotier lorsqu'elles ont refroidi.

Ordinairement il faut demi-livre de sucre pour une livre de fruit. (*Bonnes en convalescence.*)

Compotes de frambroises et de groseilles.

On les fait de la même manière que celles de cerises, dont on vient de parler. (*Idem.*)

Compotes de poirées.

Avec les poires de la saison, telles que le rousselet, le martin-sec, la blanquette, le cotillard, etc., qu'on met dans l'eau sur le feu, pour les amollir et les pelurer un peu plus facilement, coupées ensuite par quartiers, mettez-les dans l'eau fraîche, pour les empêcher de noircir, faites-les blanchir à l'eau bouillante, pour les replonger encore dans l'eau froide ; clarifiez, et faites cuire du sucre au lissé, jetez-y les poires bien égouttées, dressez-les dans le compotier, ajoutez quelques zestes de citron, et versez le tout sur les poires. (*Idem.*)

Compotes de poires d'hiver.

Pelez et coupez les poires par quartiers, mettez-les sur le feu dans une casserole avec suffisante quantité d'eau pour qu'elles baignent; ajoutez de la cannelle, du sucre, une once pour livre de fruit; couvrez et laissez le tout sur un feu doux; au moment de les retirer, ajoutez une verrée de bon vin rouge. (*Idem.*)

Compotes de pommes.

Même procédé que pour les précédentes, excepté qu'on y ajoute un peu plus de sucre. (*Idem.*)

Compotes de pommes aux confitures.

Choisir de belles pommes de reinette sans taches, enlever l'intérieur avec un emporte-pièce, une partie de la pulpe avec une videlle, les peler et les mettre dans l'eau, pour qu'elles ne changent pas de couleur. Dans une bassine avec suffisante quantité d'eau et une once de sucre par pommes, ajouter les fruits, les faire cuire jusqu'à ce qu'ils aient acquis une certaine mollesse ; pour qu'ils ne se brisent pas, mettez-les les uns après les autres avec précaution dans le compotier; remplissez le milieu de la pomme avec des confitures, quelles qu'elles soient, gelée de groseilles, marmelade d'abricots ou autres ; fermez l'ouverture avec un morceau du zeste d'un citron ; remettez sur le feu le sucre, laissez-le parvenir à la nappe, et versez sur le fruit. (*Idem.*)

Compotes de pêches et d'abricots.

Même procédé à suivre que pour celles de poires, excepté qu'on ne les laisse pas aussi long-temps sur le feu. (*Idem.*)

DES CONFITURES.

Gelée de groseilles.

Avec des groseilles rouges ou blanches, mais parvenues au point de maturité complète, égrenez-les et arrosez d'un peu d'eau ; comprimez-les et passez à travers un linge fort ; après les avoir écrasées de manière à en exprimer entièrement tout le suc qu'elles renferment, mettez-les dans une bassine sur le feu, ajoutez une livre de sucre concassé pour livre de jus de groseilles, écumez ; et lorsque le tout aura bouilli pendant quelques minutes, passez au tamis, et remplissez les pots, que vous laisserez exposés à l'air pendant plusieurs jours dans un endroit sec ; couvrez-les d'abord d'un simple papier imbibé d'eau-de-vie, et, deux jours après, d'un autre papier blanc double, pour les ficeler, pour les conserver dans un lieu frais à l'abri de l'humidité. On peut les framboiser en ajoutant un cinquième de suc de framboises dans celui de groseilles. (*Bonne pour les malades.*)

Gelée de pommes.

Choisir les pommes de reinette, les peler, ôter les pepins et l'intérieur, les couper par morceaux, les mettre dans une bassine sur le feu avec suffisante quantité d'eau; les laisser presque réduire en marmelade, les verser dans une chausse et laisser égoutter, en remettant dans la chausse la première pinte de liqueur écoulée, qui ordinairement n'est pas très-claire; on place une assiette dans l'intérieur de la chausse et quelque chose de lourd par-dessus, pour que le suc en sorte entièrement.

Mettez dans une bassine même poids de sucre que de jus de pommes; le clarifier, le faire cuire au cassé, y ajouter toute la décoction; laissez ensuite cuire à la nappe, pour verser dans les pots; à la surface du pot, ajoutez des zestes de citron auparavant confits dans un peu de sucre, et recouvrez avec du papier, comme à l'ordinaire. (*Idem.*)

Marmelade d'abricots.

Choisir des abricots bien mûrs, ôter les noyaux, les couper en quatre, les placer dans une terrine avec du sucre, étendre alternativement un lit d'abricots, un lit de sucre, jusqu'à ce que le tout soit employé; recouvrez et laissez-les pendant douze heures dans cet état à la cave; les mettre sur le feu dans la bassine, après y avoir ajouté les amandes sorties de leurs noyaux; lorsque la pulpe des abricots s'étend en nappe sur l'écumoire et qu'elle fait gelée, retirez-la du feu, pour la verser dans les pots; laissez refroidir, et recouvrez avec un papier imbibé d'eau-de-vie d'abord, et de deux autres, pour les ficeler après. On emploie ordinairement une demi-livre de sucre pour une livre de fruit. (*Idem.*)

Marmelade de cerises.

Monder les cerises bien mûres de leurs noyaux et de leurs queues, les faire dessécher sur une bassine à feu doux, en les remuant sans discontinuer; faire clarifier le sucre et cuire au petit cassé, y ajouter les cerises et les faire suffisamment cuire en agitant de temps à autre; retirez du feu, et versez dans les pots. On prend demi-livre de sucre pour livre de cerises. (*Idem.*)

Marmelade de reine-claude.

Ôter les noyaux, mettre les prunes dans une bassine, les faire cuire avec suffisante quantité d'eau; leur cuisson achevée, les écraser dans une passoire, clarifier, et faire cuire le sucre au petit cassé, y ajouter la marmelade, la retirer du feu lorsqu'elle a pris consistance d'une gelée, et la verser dans les pots. (*Idem.*)

Marmelade de coings.

Choisir les coings bien mûrs, les couper par quartiers, les essuyer, en ôter les pepins; les faire cuire avec suffisante quantité d'eau; parvenus à cuisson parfaite, les passer au tamis de soie; mettre dans une bassine livre pour livre de sucre, clarifier, faire cuire au petit cassé, et y ajouter la marmelade; arrivée à consistance de gelée, la retirer et la mettre dans des pots. (*Échauffante.*)

Observations:

1°. Il ne faut jamais laisser refroidir quelque confiture que ce puisse être dans une bassine de cuivre, à cause du vert-de-gris; 2°. les examiner de temps à autre, afin de changer les papiers qui les recouvrent s'ils sont altérés; 3°. lorsqu'elles éprouvent la moindre chose qui pourrait les gâter, il faut les faire bouillir pendant quelques minutes ; mais aussi elles perdent un peu de leur saveur et de leur bonté; 4°. il est nécessaire de tenir les confitures dans un endroit frais à l'abri de l'humidité; la chaleur excite un mouvement de fermentation qui les fait très-promptement passer à l'aigre; l'humidité les décompose et les fait moisir.

DES PATES ET CONSERVES.

Pâtes de groseilles et autres.

Avec dix livres de groseilles choisies, rouges et bien mûres, dont vous aurez ôté les rafles, après les avoir écrasées, exprimez le suc dans un linge, et passez au tamis de soie; clarifiez autant de sucre, faites cuire au cassé, versez dedans le jus des groseilles, faites-lui prendre consistance sur un feu doux en remuant continuellement. On connaît que cette pâte est cuite lorsqu'on aperçoit clairement le fond de la bassine au travers; retirez du feu; ayez des moules de fer-blanc de toutes formes, et de diverses grandeurs, placés sur des ardoises ou des plaques de cuivre; remplissez-les, unissez le dessus avec la lame d'un couteau ; saupoudrez de sucre tamisé et portez à l'étuve, pour y rester jusqu'au lendemain ; retirez la pâte des moules, en la retournant sur le tamis ; jetez encore du sucre de ce côté ; laissez la pâte encore une nuit dans l'étuve, pour la serrer dans des boîtes aussi bien fermées que possible, couchées avec une feuille de papier entre chacun des morceaux de pâte, et les conserver dans un lieu bien sec. On peut aux groseilles ajouter une sixième de framboises, ce qui les rend beaucoup plus agréables. Comme les autres pâtes de fruits se font à peu près de la même manière, voyez pour les procédés à suivre, le *Manuel du Limonadier, du Confiseur et du Distillateur*.

Conserve des quatre-fruits.

Prendre groseilles choisies huit onces, des cerises, des fraises et des framboises pareille quantité ; on préfère les fraises des bois comme plus aromatiques et parfumées. Égrenez les groseilles ; ôtez les queues et les noyaux aux cerises ; épluchez les fraises et les framboises, rejetez celles qui seraient gâtées ; écrasez ces fruits et exprimez leur suc au moyen d'un linge ou d'un tamis ; faites réduire sur un feu doux, clarifiez et faites cuire le sucre au cassé, versez dedans le suc exprimé des fruits ; laissez bouillir pendant quelques minutes, retirez et remuez toujours jusqu'à ce qu'il boursouffle ; versez la conserve dans des caisses de papier. On prend ordinairement trois livres de sucre pour une livre du suc des fruits.

Voyez, pour toutes les autres espèces de conserves, le *Manuel du Limonadier, du Confiseur et du Distillateur*.

Punch.

Faire du thé plus ou moins fort, plus ou moins léger, le passer, le sucrer lorsqu'il est encore chaud, et y ajouter, en exprimant, le suc de deux, quatre, ou d'une demi-douzaine de citrons, suivant la quantité de punch qu'on se propose de faire; lorsque le tout est sur le feu, parvenu à un degré de chaleur près de l'ébullition, versez dedans une dose plus ou moins forte de rum, ou de toute autre liqueur spiritueuse agréable, ou de vin, suivant le goût ou le gré de ceux qui veulent le prendre bouillant ou bien encore à une chaleur modérée; il est inutile, lorsqu'on ne met que la quantité de liqueur spiritueuse nécessaire, de le faire brûler pour le prendre; c'est aux dépens de l'esprit-de-vin qu'il claire, et cela ne sert qu'à diminuer sa bonté ou sa force. (*Boisson tonique.*)

Punch à la romaine.

Dans suffisante quantité d'eau pour ce qu'on désire faire de cette espèce de punch, on exprime le suc de quelques citrons; après avoir passé le tout au tamis de soie, on y ajoute une quantité plus ou moins grande de rum ou de marasquin, et on le fait glacer dans une sabotière; on le prend ordinairement à la température moyenne, c'est-à-dire ni chaud ni froid.

Ratafiat de noyaux.

Prendre une demi-livre d'amandes de pêches ou d'abricots (quelques-uns les mettent encore avec la substance corticale du noyau), pour les laisser séjourner un mois entier dans quatre pintes d'eau-de-vie ordinaire, contenues dans une cruche de grès; au bout du temps prescrit, faire fondre deux livres et demie de sucre dans deux pintes d'eau; mêler le tout ensemble, passer à la chausse, ou filtrer avec du papier gris non collé. (*En user sobrement.*)

Ratafiat des quatre-fruits.

Prendre cerises mûres, belles et choisies, douze livres; merises, trois livres; groseilles et framboises, de chaque trois livres; ôtez les noyaux, les queues aux premières, épluchez les autres; écrasez le tout et laisser reposer pendant deux heures; passez le jus avec expression dans un linge, ajoutez-y une pinte d'eau-de-vie et quatre onces de sucre par pinte de liqueur obtenue; mettez dans une cruche de grès; au bout d'un mois, tirez à clair, passez à la chausse, enfermez dans des bouteilles. (*Stimulant.*)

Ratafiat de coings.

Après avoir essuyé et râpé des coings choisis et mûrs, laissez macérer le tout pendant quarante-huit heures; passez ensuite à travers un linge fort, ajoutez trois demi-setiers d'eau-de-vie par pinte de jus, et cinq onces de sucre par pinte du tout, qu'il faut laisser pendant un mois dans une cruche; au bout de ce temps tirez à clair, et mettez dans des bouteilles. (*Echauffant.*)

Ratafiat d'angélique.

Prendre des branches d'angélique quantité suffisante; ôtez les feuilles, les couper par morceaux plus ou moins gros, ajouter pour quatre onces d'angélique une pinte d'eau-de-vie et une livre de sucre, une chopine d'eau, de la canelle, des clous de girofle; faire infuser pendant deux mois dans une cruche; passez la liqueur à la chausse pour conserver dans des bouteilles. (*Stimulant.*)

Eau d'anis.

Prendre quatre onces d'anis; après avoir été épluché, le mettre infuser pendant un mois dans deux pintes d'eau-de-vie; tirer à clair et y ajouter une livre et demie de sucre fondu dans une pinte d'eau. Le reste comme pour les autres ratafiats. (*Idem.*)

Ratafiat à la fleur d'orangers.

Éplucher une demie-livre de fleurs d'orangers, la mettre infuser dans une cruche avec quatre pintes d'eau-de-vie, la laisser pendant trois ou quatre jours, passer au tamis, et y ajouter trois livres de sucre fondu dans deux pintes d'eau, terminez comme pour les autres ratafiats. (*Echauffant.*)

DES SIROPS

Sirop de groseilles.

Suc exprimé des groseilles, une livre; sucre blanc, trente onces. Prendre six livres de groseilles, une livre de cerises aigres, autant de framboises, si on veut que le sirop en ait le parfum ; ôter les rafles aux groseilles, les queues et les noyaux aux cerises, éplucher les framboises ; exprimez le suc de ces fruits ; il sera trouble, épais ; mais vous le laisserez déposer à la cave pendant vingt-quatre ou trente heures dans une terrine ; passez à la chausse ; suivez les proportions indiquées au commencement de cet article ; faites cuire le sucre au petit cassé, ajoutez le suc des fruits en remuant le tout ; après quelques momens d'ébullition, retirez la bassine du feu, laisser réfroidir et mettre en bouteilles. (*Etendue d'eau, boisson agréable.*)

Sirop d'orgeat.

Prendre une livre d'amandes douces, quatre onces d'amandes amères ; sucre, deux livres ; une pinte d'eau, deux onces d'eau de fleurs d'orangers, le zeste d'un citron ; laissez les amandes dans l'eau froide assez de temps pour que l'écorce puisse se séparer facilement ; ne les jetez pas dans l'eau bouillante comme c'est l'habitude de le faire ; pilez, broyez comme il faut les amandes dans un mortier, en ajoutant de temps à autre un peu d'eau et les zestes du citron ; la pâte finie et délayée avec la moitié de l'eau, exprimez fortement à travers un linge serré par deux personnes ; remettez la pâte dans le mortier, versez de l'eau, et exprimez de nouveau ; mettez le sucre dans la bassine, faites-le cuire au petit cassé ; ôtez la bassine, versez le lait d'amandes, remuez sur le feu jusqu'à ce qu'il ait bouilli quelques minutes, retirez du feu, laissez refroidir, versez l'eau de fleurs d'orangers, et passez le tout dans un linge ou à la chausse.

Les bouteilles remplies et conservées doivent être visitées de temps en temps, parce que l'huile des amandes, comme plus légère, surnage et paraît le décomposer en deux parties; elle pourrait s'aigrir, si on ne prenait la précaution de les agiter pour conserver le mélange exact. (*Relâchant.*)

Sirop de limons.

Suc exprimé du limon, huit onces; sucre, quinze onces; on le fait de même que celui de groseilles. (*Rafraîchissant.*)

Nota. Nous renverrons encore ici, pour tout ce qui concerne l'office, au *Manuel du Limonadier, du Confiseur et du Distillateur*, où tous ces objets sont traités à fond.

CONSERVATION DES SUBSTANCES ALIMENTAIRES.

Abricots.

Quoiqu'en les plaçant dans un endroit très-sec et très-aéré, on puisse déjà les conserver pendant un temps plus ou moins long, surtout si on a pris la précaution de ne les cueillir qu'à leur maturité parfaite, et par un beau temps, on a proposé de leur faire une enveloppe avec de la filasse, et de les plonger dans de la cire jaune fondue, qui, par le refroidissement, les rend susceptibles de ne jamais recevoir le contact de l'air.

Artichauts.

Au lieu de couper leur tige, séparez-la de force, jetez-les ensuite dans l'eau bouillante ; à moitié cuits, retirez-les et les laissez égoutter ; écartez les feuilles, ôtez le foin avec une cuillère, enlevez une partie du dessous, faites rafraîchir, plongez-les dans l'eau de sel, où ils doivent rester pendant deux jours, versez par-dessus de l'huile, et recouvrez avec du papier, pour conserver dans un endroit frais.

On peut encore couper les feuilles et les faire dessécher au four, pour les garder dans un endroit à une température moyenne et à l'abri de l'humidité.

Les culs d'artichauts sans feuilles se font blanchir, rafraîchir, égoutter et sécher au four.

Asperges.

Couper la portion blanche des asperges, les faire bouillir pendant quelques minutes avec du sel, du beurre et de l'eau ; les rafraîchir, laisser égoutter, les enfermer dans un pot avec du sel, des clous de girofle, un citron vert coupé par tranches minces, moitié eau, moitié vinaigre, recouvrir le tout avec de l'huile ou du beurre fondu ; tel est le procédé à suivre pour les conserver ; lorsqu'on veut les manger, on les lave d'abord à l'eau chaude.

Aubergines.

On les cueille avant leur maturité, on les pèle, on les coupe, on leur fait jeter un bouillon, on les fait sécher à l'ombre, pour les conserver dans un endroit sec.

Beurre salé.

Prendre à la fois deux livres de beurre, l'étendre avec un rouleau sur une table, le saupoudrer de sel fin, le plier en trois, passer le rouleau dessus ; on peut juger par la dégustation s'il est assez ou pas assez salé ; arriver en le roulant dans le sel jusqu'à ce qu'il soit à point, mettre au fond d'un pot de grès une couche de sel fin, placer le beurre dessus, le couvrir d'une autre couche de sel, et fermer le pot par un parchemin mouillé et du papier ficelé, pour conserver dans un endroit frais.

Beurre fondu.

On le fait bouillir sur un feu clair et modéré, on l'écume ; lorsqu'il est assez cuit, on le verse dans des pots de grès ; il est bon de prendre garde qu'il ne noircisse pas ; il est assez cuit lorsqu'il présente une transparence égale à celle de l'huile. Quelques personnes y ajoutent six clous de girofle, trois ou quatre feuilles de laurier, et la moitié d'une noix muscade, pour en parfumer quarante livres (vingt kilogrammes) ; mais ceci ne peut être que subordonné au goût des personnes qui font leurs provisions. Le beurre fondu, lorsqu'il est parfaitement refroidi et enfermé dans des pots de grès, doit toujours être conservé dans un endroit frais et à l'abri de la lumière.

Carottes.

En les enterrant dans le sable les unes sur les autres de manière à ce qu'elles ne se touchent pas, on peut conserver les carottes dans une cave jusqu'au retour de la saison; il faut avoir soin seulement de les mettre sur un plan incliné, les feuilles en dehors, en continuant d'en faire des lits jusqu'à ce qu'elles soient toutes en place; elles restent, avec ce moyen, dans toute leur fraîcheur; on peut même s'en servir et les arracher à l'aventure, sans prendre garde de les prendre au milieu ou sur les côtés du tas.

Cerfeuil.

Voyez plus bas l'article persil; on le conserve de la même manière.

Champignons.

Pour les conserver pendant l'espace de six mois entiers au moins, on les fait cuire aux trois quarts dans l'eau salée, on laisse refroidir, pour les enfermer dans des vases de verre, de porcelaine ou de faïence, et les employer à mesure qu'on en a besoin.

Chicorée.

Dans le milieu de septembre, il faut éplucher, laver la chicorée, faire bouillir de l'eau, la jeter dedans, la faire amortir sans qu'elle cuise entièrement; on la retire, on la laisse égoutter; pour la mettre dans les pots, rangée par lits avec une couche de sel successivement et en la foulant bien; on la laisse un ou deux jours à l'air, on verse par-dessus du beurre fondu, et on recouvre le pot avec un papier très-fort.

Choux.

Après avoir bien nettoyé, épluché les choux, on les coupe par morceaux longs et par tranches de l'épaisseur du doigt, pour les faire bouillir pendant quelques minutes dans l'eau de sel; après les avoir retirés du feu, laissé égoutter, on les place sur des claies rangées à l'ardeur du soleil; deux jours après, on les passe au four jusqu'à ce qu'ils soient bien secs, pour les renfermer dans des sacs de papier.

Choux confits avec le vinaigre.

Après les avoir coupés en filets aussi minces que possible, qu'ils soient rouges ou d'une autre couleur, on les passe pendant quelques minutes à l'eau bouillante, pour les faire sécher, placez-les ensuite par couches alternatives avec du sel, du poivre, quelques clous de girofle dans un pot de grès, remplissez avec du fort vinaigre dont vous pourrez encore augmenter l'acidité avec un dixième d'eau-de-vie ordinaire, et recouvrez avec du parchemin ou une vessie; on les conserve ainsi préparés pendant toute l'année, pour s'en servir dans les hors d'œuvre; c'est un stimulant agréable qu'on mange avec plaisir mélangé avec toutes les viandes un peu sèches.

Choux-fleurs.

Ils se conservent de la même manière que les choux, en les coupant aussi par tranches.

Cornichons.

Voyez à l'article Vinaigre la manière de confire les cornichons, les câpres, etc.

Écrevisses.

Après les avoir fait cuire et dépouillés de leurs coquilles on les pétrit avec de la farine, et on en fait une espèce de pâte qu'on met sécher au four ou dans une étuve; toutes fois qu'on veut s'en servir pour assaisonner quelque chose, on la réduit en poudre au moyen d'une râpe.

Fèves de marais.

Cueillées petites et dépouillées de leur écale (leur robe ou enveloppe), on met les fèves de marais dans des bouteilles, en les tassant comme il faut, et laissant deux ou trois pouces de vide dans chaque bouteille; on les ferme bien, et on les fait bouillir au bain marie pendant une heure.

Fruits.

Pour conserver les fruits, il faut établir le fruitier dans une chambre un peu élevée au-dessus du rez-de-chaussée, à l'abri de la trop grande lumière et surtout de l'humidité; il est même bon, pour n'avoir pas à en ouvrir les fenêtres pour absorber l'humidité exhalée par les fruits, d'y établir un poêle, dans lequel on fait de temps à autre un peu de feu; d'en faire aussi la visite, pour enlever tout ce qui tendrait à s'altérer, et de crainte que le reste ne se gâte.

On conserve des cerises, des raisins, etc.,

en les suspendant à des fils placés ensuite dans des caisses ou des barriques neuves, qu'on ferme autant bien que possible, et qu'on laisse dans un endroit sec; quelques-uns les mettent dans la sciure de bois desséchée ou dans du son passé au four.

Gibier.

Après avoir vidé chacune des pièces de gibier, après leur avoir ôté tout l'intérieur, même le jabot dans les oiseaux, sans pour cela leur arracher les plumes, on vide aussi tout celui qui est à poil, sans le dépouiller de sa peau, pour le remplir dans sa cavité avec du grain, et le laisser séjourner dedans, après l'avoir entièrement recouvert dans le tas de blé.

Haricots verts.

Choisir l'espèce la plus tendre, les éplucher, les faire blanchir à l'eau bouillante, les retirer et les éparpiller sur une toile exposée aux courans d'air, pour les mettre entièrement sécher dans un grenier à l'abri du soleil; une fois bien desséchés, on les renferme dans des sacs de papier, dont on a collé l'ouverture; lorsqu'on veut les accommoder pour les manger, il faut, douze heures auparavant, les faire tremper dans l'eau.

Melons.

Prendre des melons tardifs, pas très-mûrs, les essuyer avec un linge et les laisser pendant vingt-quatre heures dans un endroit bien sec; les enterrer ensuite dans de la cendre bien sèche et tamisée, pour les enfouir dans un tonneau; de cette manière ils peuvent se conserver jusqu'en décembre et même jusqu'au mois de janvier.

Noix.

Après les avoir cueillies au moment où elles sont prêtes d'arriver à leur maturité parfaite, il faut les enterrer dans le sable placé dans un endroit frais.

OEufs.

On les conserve frais en les mettant dans un vase qu'on remplit ensuite avec de la graisse de mouton fondue et prête à se figer par le refroidissement de manière à ce qu'ils en soient entièrement couverts; on peut les garder avec ce procédé pendant deux ans.

Voir encore le procédé par l'eau de chaux, dont nous avons parlé à l'article des œufs, et de la manière de les faire cuire.

Oseille.

Prendre de l'oseille pendant le courant de septembre, la hacher grossièrement, y ajouter du persil, de la ciboule, du cerfeuil, de la petite laitue, de la poirée ; la faire cuire ayant en soin de tourner continuellement crainte qu'elle ne s'attache, en ajouter de la nouvelle à mesure qu'elle s'affaisse par la chaleur entretenue continuellement par un feu très-doux ; lorsqu'elle est assez cuite, on la sale, on la met dans des pots de grés ; refroidie on la couvre de beurre fondu ; pour qu'elle soit à point, il faut qu'après le refroidissement il ne vienne plus d'eau par-dessus.

Persil.

En septembre, on cueille le persil, on l'épluche, on le hache grossièrement, on le fait sécher à l'ombre, pour le conserver dans un endroit sec; lorsqu'on veut en faire usage, on le fait revenir dans l'eau tiède.

Tomates.

Choisissez les tomates les plus mûres, lavez-les, faites-les égoutter, coupez-les par morceaux; faites-les réduire sur le feu dans une casserole étamée; arrivées au tiers de leur volume, passez-les au tamis, remettez ce que vous en aurez obtenu sur le feu, faites encore réduire de moitié, versez-les dans une terrine de grès, pour les laisser refroidir, mettez-les dans des bouteilles, pour les conserver.

Truffes.

Après avoir enduit du papier fin, collé ou non collé avec une couche de cire extrêmement mince, il suffit d'envelopper les truffes avec et de les déposer dans un vase de verre ou de faïence qu'on place ensuite dans un endroit très-frais, pour cela même on recommande de choisir la cave ou le fond d'un puits.

Viandes.

Pendant les grandes chaleurs, on parvient à empêcher les progrès de mortification de la viande, on arrête ou suspend sa putréfaction en le mettant baigner dans du petit-lait, et même dans du lait caillé.

On la désinfecte en lavant le morceau dans l'eau bouillante, pour l'envelopper d'un sac de toile pleine de poussière de charbon, la faire bouillir ainsi pendant deux heures dans de l'eau mêlée de charbon; on la retire, on lave bien tout le morceau, et on achève de le faire cuire.

On peut encore mettre la viande dans la marmite, la faire écumer, et lorsqu'elle bout y jeter un charbon ardent, qu'on y laisserait pendant dix minutes, pour le retirer ensuite; il aura pris l'odeur de la viande.

Procédé général pour conserver les substances animales et végétales.

Dans un bocal de verre très-fort on peut introduire ou de la chair cuite aux trois-quarts, ou des légumes blanchis, ou des petits pois et des fruits crus, jusqu'à ce qu'il soit plein aux trois-quarts; on le bouche avec un liége qu'on assujettit avec du fil de fer croisé, luté avec un mélange de chaux et de fromage mou. On enveloppe ces bocaux dans des sacs de toile forte; on les met dans une chaudière plonger dans l'eau jusqu'à la hauteur du bourrelet; on chauffe, et lorsque l'ébullition est commencée on l'entretient pendant plus ou moins long-temps, suivant la nature des substances à conserver; il faut avoir soin de remplacer l'eau qui s'évapore par de l'autre qui soit aussi bouillante et toujours à la même température; retirés de dessus le feu et refroidis, on serre les bocaux dans un endroit tempéré et à l'ombre.

Durée approximative pour la conservation des viandes.

Autant qu'il est possible, quoiqu'avec le contact de l'air, il convient d'éviter la chaleur et l'humidité.

	EN ÉTÉ.	EN HIVER.
Coqs des bois	6 jours.	14 jours.
Sangliers	6	10
Faisans, Gelinotes	4	10
Cerfs, Chevreuils	4	8
Dindons	4	8
Bœufs et porcs	4	8
Lièvres, chapons, Vieilles poules	3	6
Perdrix	2	8
Mouton	2	3
Veau, agneau, Poulets, pigeons	4	3

Vinaigre à l'estragon.

L'estragon épluché et mis à l'ardeur du soleil pendant quelques jours de suite, se jette dans le vinaigre qu'on veut aromatiser; on le laisse infuser pendant quinze jours; passez, tirez à clair, et conservez dans des bouteilles bien bouchées, et placées dans un endroit frais.

Cornichons confits au vinaigre.

Les cornichons choisis bien verts, on leur coupe légèrement les deux extrémités; on les met tremper dans l'eau fraîche pendant quelques heures ; lavés, retirés, égouttés, enfermés dans des pots de grès, on verse dessus du vinaigre bouillant ; le vase refroidi doit être bouché ; trois jours après sortez le vinaigre, faites-le bouillir de nouveau, et le versez sur les cornichons ; recommencez une troisième fois.

Dans cette dernière opération on ajoute une poignée d'estragon, de pimprenelle, de passe-pierre, quelques poivre-longs, quelques gousses d'ail, dix ou douze clous de girofle, des petits ognons et du sel ; on ferme les pots avec du parchemin mouillé auparavant.

Câpres confites.

On coupe les boutons jeunes, on les met dans un bocal de verre avec de bon vinaigre et un peu de sel ; on les laisse dans un endroit frais.

Haricots verts confits.

Suivre les mêmes procédés que pour les cornichons.

Nota. On peut encore, même pour remplacer les cornichons, se servir de radis, blancs ou rouges, des jeunes pousses de maïs, blé de Turquie, des commencemens de la pousse des melons qu'on retire de dessus la tige, parce qu'ils seraient trop nombreux, des prunes de damas, des perdrigons, des petits ognons, des cerises, des griottes, etc., en suivant le même procédé qui vient d'être indiqué pour les cornichons.

VOCABULAIRE

DES SUBSTANCES ALIMENTAIRES RENOMMÉES, ET DES VILLES QUI LES PRODUISENT.

Nota. Nous croyons faire plaisir au public, en le mettant à même de choisir ce que ces différentes villes produisent de meilleur pour la table.

SUBSTANCES.	VILLES.
Aloses.	Orléans.
Anchois.	Aix, Marseille, Nice.
Andouillettes.	Châlons.
Anguilles.	Amiens, Dieppe, Melun, Paris.
Artichauts.	Laon.
Asperges.	Vendôme.
Barbillons.	Paris.
Bécasses.	Quercy.
Bec-figues.	Perpignan.
Beurre.	Bretagne, Gournai, Isigny, Quimper, Rennes.
Bierre.	*Bruxelles.*
Biscottes.	*Bruxelles.*
Blé.	Chartres, Meaux.
Bœuf.	Bretagne, Bourbon-Vendée, Paris.
Bonbons.	Paris.
Brochets.	Strasbourg.

SUBSTANCES.	VILLES.
Cannetons.	Rouen.
Carpes.	*Coblentz*, Paris, Strasbourg.
Cerises.	Montmorency.
Cervelas.	Lyon.
Chapons.	Bourg-en-Bresse, La Flèche.
Chevreuils.	Compiègne, Fontainebleau.
Chocolat.	Bayonne, Paris.
Chou-croûte.	Strasbourg.
Cidre.	Bolbec, Isigny, Neufchâtel, Rouen, Yvetot.
Cochonaille.	Champagne.
Cochon.	Vierzon.
Confitures.	Clermont, Dijon, Paris.
Confitures de groseilles.	Bar.
Confitures d'épine-vinette.	Bar, Dijon.
Coqs vierges.	Bolbec, Yvetot.
Crevettes.	Le Havre.
Cuisses d'oie.	Bayonne, Montauban.
Dindes aux truffes.	Périgueux.
Dindons.	Orléans.
Dragées.	Verdun.
Eau de Coladou.	Genève.
Eau-de-vie.	Aix, Anday, Cognac, Montpellier, Orléans.
Écrevisses.	Dijon, Paris, Strasbourg.
Esturgeons.	Dieppe.

SUBSTANCES.	VILLES.
Figues,	Marseille.
Fromages.	Bayonne, Besançon, Clermont, Gruyère, Meaux, Mont-d'Or, Neufchâtel, Puy-de-Dôme, Saint-Flour, Vitry.
Fruits.	Clermont, Metz.
Fruits en pâte.	Puy-de-Dôme.
Fruits secs.	Brignoles.
Galantines.	Angoulême, Paris.
Gâteaux.	Compiègne.
Gâteaux d'amandes.	Pithiviers.
Gelée de pommes.	Rouen.
Gibier.	Sancerre, Versailles.
Goujons.	Paris, Saint-Germain-en-Laye.
Harengs saurs.	Fécamp.
Haricots.	Soissons.
Homards.	Le Havre.
Huile.	Aix, Marseille.
Huîtres.	Cancale, Dieppe, Etretat, Havre.
Hures de cochon.	Troyes.
Jambonneaux.	Reims.
Jambons.	Bayonne, *Mayence*.
Langues.	Besançon, Troyes.
Lamproies.	Vierzon.
Lièvres.	Compiègne, Metz.
Liqueurs.	Blois, Bordeaux, *Bruxelles*, Dijon, Grenoble, Montpellier, Langres, Niort, Nîmes, Paris, Verdun.

SUBSTANCES.	VILLES
Marrons.	Lyon.
Melons.	Honfleur, Paris.
Merlans.	Dieppe.
Miel.	Narbonne.
Mirabelles.	Metz.
Mouton.	Ardennes, Bourges, Champagne, Langres, Prés salés.
Moutarde.	Dijon.
Oies grasses.	Alençon.
Olives.	Aix, Marseille.
Ortolans.	Toulouse.
Oursins.	Toulon.
Outardes.	Champagne.
Pain d'épice.	Reims.
Pâtés.	Abbeville, Amiens, Chartres, Pantin, Périgueux, Pithiviers, Reims, Rouen.
Pâtés de foie gras.	Strasbourg, Toulouse.
Pâtés de perdrix aux truffes.	Angoulême.
Pâtisseries.	Paris.
Pêches.	Paris.
Perdreaux rouges.	Quercy.
Pieds de cochon.	Sainte-Menehould.
Poissons.	Champagne, Grenoble, Havre, Nantes, Nice, Quimper, Sancerre.
Poulardes.	Mans.
Pruneaux.	Tours.
Prunes.	Agen, Brignoles.
Poires tapées.	Provins.

SUBSTANCES.	VILLES.
Raisin.	Fontainebleau.
Raisins secs.	Marseille.
Raisinet.	Dijon, Perpignan.
Sanglier.	Compiègne, Fontainebleau.
Sardines.	Bretagne, Nantes.
Saucissons.	Lyon, *Mayence.*
Saumons.	*Coblentz.*
Sel.	Salins.
Sucre.	Orléans.
Terrines.	Nantes, Nérac.
Thon.	Aix, Marseille, Nice.
Turbot.	Dieppe.
Truffes.	Périgueux.
Truites.	Besançon, Genève.
Veau.	Pontoise.
Vins.	Aurillac, Autun, Bayonne, Beaune, Bordeaux, Bourgogne, Cahors, Champagne, Clermont, Dijon, Joigny, Langres, Mâcon, Orléans, Sancerre, St.-Flour, Tonnerre, Toulouse.
Vins mousseux.	Aï, Arbois, Épernay, Reims.
Vins du Rhin.	*Coblentz,* Strasbourg.
Volailles.	Chartres.

DES VINS.

DE LA CAVE.

Les conditions les plus essentielles pour bien conserver le vin et pendant long-temps dans une cave, sont à peu près les mêmes dans tous les pays; on ne peut donc que donner ici des préceptes généraux que les localités rendront plus ou moins susceptibles de recevoir une application particulière. Ainsi pour être bonne et excellente, une cave doit être située de manière que sa température puisse se trouver constamment égale, plutôt fraîche que chaude, profonde, bien voûtée; percée du côté du nord; ses murs doivent être épais, éloignés du voisinage de tous les endroits qui peuvent produire ou exhaler des odeurs, des émanations nuisibles au vin, tels que les fosses d'aisances, les mares de fumiers, les égouts, les puisards, les fossés marécageux; le sol dans son intérieur doit être également battu, propre dans toute sa surface. Dans les lieux où les remblais sont chargés d'immondices, il sera bon d'en extraire huit à dix pouces et même un pied d'épaisseur, pour les remplacer avec du blanc des salpêtriers, qui n'est autre chose que des plâtras écrasés et lessivés, pour en extraire le salpêtre; avec ce blanc bien aplati, bien battu, on forme une espèce de pisé qui durcit de manière à rester dans le même état pendant bien long-temps. Lorsque la cave est humide, on agrandit ses ouvertures, on remplit tous les interstices des moellons de la voûte et des murs avec du mortier fait avec la chaux et le ciment; on place de la chaux vive dans un de ses coins; on la renouvelle aussi souvent qu'il est nécessaire, pour absorber toute l'eau tenue en expansion dans l'intérieur; on perce même un nouveau soupirail au côté opposé de celui qui existe pour établir un courant d'air. Pour remédier à sa trop grande sécheresse, il suffit de diminuer, de supprimer la lumière, et de boucher toutes les ouvertures avec des planches qu'on peut encore couvrir avec du gazon ou de la paille, afin d'empêcher la circulation de la masse d'air qui la traverse. Dans les caves humides, dans celles qu'il est impossible de dessécher complétement, il faut ranger les tonneaux sur des madriers très-élevés et les placer vis-à-vis le soupirail; dans celles qui sont sèches, il faut choisir l'endroit le plus obscur et le plus enfoncé; les chantiers doivent avoir un pied de haut, en pierre ils ne sont que meilleurs; on supplée à ceux-ci par des madriers de bois très-épais, neufs, car pour peu qu'ils soient pourris, ils communiquent promptement ce mauvais effet à tous les tonneaux qui les avoisinent.

On doit encore avoir l'attention d'incliner un peu en devant la futaille, surtout si le vin vient d'être soutiré et collé; la surveillance exige de remarquer si les tonneliers, pour le mettre en bouteille, ne font pas tout le contraire de ce que nous venons de recommander; car si toute la lie doit leur rester lorsque le vin cesse de couler par la cannelle, ils peuvent doubler leur bénéfice par cette petite supercherie.

Visiter la cave, examiner les tonneaux tous les jours est une obligation qu'on doit s'imposer, surtout lorsqu'ils y sont nouvellement descendus. Pour peu qu'il y ait un endroit par où le vin coule, il faut chercher la source du mal.

Si un insecte, un ver a fait la moindre ouverture, on la bouche de suite avec un fosset; si cela arrive par l'écartement d'une douve ou par la présence d'un nœud, il faut y enfoncer avec la pointe d'un couteau du papier mince et le recouvrir de suif fondu; que si les cercles étaient cassés, on passe de suite une corde autour du tonneau, et on la serre fortement avec un morceau de bois qui fait les fonctions de tourniquet, pour le garantir et le soutenir jusqu'à ce qu'on ait pu aviser au moyen de le transvaser entièrement.

Remplissage.

On doit remplir au moins une fois par mois avec du vin pareil ou qui soit analogue à celui qui est dans la futaille; il est prouvé que plus souvent on fait ce remplissage, moins l'évaporation est sensible; on sait que dans le premier mois si un tonneau est en vidange d'un litre, il en perdra deux au second mois; ainsi de suite et progressivement; outre l'altération particulière qu'il subit en contractant un goût d'évent bien marqué, il perd entièrement son bouquet ou arome, dans lesquels réside toujours une de ses qualités premières, essentielles dans les vins fins comme partie même de ses marques distinctives, s'altère au point que bientôt il n'est plus reconnaissable.

Collage.

Le collage du vin n'est autre chose qu'un moyen aussi simple que peu dispendieux, que l'habitude ou le besoin ont fait mettre en usage pour éclaircir toute espèce de vin, c'est-à-dire le dégager de la partie la plus épaisse de sa matière colorante, et de tout ce qui pourrait le rendre louche et désagréable à l'œil; pour une pièce de deux cent cinquante bouteilles, dans laquelle on en tire avant tout six bouteilles, on bat quatre blancs d'œufs avec une d'elles, et après les avoir fortement battus, on verse le tout dans le tonneau par la bonde; on a soin d'agiter en même temps et de faire tourner le liquide contenu dans l'intérieur par le moyen de deux lattes propres ou d'un bâton un peu fort; on remet le bondon, et quatre à cinq jours après cette opération, on remplit les bouteilles.

On emploie la colle de poisson pour les vins blancs, en la faisant dissoudre à raison de deux gros dans un litre, pour un tonneau de deux cent cinquante ou soixante bouteilles; on la trouve toute préparée chez les épiciers.

Tirage du vin.

Après avoir rincé les bouteilles avec du plomb en grenailles et dans plusieurs eaux, on choisit toutes celles qui sont intactes; on met de côté celles qui sont étoilées, car elles se briseraient en achevant de les fermer; les bouchons doivent être neufs, et d'un liége doux et moelleux; ceux qui ont déjà servi seront mis à part; on ne doit les employer qu'autant qu'ils n'ont pas été traversés par le tire-bouchon. On place la cannelle à dix-huit lignes du bord du tonneau; si on pouvait le faire la veille, cela ne serait que meilleur, parce que si la pièce a éprouvé quelques secousses, le vin a tout encore le temps de se reposer; les bouteilles remplies d'abord jusqu'au goulot, on laisse tomber la mousse, pour achever le remplissage au moyen d'un entonnoir de fer-blanc, jusqu'à six lignes du bouchon, qu'on enfonce avec une batte, afin de le faire entrer autant que possible et par force. Il est bon d'avoir des bouteilles égales et de forme semblable, parce qu'elles s'entassent beaucoup mieux; on en fait des piles de quatre à cinq pieds de haut, en couchant le premier rang sur du sable fin et des lattes, pour bien appuyer les premiers goulots horizontalement, et ensuite chacune des autres rangées à tête-bêche, et séparées par des lattes placées sur les goulots, jusqu'à ce que la pile soit parvenue à la hauteur indiquée.

Des maladies du vin.

Une des maladies les plus communes du vin, c'est de le voir passer ou tourner à la graisse; elle est même très-ordinaire dans les vins blancs; on la reconnaît facilement, car le vin ressemble, dans ce cas, à de l'eau chargée du mucilage de la graine de lin bouillie, ou à de l'huile; les uns conseillent, pour y remédier, de le soutirer en y mettant une plus ou moins grande quantité de lie fraîche, de le laisser ensuite reposer pendant quelque temps, et de le soutirer encore après; d'autres veulent qu'on le colle seulement en ajoutant un demi-litre d'esprit-de-vin, en battant la colle qui doit servir pour lui faire passer la graisse.

Pour réparer les vins qui passent à l'aigre, on conseille d'y ajouter cinq à six bouteilles d'eau-de-vie par tonneau, et quatre onces de blé de froment grillé. Ceux qui sont amers, et ils le deviennent presque toujours lorsqu'on met une trop grande quantité de fumier dans les vignes, on les transvase dans un tonneau imprégné de bon vin, dans lequel on a fait brûler, à deux ou trois fois différentes, un demi-litre d'esprit-de-vin. On débarrasse du goût d'évent tous les vins qui l'ont contracté pour être restés trop long-temps en vidange, en les collant une seconde fois, et en y ajoutant un dixième de lie nouvelle; il faut, après cette opération, avoir soin de les remuer et de les agiter au moins une fois tous les jours pendant un mois.

Vins d'ordinaire.

Les vins qui doivent être bus continuellement et avec de l'eau, se choisissent dans ceux de Mâcon, de Joigny, de Beaugency; mais ce dernier se digère assez difficilement; il est, comme on le dit, lourd à l'estomac.

Vins d'entremets.

Quant aux vins d'entremets, il y en a de

beaucoup d'espèces, on commence ordinairement par des vins rouges, tels que ceux de Bordeaux, surtout lorsqu'ils sont vieux ou qu'ils ont beaucoup voyagé; ceux de Saint-Émilion, le Langon sont préférés; quelques-uns choisissent ceux de Cahors, mais toutes ces distinctions ne dépendent que des goûts. En général ils sont très-spiritueux, astringens et peu aromatiques; on les remplace par les vins de Bourgogne, comme ceux de Tonnerre bien choisis, ceux qui croissent et que l'on récolte dans toute la Côte-d'Or, depuis Dijon jusqu'au delà de Beaune; le Nuits, le Chambertin, le Romanée, le Mont-Rachet, Pomard, Volney, et le Clos-Vougeot par-dessus tous, comme légèrement spiritueux, agréables quoi que non sucrés et très-aromatiques.

Les vins de Jurançon, de Grenache, de Pic-Pouille, et tous ceux du Roussillon, les vins des bords du Rhône et du midi en général, de Tavel, Saint-Gilles et Condrieux sont spiritueux, chargés en couleur, aromatiques, et plus ou moins sucrés.

On passe ensuite aux vins blancs, parmi lesquels on distingue ceux de Bordeaux, de Graves, de Barsac, de Ségur et de Médoc; ceux de Bourgogne, tels que Chablis et de Beaune; ceux du Rhône, comme de Saint-Porcy et de l'Hermitage, de Côte-Rôtie; enfin les vins du Rhin, de la Moselle et de Bar sont tous plus ou moins sucrés, spiritueux et aromatiques, par conséquent agréables à boire; leur action est sensible non-seulement sur l'estomac, mais encore beaucoup plus sur la tête.

Les meilleurs vins de Champagne sont ceux

d'Épernay, d'Aï et de Pierri; mais rien n'est comparable, dans tout ce qu'on peut rechercher pour boisson, au vin de Champagne rosé non mousseux.

Les vins de dessert se choisissent dans tous ceux qui sont sucrés et aromatiques, mais très-peu spiritueux; dans ce nombre sont les vins de Lunelle, de Frontignan, de Rivesaltes, de Rota, Malaga, Alicante, Xérès, Pacarez, Madère, Clazomène, Constance, Calabre et de Tokai, le Lacrima-Christi, celui des Canaries.

Tous ces vins, quels qu'ils soient, doivent toujours être bouchés avec le plus grand soin, c'est pourquoi il est nécessaire de plonger dans le mastic à cacheter toute la partie supérieure du goulot des bouteilles, jusqu'à six lignes au-dessus de la cordeline, afin non-seulement de garantir leur bouchon de la moisissure et du contact des insectes, mais encore pour préserver la liqueur qu'elles contiennent de tout contact avec l'air extérieur.

FIN.

TABLE DES MATIÈRES.

Avertissement. *Page* 1
MANIÈRE DE DÉCOUPER A TABLE.
Du bœuf. VI
Du veau. ib.
Du mouton. VII
De l'agneau. VIII
Du sanglier et du cochon. ib.
Cochon de lait. ib.
Jambon. ib.
Lièvre et lapin. IX
De la dinde. ib.
Poularde, chapon, poulet. IX
Oie. ib.
Canard. ib.
Pigeon. ib.
Perdrix. ib.
Bécasses. ib.
Du poisson. ib.
Turbot. XI
Truite. ib.
Carpe. ib.
Brochet. ib.
Barbeau. ib.
Observation. XII
Service. XIII

DES POTAGES.

Du bouillon. *Page.* 1
Potage au naturel. 3
Au riz au gras. *Page* 3
Au vermicelle au gras. 4
A la semoule, aux pâtes d'Italie. ib.
Au macaroni, aux lazagnes. ib.
Macaroni au gratin. 5
Croûtes au pot. ib.
A la julienne au gras. ib.
A la julienne au maigre 6
Potage à la jambe de bois. ib.
Aux herbes. 7
Aux choux. ib.
Autre. 8
A la Reine. ib.
A la Camérani. 9

DES PURÉES.

A la purée de pois secs. 10
A la purée de haricots, de lentilles. De pois verts. ib.
Aux croûtons à la purée. ib.
A la Condé. 11
Au purées des cinq racines. ib.
A la purée de marrons. ib.
Aux purées maigres. ib.

	Pages.		Pages.
A la purée de gibier.	12	Essence de volaille.	25
A l'essence de volaille ou de gibier.	ib.	Essence de gibier.	26
		Roux.	ib.
Soupe à l'ognon.	ib.	Roux blancs.	ib.
Soupe à l'ognon au lait.	13	Blond de veau.	ib.
		Coulis.	27
Soupe à l'oseille.	ib.	Glace.	ib.
Panade.	ib.	Consommé.	ib.
Potage au potiron.	14	Gelée.	28
Aux concombres.	ib.	Velouté ou sauce tournée.	ib.
Au lait.	ib.		
Riz au lait.	ib.	Sauce aux anchois.	ib.
Riz au maigre.	ib.	Sauce espagnole.	29
Vermicelle au lait.	15	Sauce italienne.	ib.
Vermicelle au maigre.	ib.	Sauce allemande.	ib.
		Sauce genevoise.	ib.
Lait d'amandes.	ib.	Sauce hollandaise.	30
Bouillon maigre.	16	Sauce mayennaise.	ib.
Bisques aux écrevisses.	17	Sauce à la provençale.	ib.
		Béchamel.	ib.
Potage printanier.	ib.	Sauce à la crème.	31
Potage à la vierge.	ib.	Sauce blanche.	ib.
Potage au fromage.	18	Sauce verte.	ib.
Soupe à la tortue.	ib.	A la maître-d'hôtel.	ib.
Soupe à la provençale ou au poisson.	19	Maître-d'hôtel froide.	32
		Au beurre noir.	ib.
Garbure aux choux.	20	Sauce tomate.	ib.
Garbure aux ognons.	21	Poivrade.	ib.
Garbure maigre.	ib.	Remoulade.	33
Pilau ou riz à la turque.	ib.	Ravigote.	ib.
		Sauce à l'estragon.	ib.
Riz aux différentes purées.	22	Sauce robert.	ib.
Des puddings.	ib.	Sauce au raifort.	34
		Sauce à la pluche.	ib.
DES HORS-D'ŒUVRES.		Sauce aux truffes.	ib.
Hors-d'œuvres chauds.	24	Sauce à salmi.	ib.
Hors-d'œuvres froids.	ib.	Sauce aux câpres ou aux cornichons.	35
DES SAUCES.	25	Sauce piquante.	ib.
		Sauce à la bonne femme.	ib.

	Pages.
Poêle.	35
Blanc.	36
Beurre d'anchois.	ib.
Beurre d'écrevisses.	ib.
Beurre aux fines herbes.	ib.
Beurre de piment.	37
Vert d'épinards.	ib.
Bouquet garni.	ib.
Essence d'assortiment.	ib.
Essence d'ail.	38
Vinaigre aromatique.	ib.
Vinaigre d'estragon.	ib.
Cornichons confits.	ib.
Câpres et capucines confites.	
Cus d'artichauts.	39
Verjus.	ib.
Tomates.	ib.
Caramel.	40
Purées de légumes secs.	ib.
Purée de carottes.	41
Purée d'ognons.	42
Purée de navets.	ib.
Purée d'oseille ou farce.	ib.
Purée de Marrons.	43
Crêtes, rognons de coq.	ib.
Ris de veau.	44
Financière.	ib.
Ragoût à la chapitotte.	ib.
Ragoût en tortue.	45
Farce cuite.	ib.
Quenelles.	ib.
Godiveau.	46
Pâte à frire.	47
Pomme pour friture.	ib.
Marinade.	48
Ognons glacés.	49
Croûtons.	ib.

DU BOEUF.

	Pages.
Boeuf bouilli.	50
Boeuf aux fines herbes.	ib.
Miroton.	ib.
Hachis.	51
Croquettes de bouilli.	ib.
Vinaigrette.	ib.
Boeuf à la poulette.	ib.
Boeuf à la mode.	52
Côte de boeuf piqué et braisée.	ib.
Aloyau.	ib.
Filet de boeuf rôti.	53
Filet de boeuf sauté au vin de Madère.	ib.
Filet sauté dans sa glace.	ib.
Filet sauté aux truffes.	ib.
Filet à la braise.	ib.
Bifteck.	54
Filet de boeuf en chevreuil.	ib.
Entrecôte grillée.	55
Entrecôte à la bourgeoise.	ib.
Entrecôte au vin.	ib.
Boeuf à l'écarlate.	ib.
Filet de boeuf au vin de Madère.	56
Cervelles de boeuf.	57
Cervelle en matelotte.	ib.
Cervelles à la poulette.	ib.
Cervelles au beurre noir.	ib.
Cervelles frites.	58
Observation.	ib.
Palais de boeuf.	ib.
Palais de boeuf au gratin.	ib.

	Pages.		Pages.
Palais de bœuf à l'italienne.	59	Cervelles de veau en matelotte.	ib.
Hâtreau de palais de bœuf.	ib.	Oreille de veau fraîches frites.	69
Blanquette de palais de bœuf.	60	Oreilles de veau à la Sainte-Menehould.	ib.
Palais de bœuf à la bechamel.	ib.	Oreilles de veau à la ravigote.	70
Croquettes de palais de bœuf.	76	Langue de veau.	ib.
Palais de bœuf en filets.	ib.	Amourette.	ib.
Palais de bœuf grillé.	ib.	Fraise de veau.	ib.
Observation.	ib.	Fraise de veau frite.	ib.
Langue de bœuf en paupiettes.	61	Ris de veau en fricandeau.	71
Langue de bœuf à la braise.	ib.	Ris de veau à la poulette.	ib.
Langue de bœuf en papillote.	ib.	Ris de veau frits.	ib.
Langue de bœuf au gratin.	62	Ris de veau en papillote.	72
Langue de bœuf à l'écarlate.	ib.	Ris de veau en caisse.	ib.
Langue en matelotte.	ib.	Sauté de ris de veau.	ib.
Observation.	63	Ris de veau aux truffes.	73
Gras double.	ib.	Ris de veau en bigarrure.	ib.
Queue de bœuf à la Sainte-Menehould.	ib.	Ris de veau en pâté chaud de croûte de riz.	ib.
Queue de bœuf à la matelotte.	64	Queues de veau braisées.	ib.
		Queues de veau à la Sainte-Menehould.	74

DU VEAU.

Tête de veau au naturel.	65	Queues de veau à la poulette.	ib.
Tête de veau farcie.	66	Pieds de veau au naturel.	ib.
Tête de veau au four.	67	Pieds de veau frits.	75
Tête de veau en tortue.	68	Pieds de veau à la poulette.	ib.
Tête de veau frite.	ib.	Foie de veau braisé ou à la bourgeoise.	ib.
Tête de veau en matelotte.	ib.	Foie de veau à l'étouffade.	76

	Pages.		Pages.
Foie de veau sauté	ib.	Poitrine de veau glacée.	85
Foie de veau à la poêle.	ib.	Tendons de veau panés et frits.	ib.
Foie de veau à la broche.	77	Tendons de veau frits.	ib.
Miroton de foie de veau.	ib.	Epaule de veau à l'étouffade.	86
Gâteau de foie de veau.	ib.	Epaule de veau rôtie.	ib.
Mou de veau à la poulette.	78	Epaule de veau farcie.	ib.
Mou de veau au roux.	ib.	Fricandeau.	87
Rognon de veau à la poêle.	ib.	Carré de veau rôti aux fines herbes.	ib.
Rognon de veau sauté.	79	Carré de veau piqué et rôti.	88
Rôties de rognons de veau.	ib.	Carré de veau à la Provençale.	ib.
Côtelettes de veau panées et grillées.	ib.	Carré de veau braisé.	ib.
Côtelettes de veau en papillotes.	80	Noix de veau à la gelée.	ib.
Côtelettes de veau piquées.	ib.	Noix de veau à la bourgeoise.	89
Côtelettes de veau braisées aux truffes.	ib.	Rouelle de veau dans son jus.	ib.
Côtelettes de veau sautées.	81	Blanquette de veau.	ib.
Côtelettes de veau à la Drue.	ib.	Veau en caisse.	90
		Casis à la Provençale.	ib.
Côtelettes de veau à la lyonnaise.	82	Casis à la bourgeoise.	ib.
Côtelettes de veau à la Singara.	ib.	Veau en paupiettes.	ib.
Tendons de veau à la bourgeoise.	82	Sauté de veau au suprême.	ib.
Tendons de veau aux pois.	ib.	Veau rôti à la languedocienne.	91
Tendons de veau aux pointes d'asperges.	ib.	Rissoles de veau.	ib.
Tendons de veau en kari.	84	Longe de veau rôtie.	ib.
Poitrine de veau farcie.	ib.	**DU MOUTON.**	
		Cervelles de mouton.	93
		Langues de mouton en papillottes.	ib.
		Langues de mouton à la liégeoise.	ib.

	Pages.		Pages.
Langues au gratin.	ib.	Oreilles de mouton farcies.	100
Langues braisées.	94	Haricot de mouton.	ib.
Langue de mouton aux tomates.	ib.	Selle de mouton braisée.	101
Langues de mouton grillées	95	Selle de mouton à l'anglaise.	ib.
Rognons de mouton au vin de Champagne.	ib.	Poitrine de mouton à la Ste-Menehould.	ib.
Rognons à la brochette.	ib.	Carré de mouton au persil.	102
Queues de mouton braisées.	96	Épaule de mouton en saucisson.	103
Queues de mouton grillées.	ib.	Gigot de sept heures.	ib.
Queues de mouton frites.	ib.	Gigot aux truffes.	104
Pieds de mouton à la poulette.	ib.	Gigot à la bonne femme.	ib.
Pieds de mouton à la lyonnaise.	97	Gigot à la flamande.	ib.
Pieds de mouton à la Ste-Menehould.	ib.	Gigot à l'anglaise.	ib.
Pieds de mouton frits	ib.	Gigot en terrine.	105
Pieds de mouton au gratin.	98	Rôti sans pareil.	ib.
Pieds de mouton sauce italienne, tomate.	ib.	Gigot rôti.	107
Cotelettes de mouton au naturel.	ib.	Gigot à la serviette.	106
Cotelettes panées et grillées.	ib.	Émincée à la bourgeoise.	ib.
Cotelettes à la soubise.	99	Émincée à la chicorée.	ib.
Cotelettes à la sauce tomate	ib.	Émincée aux concombres.	108
Cotelettes à la chicorée.	ib.	Hachis de mouton rôti.	ib.
Cotelettes aux laitues	100	Boulettes de hachis frites.	ib.
Cotelettes à la financière.	ib.	AGNEAU.	
Cotelettes piquées et glacées.	ib.	Tête d'agneau.	110
		Agneau rôti à la bernoise.	ib.
		Épaule d'agneau en ballon.	ib.
		Épaule d'agneau aux truffes.	ib.

	Pages.		Pages.
Galantine d'épaule d'agneau.	111	Cotelettes de cochon à la poêle.	ib.
Épigramme d'agneau	ib.	Cotelettes grillées.	ib.
Pasqueline.	112	Échine de cochon rôtie.	ib.

DU COCHON.

Du boudin.	ib.	Cochon de lait rôti.	124
Boudin blanc.	113	Cochon de lait en blanquette.	ib.
Saucisses.	ib.		
Crépinettes ou saucisses plates.	ib.	Galantine de cochon de lait.	ib.
Andouilles.	114	Cuisson du jambon.	125
Andouilles de Troyes.	ib.	Manière de piquer.	ib.
Cervelas.	115		

DU GIBIER.

Cervelas à l'italienne.	ib.	Potage au gibier.	127
Saucissons.	ib.	Sanglier.	128
Langues fourrées.	116	Du chevreuil.	ib.
Hure de cochon.	117	Quartier de chevreuil à la broche.	129
Fromage de cochon.	ib.		
Fromage d'Italie.	118	Carré de chevreuil à la broche.	ib.
Pieds de cochon à la Ste-Menehould.	ib.	Quartier de chevreuil en daube.	ib.
Pieds de cochon aux truffes.	119	Hachis de chevreuil.	130
Jambons de Bayonne.	ib.	Cotelettes de chevreuil sautées.	ib.
Jambons de Meyence.	120	Lièvre.	ib.
Petit salé.	ib.	Civet de lièvre.	ib.
Lard.	121	Lièvre rôti.	131
Saindoux.	ib.	Lièvre en daube.	132
Oreilles de cochon braisées.	ib.	Filets de levraut piqué et sauté.	ib.
Oreilles à la Ste-Menehould.	ib.	Filets de levraut glacé.	133
Oreilles de cochon frites.	122	Cuisses de levraut piquées.	ib.
Oreilles de cochon à la lyonnaise.	ib.	Levraut à la minute.	ib.
Queues de cochon braisées.	ib.	Escalope de levraut.	134
		Pâté chaud avec du gibier.	ib.
Cervelles de cochon.	ib.	Gâteau de lièvre.	135
Rognons de cochon.	123	Du lapin.	ib.

	Pages.		Pages.
Gibelotte de lapin,	136	Perdreaux aux truffes,	ib.
Lapin à la poulette.	137	Perdreaux en papillotes,	ib.
Lapin aux fines herbes.	ib.	Perdreaux à la Monglas,	ib.
Lapin rôti.	ib.	Perdreaux à l'anglaise,	149
Lapereau sur le gril.	ib.	Perdrix à la purée.	ib.
Lapin en galantine.	138	Sauté de filets de perdreaux,	ib.
Lapereau frit.	ib.	Caisse de perdreaux à la chipolata.	150
Hachis de lapin.	139	Salmi de perdreaux.	ib.
Croquettes de lapin,	ib.	Salmi froid.	151
Filets de lapin à la chicorée.	ib.	Salmi de Bernardin.	ib.
Filets de lapereau en turban.	140	Mayonaise de perdreaux,	152
Filets de lapereau en gimbelette.	ib.	Salade de perdreaux.	ib.
Cuisses de lapereau en papillotes.	141	Purée de perdreaux.	ib.
Cuisseaux de lapereau à la Singara.	ib.	Soufflé de purée et de perdreaux.	153
Cuisses de lapereau, panées et frites.	ib.	Hachis de perdreaux.	ib.
Lapereau en caisse,	142	Canard sauvage rôti.	ib.
Lapereau confit.	ib.	Canard sauvage en salmi.	ib.

DU FAISAN.

Faisan étoffé,	143	Sarcelle.	154
Faisan à l'angoumoise.	144	Bécasses rôties.	ib.
Faisan poêlé.	ib.	Bécasses farcies.	ib.
Filets de faisan.	ib.	Salmi de bécasses.	ib.
Faisan en salmi.	145	Salmi à la paysanne.	ib.

DE LA PERDRIX.

Potage à la purée de marrons et de perdrix.	ib.	Pluviers et vanneaux,	155
		Grives.	ib.
Perdreaux rôtis.	146	Grives confites dans le vinaigre.	ib.
Perdrix aux choux.	ib.	Cailles,	156
Perdrix braisées.	147	Merles.	ib.
Chartreuse de perdrix.	ib.	Mauviettes.	ib.
		Mauviettes à la minute.	ib.

28*

Mauviettes au gratin.	ib.
Mauviettes en caisse.	157

DE LA VOLAILLE.

Dindon.	158
Dindon truffé et rôti.	ib.
Dindon en daube.	159
Galantine de dindon.	ib.
Dindon en surprise.	160
Cuisses et ailes de dindon à la sauce Robert.	ib.
Abatis de dindon en haricot.	ib.
Ailerons à la Ste-Menehould.	161
Ailerons piqués.	ib.
Ailerons à la braise.	ib.
Ailerons en fricassée de poulet.	162
Ailerons frits.	ib.
Ailerons à la chipolata.	ib.
Ailerons en matelotte.	ib.
Capilotade.	ib.
Hachis de dindon.	163
Marinade de dindon.	ib.
De la pintade.	ib.
Du poulet.	ib.
Poulet rôti.	164
Poulets rôtis pour entrée.	ib.
Poulets poêlés.	ib.
Fricassée de poulets.	ib.
Marinade de poulet.	165
Poulet à la Ste-Menehould.	ib.
Friteau de poulets.	ib.
Poulet à la Marengo.	166
Poulet en surprise.	ib.
Poulet aux truffes.	ib.
Fricassée de poulet à la minute.	ib.
Poulet à l'estragon.	ib.
Poulet à la tartare.	167
Poulet aux fines herbes.	ib.
Poulet à la napolitaine.	168
Poulet à la vénitienne.	ib.
Poulet à la mulâtre.	169
Poulet aux légumes.	ib.
Poulet aux anchois.	ib.
Casserole de volaille au riz.	170
—— de poulet au suprême.	ib.
Cuisses de poulet.	ib.
Marinade de poulet.	171
Poulet à la Borli.	ib.
Friture à la Villeroi.	ib.
Capilotade de poulet.	ib.
Salade de volaille.	ib.
Aspic de blanc de volaille.	172
Purée de volaille.	ib.
Soufflé de purée de volaille.	ib.
Croquettes de volaille.	173
De la poularde et du chapon.	ib.
Chapon au gros sel.	ib.
Chapon braisé.	ib.
Chapon rôti aux truffes.	174
Chapon au riz.	ib.
Chapon farci à la crème.	ib.
Chapon à la Singara.	ib.

	Pages.		Pages.
Chapon à la nantaise.	175	**DU SAUMON.**	
Chapon en croûte.	ib.	Saumon au bleu.	186
Chapon en ballon.	176	Saumon grillé.	ib.
Observation.	ib.	Saumon à la genevoise.	ib.
De l'oie.	177	Observations.	
Oie en daube.	ib.	De l'esturgeon.	
Salmi d'oie.	ib.	Esturgeon au bleu.	187
Procédé pour conserver les cuisses d'oie.	ib.	Esturgeon rôti.	ib.
		Esturgeon braisé.	ib.
Cuisses d'oie confites au vinaigre.	178	Esturgeon en fricandeau.	188
Du canard.	179	Esturgeon en papillotes.	ib.
Canard aux navets.	ib.		
Canard poêlé.	ib.	Observations.	ib.
Canard en salmi.	180	De la truite.	ib.
Canard farci.	ib.	Du turbot.	ib.
Du pigeon.	ib.	Turbot à la Béchamel.	189
Pigeons à la crapaudine.	ib.		
Pigeons en compotte.	181	Turbot à la Ste-Menehould.	ib.
Pigeons aux pois.	ib.		
Pigeons aux pointes d'asperges.	ib.	Salade de turbot.	ib.
		De la barbue.	ib.
Pigeons en matelotte.	182	Du cabillaud.	190
Pigeons à la minute.	ib.	De l'alose.	ib.
Sauté de filets de pigeons.	ib.	Alose au court bouillon.	ib.
Pigeons à la cardinale.	ib.	Congre ou anguille de mer.	ib.
Pigeons à la Gauthier.	183	De la morue.	ib.
Marinade de pigeons.	ib.	Morue à la maître-d'hôtel.	191
Pigeons en papillottes.	ib.	Morue au beurre noir.	ib.
DU POISSON.		Morue à la provençale.	ib.
Bouillons de poisson.	184	Morue à la Béchamel.	192
Court bouillon au bleu.	185	Morue frite.	ib.
Marinade cuite.	ib.	Morue à l'ognon.	ib.
Eau de sel.	ib.	Morue au fromage.	ib.

Pages.

DE LA RAIE. ib.
Raie au beurre noir. 193
Raie sauce aux câpres.
    ib.
Raie frite. ib.
Raitons. ib.
Soles, limandes, carlets,
  plies. ib.
Soles frites. 194
Soles au gratin. ib.
Soles à la broche. ib.
Filets de soles en salade.
    ib.
Mayonnaise de filets de
  soles. ib.
Aspic de filets de soles.
    ib.

DU MAQUEREAU.

Maquereaux à la maître-
  d'hôtel. 196
Des maîtres-d'hôtels
  cuites. ib.
Maquereaux au beurre
  noir. 197
Sauté de filets de maque-
  reaux. ib.

DU MERLAN.

Merlans frits. ib.
Merlans au gratin. ib.
Filets de merlans. 198
Grondins, rougets et
  vives. ib.

HARENGS.

Harengs saurs à la bruxel-
  loise. 199
Eperlans. ib.
Sardines. 200
Anchois. ib.
Des huîtres. ib.

Pages.

Huîtres à la poulette. ib.
Huîtres au gratin. ib.
Des moules. 201
Moules à la poulette. ib.
Moules à la minute. 202
Du homard, de l'angous-
  te, de la crabe. ib.
Des crevettes. ib.
Du brochet. ib.
Brochet au court bouil-
  lon. 203
Brochet sauce aux câpres.
    ib.
Brocheton à la maître-
  d'hôtel. ib.
Brochet à la Chambord.
    ib.
Filets de brochet piqués.
    204
Observation. ib.
De la carpe. ib.
Carpe au bleu. 205
Carpe à la Chambord. ib.
Carpe farcie. ib.
Carpe au maigre. 206
Carpe grillée. ib.
Carpe à l'étuvée. ib.
Carpe frite. ib.
Laitance et langues de
  carpe. 207
Moyen de conserver les
  poissons vivans. ib.
De l'anguille. ib.
Anguille à la tartare.
    208
Anguille piquée. ib.
Anguille à la broche. ib.
Anguille à la poulette.
    ib.
Desserts d'anguille. 209
De la lotte. ib.

	Pages.		Pages.
De la lamproie.	ib.	Manière de produire des œufs plus ou moins gros.	ib.
De la perche.	ib.		
Du barbeau et du barbillon.	210		
		OEufs à la tartuffe.	221
De la brême.	ib.	Fondue.	ib.
De la tanche.	ib.	**DES LÉGUMES.**	
Du goujon.	ib.	Des truffes.	ib.
Des écrevisses.	211	Truffes au vin de Champagne.	223
Coulis d'écrevisses.	ib.		
Des grenouilles.	212	Truffes à la cendre.	ib.
Friture de grenouilles.	ib.	Truffes à l'italienne.	224
DES OEUFS.		Truffes à la provençale.	ib.
Omelette au thon.	215	Croûtes aux truffes.	ib.
Omelette aux rognons.	ib.	Des champignons.	ib.
Omelette aux truffes.	ib.	Croûte aux champignons.	225
Omelette aux confitures.	ib.		
		Champignons au gratin.	ib.
Omelette au lard.	ib.		
Omelette soufflée.	219	Champignons à la bordelaise.	226
Œufs à la coque.	ib.		
Œufs brouillés au jus.	ib.	Champignons aux fines herbes.	ib.
OEufs brouillés.	218		
OEufs brouillés aux pointes d'asperges.	ib.	Champignons à la provençale.	ib.
OEufs brouillés au jambon.	ib.	Croûtes aux morilles.	227
OEufs brouillés aux confitures.	ib.	Des Mousserons.	ib.
OEufs pochés.	ib.	De la pomme de terre.	ib.
OEufs frits.	219	Pommes de terre à la maître-d'hôtel.	ib.
OEufs sur le plat.	ib.	Pommes de terre à la crème.	228
OEufs au gratin.	ib.		
OEufs au fromage.	ib.	Pommes de terre sautées au beurre.	ib.
Œufs à la tripe.	220		
Œufs aux concombres.	ib.	Pommes de terre à la lyonnaise.	ib.
OEufs à la crème.	ib.	Pommes de terre frites.	ib.
Croquettes d'œufs.	ib.	Purée de pommes de terre.	ib.
OEufs farcis.	221		

	Pages.		Pages.
Croquettes de pommes de terre.	229	Pois au lard.	238
Topinambours.	ib.	Haricots verts.	ib.
Des patates.	ib.	Haricots verts à la bourgeoise.	ib.
Carottes à la maître d'hôtel.	230	Haricots verts à la maître d'hôtel.	ib.
Carottes à la flamande.	ib.	Haricots verts à l'oignon.	239
Navets à la sauce blanche.	ib.	Haricots verts à l'anglaise.	ib.
Navets à la moutarde.	ib.	Haricots verts à la provençale.	ib.
Navets à la crème.	231	Haricots blancs nouveaux à la maître-d'hôtel.	ib.
Navets glacés.	ib.	Haricots blancs au jus.	240
Ognons farcis.	ib.		
Salsifis.	ib.	Haricots rouges au vin.	ib.
Cardons.	232	Lentilles.	ib.
Cardons au jus.	ib.	Fèves de Marais.	ib.
Cardons au consommé.		Chou farci.	241
Cardons au fromage.	233	Chou à la crème.	ib.
Carde poirée.	ib.	Chou au lard.	242
Céleri au jus.	ib.	Chou-croûte.	ib.
Céleri aux petits pois.	234	Chou rouge.	243
Céleri frit.	ib.	Petits choux de Bruxelles.	ib.
Artichauts.	ib.	Choux-fleurs à la sauce blanche et au jus.	ib.
Artichauts à la barigoule.	235	Choux-fleurs au fromage.	245
Artichauts à la provençale.	ib.		
Artichauts glacés.	ib.	Choux-fleurs frits.	ib.
Artichauts frits.	ib.	Concombres farcis.	ib.
Artichauts à l'italienne.	236	Concombres à la crème.	246
Culs d'artichauts en Canapé.	ib.	Concombres panés.	ib.
Asperges.	ib.	Concombres au gratin.	ib.
Asperges aux petits pois.	237	Giroumons.	ib.
Petits pois à la bourgeoise.	ib.	Tomates farcies.	247
		Aubergines.	ib.
		Épinards.	ib.
		Épinards au jus.	ib.
Petits pois à l'anglaise.	ib.	Épinards à la crème.	248

	Pages		Pages
Épinards à l'anglaise.	ib.	Crème fouettée à la vanille, au café.	ib.
Oseille au gras.	ib.		
Oseille au maigre.	ib.	Crème fouettée aux liqueurs.	ib.
Chicorée.	ib.		
Laitues.	249	Crème fouettée aux fraises ou framboises.	ib.
Laitues frites.	ib.		
Laitues farcies.	ib.	Observations.	259
Potiron à la crème.	ib.	Crème en neige.	ib.
		Crème de Blois.	ib.

ENTREMETS SUCRÉS.

		Crème légère.	260
Pâte à beignets.	250	Crème à l'italienne.	ib.
Beignets de pommes.	251	Crème veloutée.	ib.
Beignets de pêches et d'abricots.	ib.	Crème hollandaise ou à la vanille.	261
Beignets de riz ou croquettes.	ib.	Crème au chocolat.	ib.
		Crème au café.	ib.
Beignets ou croquettes de pommes de terre.	ib.	Crème d'amandes douces.	262
Beignets de brioches.	252	Crème aux pistaches.	ib.
		Crème aux macarons.	ib.
Beignets soufflés ou pets-de-nonne.	ib.	Crème au thé.	ib.
		Crème de marrons.	263
Beignets d'omelette.	ib.	Crème brûlée.	ib.
Gâteaux de riz.	253	Crème au vin.	ib.
Gâteau de pommes de terre.	ib.	Crème de céleri.	ib.
		Crème au cerfeuil.	264
Gâteau au potiron.	254	Observations.	ib.
Gâteau de mie de pain.	ib.	Des gelées d'entre-mets.	265
Des soufflés.	ib.	Gelée de fruits.	266
Œufs à la neige.	255	Gelée d'oranges.	ib.
Œufs au lait.	ib.	Gelée au vin de madère, au rhum, au kirchewaser.	ib.
Charlotte de pommes.	256		
Miroton de pommes.	ib.	Gelée aux vins de liqueurs et aux liqueurs.	ib.
Pommes au riz.	257		
		Observations.	267

DES CRÈMES.

Crème au naturel.	ib.	**DE LA PATISSERIE.**	
Crème de ménage.	ib.	Pâte à dresser.	ib.
Crème fouettée.	258	Pâte brisée.	ib.

Pâte feuilletée.	268
Pâtes pour timbales.	ib.
Pâté froid.	269
Pâté chaud.	270
Pâté en timbale.	ib.
Pâté en terrine.	ib.
Tourte d'entrée.	271
Vol-au-vent.	ib.
Petits pâtés au jus.	ib.
Petits pâtés.	272
Pâte à brioches.	ib.
Pâte à baba.	273
Échaudés.	ib.
Pâte royale.	274
Choux.	ib.
Pains à la duchesse.	ib.
Gâteaux à la crème.	ib.
Ramequins.	275
Frangipane.	ib.
Des tourtes, flancs et tartelettes.	ib.

OFFICE.

Observation essentielle.

PATISSERIES LÉGÈRES.

Biscuits aux avelines.	277
Biscuits aux amandes, aux pistaches.	278
Biscuits de Savoie.	ib.
Biscuits de Moscovie.	ib.
Biscuits au chocolat.	279
Biscuits au citron.	ib.
Massepains.	ib.
Massepains au chocolat.	280
Massepains à la fraise.	ib.
Meringues.	ib.
Macarons.	281
Pâte croquante.	ib.
Grillage d'amandes.	ib.
Amandes soufflées.	ib.

Grillage de fleurs d'oranger.	282
Pains soufflés à la rose.	ib.
Pains à la fleur d'oranger.	283
Gauffres.	ib.

DU SUCRE.

Clarification du sucre à la nappe.	284
Petit et grand lissé.	ib.
Grand et petit perlé.	ib.
Petite plume ou petit boulé.	285
Petit et grand cassé.	ib.
Grands plume ou grand boulé.	ib.
Caramel.	286

LES COMPOTES.

Compotes de cerises.	ib.
Compotes de framboises et de groseilles.	ib.
Compotes de poires.	ib.
Compotes de poires d'hiver.	287
Compotes de pommes.	ib.
Compotes de pommes aux confitures.	ib.
Compotes de pêches et d'abricots.	288

DES CONFITURES.

Gelée de groseilles.	ib.
Gelée de pommes.	289
Marmelade d'abricots.	ib.
Marmelade de cerises.	290
Marmelade de reine-Claude.	ib.
Marmelade de coings.	ib.
Observations.	291

	Pages.		Pages.
DES PATES ET CONSERVES.		Écrevisses.	ib.
		Fèves de marais.	ib.
Pâtes de groseilles et autres.	ib.	Fruits.	ib.
		Gibier.	304
Conserve des quatre fruits.	295	Haricots verts.	ib.
		Melons.	ib.
Punch.	293	Noix.	304
Punch à la romaine.	ib.	Œufs.	ib.
Ratafiat de noyaux.	ib.	Oseille.	ib.
Ratafiat des quatre fruits.	292	Persil.	304
		Tomates.	ib.
Ratafiat de coings.	ib.	Truffes.	ib.
Ratafiat d'angélique.	295	Viandes.	ib.
Eau d'anis.	ib.	Procédé général pour conserver les substances animales et végétales.	306
Ratafiat à la fleur d'orangers.	ib.		
DES SIROPS.		Durée approximative pour la conservation des viandes.	307
Sirop de groseilles.	ib.		
Sirop d'orgeat.	296		
Sirop de Limon.	297	Vinaigre à l'estragon.	ib.
CONSERVATION DES SUBSTANCES ALIMENTAIRES.		Cornichons confits au vinaigre.	ib.
Abricots.	ib.	Câpres confites.	308
Artichauts.	298	Haricots verts confits.	ib.
Asperges.	ib.	Vocabulaire des substances alimentaires renommées et des villes qui les produisent.	309
Aubergines.	ib.		
Beurre salé.	299		
Beurre fondu.	ib.		
Carottes.	ib.	**DES VINS.**	
Cerfeuil.	300		
Champignons.	ib.	De la cave.	314
Chicorée.	ib.	Remplissage.	316
Choux.	301	Collage.	317
Choux confits avec le vinaigre.	ib.	Tirage du vin.	ib.
		Des maladies du vin.	318
Choux-fleurs.	ib.	Vins d'ordinaire.	ib.
Cornichons.	302	Vins d'entremets.	ib.

FIN DE LA TABLE.

EXRTAIT DU CATALOGUE DU MÊME LIBRAIRE.

L'Art de plaire et de fixer, ou Conseils aux femmes; par *Lami*. Un joli vol. in-18, orné de gravures. 3 fr.

L'Art de choisir une femme, et d'être heureux avec elle, ou Conseils aux hommes à marier; par *Lami*. Un volume in-18, figures. 3 fr.

L'Art de conserver et d'augmenter la beauté, de corriger et déguiser les imperfections de la nature; par *Lami*. Deux jolis vol. in-18, ornés de gravures. 6 fr.

Choix (nouveau) d'Anecdotes anciennes et modernes, tirées des meilleurs auteurs; contenant les faits les plus intéressans de l'histoire en général, les exploits des héros, traits d'esprit, saillies ingénieuses, bons mots, etc.; suivi d'un précis sur la révolution française; par M. *Bailly*. Quatrième édition, revue, corrigée et augmentée, par MM. *Durdent et Duval*. Quatre vol. in-18, ornés de jolies vignettes, 1824. 7 fr.

Lettres sur les dangers de l'onanisme, et Conseils relatifs au traitement des maladies qui en résultent; par *Doussin-Dubreuil*. Un vol. in-12, 1825. 1 fr. 50 c.

Manuel des justices de paix, ou Traité des fonctions et des attributions des juges de paix, des greffiers et huissiers attachés à leur tribunal, avec les formules et modèles de tous les actes qui dépendent de leur ministère; auquel on a joint un recueil chronologique des lois, des décrets, des ordonnances du roi, et des circulaires et instructions officielles depuis 1790; et un extrait des cinq Codes, contenant les dispositions relatives à la compétence des justices de paix; par M. *Levasseur*, ancien jurisconsulte. Cinquième édition. Un gros vol. in-8, 1824. 7 fr.

Mémoires sur la guerre de 1809 en Allemagne, avec les opérations particulières des corps d'Italie, de Pologne, de Saxe, de Naples et de Walcheren; par le général *Pelet*, d'après son journal fort détaillé de la campagne d'Allemagne, ses reconnaissances et ses divers travaux, la correspondance de Napoléon avec le major-général, les maréchaux, les commandans en chef, etc., accompagnés de Pièces justificatives et inédites. Quatre vol. in-8. 28 fr.

Manuel complet des Maires, de leurs Adjoints et des Commissaires de police, contenant, par ordre alphabétique, le Texte ou l'Analyse des Lois, Ordonnances, Règlemens et Instructions ministérielles, relatifs à leurs fonctions et à celles des Membres des Conseils municipaux, des Officiers de gendarmerie, des Bureaux de bienfaisance, des Commissions d'hospices, etc., et avec les formules des Actes de leur compétence; par M. Ch. *Dumont*, ancien chef de division au Ministère de la Justice. Huitième édition, corrigée et considérablement augmentée. Deux vol. in-8., 1825. 13 fr.

Ministre (le) de Wakefield. Deux vol. in-12. Nouv. édition, 1821. 4 fr.

Œuvres poétiques de Boileau, nouvelle édition, accompagnée de Notes faites sur Boileau, par les commentateurs ou littérateurs les plus distingués, tels que La Harpe, Marmontel, Lebrun, Daunou, etc., etc., de tous les passages que l'auteur français a imités des auteurs grecs et latins, par M. J. *Planche*, professeur de rhétorique au collége royal de Bourbon, et M. *Noël*, inspecteur-général de l'Université. Un gros vol. in-12, 1825. 3 fr.